自由贸易协定商务应用指南丛书

《中国—瑞士自由贸易协定》 商务应用指南

中国国际贸易促进委员会　编

中国商务出版社
CHINA COMMERCE AND TRADE PRESS

图书在版编目（CIP）数据

《中国—瑞士自由贸易协定》商务应用指南 / 中国
国际贸易促进委员会编 . — 北京：中国商务出版社，
2022.10
（自由贸易协定商务应用指南丛书）
ISBN 978-7-5103-4516-6

Ⅰ．①中… Ⅱ．①中… Ⅲ．①自由贸易—国际贸易—
贸易协定—中国、瑞士—指南 Ⅳ．① F752.752.2–62

中国版本图书馆 CIP 数据核字 (2022) 第 196203 号

自由贸易协定商务应用指南丛书

《中国—瑞士自由贸易协定》商务应用指南
《ZHONGGUO— RUISHI ZIYOU MAOYI XIEDING》SHANGWU YINGYONG ZHINAN
中国国际贸易促进委员会　编

出　　版：中国商务出版社
地　　址：北京市东城区安定门外大街东后巷 28 号　　邮　编：100710
责任部门：外语事业部（010-64243656）
责任编辑：汪　沁
直销客服：010-64255862
总 发 行：中国商务出版社发行部 （010-64208388　64515150 ）
网购零售：中国商务出版社淘宝店 （010-64286917）
网　　址：http://www.cctpress.com
网　　店：http://shop595663922.taobao.com
邮　　箱：278056012@qq.com
排　　版：德州华朔广告有限公司
印　　刷：三河市鹏远艺兴印务有限公司
开　　本：700 毫米 × 1000 毫米　1/16
印　　张：18.75　　　　　　　　　字　数：286 千字
版　　次：2022 年 12 月第 1 版　　印　次：2022 年 12 月第 1 次印刷
书　　号：ISBN 978-7-5103-4516-6
定　　价：68.00 元

《中国—瑞士自由贸易协定》
商务应用指南

编写组：

山东大学自贸区研究院：

　　刘　文（团队负责人）

　　白　洁　孙　杨　王　涵　魏聪慧　程海文　曹佳亮

　　杨秋丽　李金凤　董　燊　杨宜晨

中国国际贸易促进委员会：

　　姜　君　杨海涛　周思苑　莫妙桃

审核组： 姜蓓蓓　孙盛含　赵颖欣　高　腾　左六六　张　妍

　　　　　刘　洁　袁　欣　徐　婷　田　耕　孙　怡　张　雷

审校组： 李学新　赵桂茹　高　爽　李自满　汪　沁　李　君

　　　　　刘静知　谢星光

卷首语

以世界贸易组织（WTO）为代表的多边贸易体制和以自由贸易协定（FTA）为主要表现形式的区域性贸易安排，是驱动经济全球化发展的两个"轮子"。近年来，开放水平更高、灵活性更强的区域性贸易安排蓬勃发展，在推动全球贸易发展、构建世界经济新规则等方面发挥了重要作用。

党中央高度重视自由贸易区建设。党的十七大报告将自由贸易区建设上升为国家战略。十八大报告提出，要加快实施自由贸易区战略。十九大报告提出，要支持多边贸易体制，促进自由贸易区建设，推动建设开放型世界经济。党的十九届五中全会强调，实施自由贸易区提升战略，构建面向全球的高标准自由贸易区网络。截至目前，我国已与26个国家和地区签署了19个自贸协定，自贸伙伴遍及亚洲、大洋洲、拉丁美洲、欧洲和非洲。特别是2022年1月1日，《区域全面经济伙伴关系协定》（RCEP）正式生效，标志着世界上人口数量最多、成员结构最多元、发展潜力最大的自贸区正式落地，将为区域乃至全球贸易投资增长、经济复苏和繁荣发展作出重要贡献。

大力推广实施自贸协定，是实施自由贸易区提升战略、推进贸易高质量发展的关键环节，对于增强我国产业在国际国内两个市场配置资源的能力、加快构建新发展格局，具有重要意义。由于自贸协定涉及领域广、专业性强、较为复杂，我国企业对于自贸协定优惠政策不了解、不掌握、不会用的情况较为普遍，自贸协定总体利用率还不够高。自贸协定推广实施工作亟须加强。

近年来，中国贸促会认真贯彻落实党中央关于自由贸易区建设的系列决策部署，充分发挥连接政企、衔接内外、对接供需的独特优势，围绕信息发布、政策宣介、企业培训和优惠原产地证签发等，深入开展自贸协定推广实施工作。为帮助广大企业更好了解我国已签署的各项自贸协定，用好用足相关优惠政策，中国贸促会组织编写了自由贸易协定商务应用指南丛书，涉及中国—东盟、中国—巴基斯坦、中国—新加坡、中国—韩国、亚太贸易协定、《内地与港澳关于建立更紧密经贸关系的安排》（CEPA）、中国—格鲁吉亚、《海峡两岸经济合作框架协议》（ECFA）、中国—智利、中国—秘鲁、中国—哥斯达黎加、中国—新西兰、中国—澳大利亚、中国—冰岛、中国—瑞士以及《区域全面经济伙伴关系协定》16个自贸协定。

自由贸易协定商务应用指南丛书通过规则解读、趋势研判和案例剖析相结合的方式，系统介绍各自贸协定的详细规则和使用方法，力求全面准确、重点突出、通俗易懂，为广大企业提供看得懂、用得上的"明白纸"和"工具书"。

欢迎社会各界批评指正，提出宝贵意见和建议，帮助我们不断完善本系列丛书，使之成为中国企业开展对外贸易与投资的重要参考。

中国国际贸易促进委员会会长

任鸿斌

2022年10月8日

目 录

第一章

中国—瑞士双边经贸关系及自由贸易区的建设进程

　　《中国—瑞士自由贸易协定》（以下简称"中瑞自贸协定"）是中国与欧洲大陆国家和全球经济前20强国家签署的首个双边自贸协定，为进一步提升中瑞双边经贸合作水平，深化中欧经贸合作确立了制度框架。

　　通过对本章的阅读，企业可以了解和掌握以下内容：

　　1. 中瑞双边经贸关系发展状况；

　　2. 中国—瑞士自由贸易区谈判进程；

　　3. 中国—瑞士自由贸易区建设的战略意义；

　　4. 中瑞自贸协定的主要内容概览。

第一节 中国和瑞士的经济及贸易发展

瑞士位于中欧内陆，与奥地利、列支敦士登、意大利、法国和德国接壤，背靠阿尔卑斯山区，风景优美，素有"花园之国"的美誉。瑞士国土面积为41284平方千米，截至2020年末，瑞士总人口为863.69万人，其中外籍人口约占四分之一。同时，瑞士是著名的永久中立国，自1848年以来从未经历过战事，社会稳定，国民安居乐业。

瑞士是首批承认中华人民共和国的西方国家之一，自中瑞两国建立外交关系以来，中瑞已有跨越70多年的友好合作，形成了"海内存知己，天涯若比邻"的双边友好关系。1950年9月14日，瑞士与中华人民共和国正式建立外交关系。改革开放后，两国双边贸易关系得到了进一步发展，2007年双方签署《中瑞关于加强对话与合作的谅解备忘录》，2016年两国建立了"创新战略伙伴关系"。

一、中国和瑞士的经济概况

（一）中国经济概况

1. 宏观经济基本情况

中国位于亚洲东部，太平洋西岸，陆地面积约为960万平方千米，2020年末总人口约为14.12亿。[①] 2010—2020年中国宏观经济基本情况见表1-1。

表1-1 2010—2020年中国宏观经济基本情况

年份	国内生产总值（万亿元）	国内生产总值（万亿美元）	国内生产总值占世界的比重（％）	国内生产总值年增长率（％）	城镇登记失业率（％）	人均国内生产总值（万元）	人均国内生产总值（美元）
2010	41.2	5.88	9.34	10.6	4.10	3.1	4550

---

① 中国的国土面积及人口数据来源于中国统计出版社《中国统计年鉴2021》。

续 表

年份	国内生产总值（万亿元）	国内生产总值（万亿美元）	国内生产总值占世界的比重（%）	国内生产总值年增长率（%）	城镇登记失业率（%）	人均国内生产总值（万元）	人均国内生产总值（美元）
2011	48.8	7.30	10.48	9.3	4.10	3.6	5447
2012	53.9	8.23	11.47	7.8	4.10	4.0	6265
2013	59.3	9.24	12.34	7.7	4.05	4.3	6992
2014	64.4	10.36	13.30	7.3	4.09	4.7	7684
2015	68.9	10.87	14.80	7.0	4.05	5.0	8067
2016	74.6	11.20	14.81	6.8	4.02	5.4	8148
2017	83.2	12.24	15.17	6.9	3.90	6.0	8879
2018	91.9	13.61	15.86	6.8	3.80	6.6	9977
2019	98.7	14.34	16.34	6.0	3.62	7.0	10217
2020	101.6	14.72	17.38	2.3	4.24	7.2	10500

资料来源：根据中国统计出版社《中国统计年鉴》数据计算整理，各指标以最新发布数据为准。

近年来，中国宏观经济发展态势良好，国民经济的产业构成日趋改善。

如表1-1所示，2010年至2019年，中国国内生产总值（GDP）年增长率始终保持在较高水平。2020年，受新冠肺炎疫情影响，中国经济增长速度有所下滑。近年来，中国GDP在世界经济中所占比重逐年上升。人均GDP稳定增长，并于2019年超过1万美元。中国的城镇登记失业率总体保持稳定。第一和第二产业增加值占国内生产总值的比重逐步下降，第三产业所占比重则稳步上升（见表1-2）。

表1-2 2010—2020年中国各产业增加值占GDP的比重

单位：%

年份	第一产业比重	第二产业比重	第三产业比重
2010	9.3	46.5	44.2
2011	9.2	46.5	44.3
2012	9.1	45.4	45.5
2013	8.9	44.2	46.9
2014	8.6	43.1	48.3
2015	8.4	40.8	50.8

年份	第一产业比重	第二产业比重	第三产业比重
2016	8.1	39.6	52.4
2017	7.5	39.9	52.7
2018	7.0	39.7	53.3
2019	7.1	38.6	54.3
2020	7.7	37.8	54.5

资料来源：中国统计出版社，《中国统计年鉴2021》。

2. 货物贸易

中国的货物贸易规模快速扩大，对世界货物贸易贡献度不断提升。2010年以来中国货物贸易发展情况见表1-3。

据世界贸易组织的统计，2020年，中国货物出口规模保持世界第一位，中国货物出口金额约占世界货物出口总额的14.7%；中国货物进口规模保持世界第二位，中国货物进口金额约占世界货物进口总额的11.5%。[①]

表1-3　2010—2020年中国货物贸易规模

单位：亿美元

年份	中国货物进口金额	中国货物出口金额	中国货物进出口总额	中国货物贸易差额
2010	13962.5	15777.5	29740.0	1815.0
2011	17434.8	18983.8	36418.6	1549.0
2012	18184.1	20487.1	38671.2	2303.0
2013	19499.9	22090.0	41589.9	2590.1
2014	19592.4	23422.9	43015.3	3830.5
2015	16795.6	22734.7	39530.3	5939.1
2016	15879.3	20976.3	36855.6	5097.0
2017	18437.9	22633.5	41071.4	4195.6
2018	21357.3	24866.8	46224.1	3509.5
2019	20784.1	24994.8	45778.9	4210.7
2020	20659.6	25899.5	46559.1	5239.9

资料来源：中国统计出版社，《中国统计年鉴2021》。

---

① 资料来源：世界贸易组织，*World Trade Statistical Review 2021*。

3. 服务贸易

中国服务贸易规模快速增长，进口需求增长尤其引人注目。

如表1-4所示，2010—2019年，中国服务贸易增长迅速。2020年，受新冠肺炎疫情影响，中国服务贸易规模有所萎缩。目前，中国服务贸易的绝对规模仍然显著小于货物贸易，但服务进口金额及进出口总额的增长速度已明显超越同期货物贸易的增长速度。[①]中国对服务进口的需求增长尤其引人注目。如表1-5所示，运输服务，旅行服务，建筑服务与电信、计算机和信息服务是中国服务出口的主要部门。而中国服务进口的主要部门为运输服务和旅行服务。中国服务出口的主要目的地为中国香港、欧盟、美国、日本和新加坡；进口的主要来源地为中国香港、美国、欧盟、日本和加拿大。[②]

中国服务贸易的世界排名基本保持稳定，进口占比显著上升。

2020年，中国服务出口居世界第四位，与2010年排名相同，中国服务出口金额约占世界服务出口总额的5.7%，比2010年有所上升；中国服务进口排名从2010年的世界第三位上升至第二位，中国服务进口金额约占世界服务进口总额的8.2%，比2010年时的5.47%有显著提升。[③]

表1-4　2010—2020年中国服务贸易规模

单位：亿美元

年份	中国服务进口金额	中国服务出口金额	中国服务进出口总额	中国服务贸易差额
2010	1934.0	1783.4	3717.4	−150.6
2011	2478.4	2010.5	4488.9	−467.9
2012	2813.0	2015.8	4828.8	−797.2
2013	3306.1	2070.1	5376.2	−1236.0
2014	4328.8	2191.4	6520.2	−2137.4
2015	4355.4	2186.2	6541.6	−2169.2

---

① 根据表1-4数据，2010—2020年，中国服务进口金额的年均增长率为7.02%，服务进出口总额的年均增长率为5.94%；根据表1-3数据，同期，中国货物进口金额的年均增长率为4%，货物进出口总额的年均增长率为4.58%。

② 资料来源：世界贸易组织，*Trade Profiles 2021*。

③ 资料来源：世界贸易组织，*Trade Profiles 2011* 及 *World Trade Statistical Review 2021*。此段数据统计中不包括政府服务。

续　表

年份	中国服务进口金额	中国服务出口金额	中国服务进出口总额	中国服务贸易差额
2016	4521.0	2095.3	6616.3	−2425.7
2017	4675.9	2280.9	6956.8	−2395.0
2018	5250.4	2668.4	7981.8	−2582.0
2019	5014.0	2836.0	7850.0	−2178.0
2020	3810.9	2806.3	6617.2	−1004.6

资料来源：中国统计出版社，《中国统计年鉴2021》。

中国服务贸易部门结构正在不断优化。

根据中国商务部的统计，2020年，受新冠肺炎疫情影响，旅行等传统服务贸易部门在中国服务贸易中所占比重显著下降，但电信、计算机和信息服务，金融服务，保险服务以及知识产权使用费等知识密集型服务在服务贸易中占比继续提高，贸易结构不断优化。2020年，中国知识密集型服务进出口额为20331.2亿元，增长8.3%，占服务进出口总额的比重达到44.5%，比上年提升9.9个百分点。[①] 2020年中国各服务部门进出口情况参见表1−5。

表1−5　2020年中国服务贸易情况

服务类别	进出口		出口		进口		贸易差额		
	金额（亿元）	同比（%）	金额（亿元）	同比（%）	金额（亿元）	同比（%）	2020年（亿元）	2019年（亿元）	逆差减少（亿元）
总额	45642.7	−15.7	19356.7	−1.1	26286.0	−24.0	−6929.3	−15024.9	8095.6
运输服务	10434.8	0.2	3904.1	22.9	6530.7	−9.7	−2626.6	−4059.2	1432.6
旅行服务	10192.9	−48.3	1141.3	−52.1	9051.6	−47.7	−7910.3	−14941.6	7031.3
建筑服务	2295.8	−10.8	1733.6	−10.3	562.2	−12.3	1171.4	1290.8	−119.4
保险服务	1222.4	13.9	370.9	12.5	851.4	14.5	−480.5	−413.7	−66.8
金融服务	507.6	15.4	288.7	7.0	219.0	28.5	69.7	99.3	−29.6
电信、计算机和信息服务	6465.4	16.0	4191.4	12.8	2274.0	22.5	1917.4	1860.0	57.4
知识产权使用费	3194.4	12.9	598.9	30.5	2595.5	9.4	−1996.6	−1912.5	−84.1

[①] 商务部：《中国对外贸易形势报告》（2021年春季）。

续 表

服务类别	进出口		出口		进口		贸易差额		
	金额（亿元）	同比（%）	金额（亿元）	同比（%）	金额（亿元）	同比（%）	2020年（亿元）	2019年（亿元）	逆差减少（亿元）
个人、文化和娱乐服务	298.2	−18.1	90.7	9.8	207.5	−26.3	−116.7	−198.8	82.0
维护和维修服务	760.2	−20.4	528.6	−24.7	231.6	−8.2	296.9	450.0	−153.0
加工服务	1209.3	−11.8	1174.8	−12.9	34.5	60.2	1140.3	1327.7	−187.4
其他商业服务	8643.2	1.7	5160.8	2.0	3482.4	1.3	1678.4	1621.5	56.8
政府服务	418.5	15.3	172.9	62.4	245.6	−4.3	−72.7	−150.1	77.4

资料来源：商务部，《中国对外贸易形势报告》（2021年春季）。

4. 直接投资

2010—2020年，中国的外商直接投资基本保持稳定增长。中国对外直接投资规模在2010—2016年总体呈快速增长态势，并于2014年超过了同期外商直接投资规模。2017—2019年，中国对外直接投资规模有所下调，2020年又回升至接近2017年的水平。总体而言，2010—2020年，中国对外直接投资的增长速度超过了同期外商直接投资的增长速度（见表1-6）。

表1-6 2010—2020年中国外商直接投资及对外直接投资

单位：亿美元

年份	外商直接投资	对外直接投资流量	年末对外直接投资存量
2010	1057.30	688.1	3172.1
2011	1160.11	746.5	4247.8
2012	1117.16	878.0	5319.4
2013	1175.86	1078.4	6604.8
2014	1195.62	1231.2	8826.4
2015	1262.67	1456.7	10978.6
2016	1260.01	1961.5	13573.9
2017	1310.35	1582.9	18090.4
2018	1349.66	1430.4	19822.7
2019	1381.35	1369.1	21988.8

续　表

年份	外商直接投资	对外直接投资流量	年末对外直接投资存量
2020	1443.69	1537.1	25806.6

资料来源：中国统计出版社，《中国统计年鉴2021》。

（二）瑞士经济概况

1. 宏观经济基本情况

作为高度发达的资本主义国家，瑞士是全球二十大经济体之一，曾连续九年位于全球竞争力榜首，人均GDP位居世界第二，仅次于卢森堡，是全球生活质量较高、较为富裕的国家之一。

得益于瑞士联邦政府长期以来实行的稳定经济政策，瑞士经济增长比较稳定。除2015年和2020年外，瑞士GDP年增长率均在1%以上，其中，2015年，瑞士中央银行宣布解除欧元兑瑞郎的汇率下限引起瑞郎汇率大涨，对瑞士的出口产业和旅游业产生较大冲击，GDP增长相对较低；2020年受新冠肺炎疫情的冲击，经济增速为负，瑞士国内消费大幅下降，重要贸易伙伴国经济形势的恶化也影响了瑞士机械、金属、精密仪器、钟表等优势产业对经济发展的贡献（见图1–1、图1–2）。

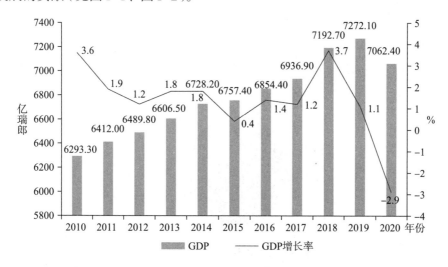

图1–1　2010—2020年瑞士GDP及其年增长率

资料来源：根据瑞士联邦统计局资料整理。

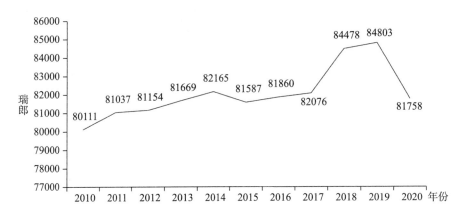

图1-2 2010—2020年瑞士人均GDP

资料来源：根据瑞士联邦统计局资料整理。

2020年，瑞士第一、第二、第三产业产值分别为48.7亿瑞郎、1283亿瑞郎、5037亿瑞郎[①]，占GDP比重为1%、26%和73%，制造业和多数服务产业均对经济增长作出积极贡献。第二产业因为工业技术水平先进，产品质量精良，"瑞士制造"在国际市场具有很强的竞争力。机械制造、化工、医药、高档钟表和食品加工都是瑞士的主要支柱产业。第三产业方面，瑞士旅游业十分发达，是仅次于机械制造和化工医药的第三大创汇行业。金融业也是瑞士经济发展的重要引擎，银行业、保险业、证券市场、黄金市场是瑞士金融业的四大支柱。第一产业方面，瑞士主要农作物有小麦、燕麦、马铃薯和甜菜，肉类基本自给，奶制品自给有余（见图1-3）。

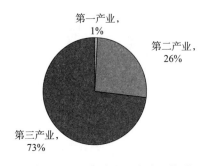

图1-3 2020年瑞士三大产业构成

资料来源：根据瑞士联邦统计局资料整理。

---

① 1瑞郎=1.08美元（2021年9月汇率）。

2. 贸易发展状况

瑞士实行自由经济政策，政府尽量减少干预，对外主张自由贸易，反对贸易保护主义政策。贸易在瑞士经济中占据重要地位，95%的原料、能源和60%的消费品依靠进口；工业产品的70%～90%外销，商品和服务出口占国内生产总值的40%。2020年，瑞士进出口贸易总额为6089.82亿美元，其中出口额为3185.8亿美元，同比增长1.56%，进口额为2904.02亿美元，同比增长5.07%（见图1-4）。

从贸易对象来看，2020年瑞士进口贸易伙伴主要有德国、意大利、美国、中国、法国、英国、中国香港、阿联酋、奥地利和泰国，进口贸易额分别为566.12亿美元、236.73亿美元、208.90亿美元、176.69亿美元、170.76亿美元、166.35亿美元、120.57亿美元、101.00亿美元、89.49亿美元和81.61亿美元；主要出口贸易伙伴有美国、德国、中国、英国、法国、意大利、印度、奥地利、西班牙和日本，出口贸易额分别为731.48亿美元、489.62亿美元、174.35亿美元、68.04亿美元、164.72亿美元、154.80亿美元、115.67亿美元、81.88亿美元、80.22亿美元和75.08亿美元。

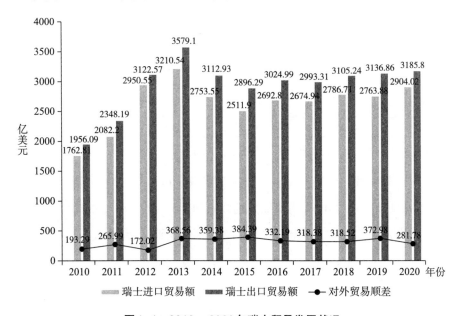

图1-4　2010—2020年瑞士贸易发展状况

资料来源：根据联合国商品贸易统计库（UNComtrade）数据整理。

瑞士前五大贸易逆差来源地依次是阿联酋、德国、爱尔兰、意大利和泰国，2019年逆差额分别为113.12亿美元、95.48亿美元、65.29亿美元、62.19亿美元和35.18亿美元。贸易顺差主要来自美国、印度和英国等，2019年顺差额分别为249.20亿美元、158.13亿美元和119.56亿美元（见表1-7）。

表1-7　瑞士贸易差额主要来源

国家和地区	2019年（亿美元）	上年同期（亿美元）	同比增长（%）
主要顺差来源			
美国	249.20	195.67	27.4
印度	158.13	159.30	-0.7
英国	119.56	-158.36	-175.5
中国	64.11	155.77	-58.8
中国香港	61.24	121.45	-49.6
新加坡	35.82	40.89	-12.4
日本	35.50	31.56	12.5
加拿大	32.48	19.98	62.6
韩国	28.13	27.88	0.9
斯洛文尼亚	27.25	4.14	558.2
主要逆差来源			
阿联酋	-113.12	-54.53	107.4
德国	-95.48	-103.42	-7.7
爱尔兰	-65.29	-74.09	-11.9
意大利	-62.19	-47.35	31.3
泰国	-35.18	11.76	-399.1
总值	365.33	313.31	16.6

资料来源：根据商务部瑞士国别贸易报告（2020）整理。

从商品分类看，化工产品、贵金属及其制品和光学、钟表、医疗设备是瑞士的主要出口商品，2019年出口额分别为1134.8亿美元、802.9亿美元和391.7亿美元，分别占瑞士出口总额的36.1%、25.6%和12.5%，其中化工产品出口增长8.3%，贵金属及其制品出口下降1.5%，光学、钟表、医疗设备出口增长0.4%。

贵金属及其制品、化工产品和机电产品是瑞士的前三大类进口商品，2019年进口额分别为869.8亿美元、511.9亿美元和342.0亿美元，贵金属及其制品、化工产品进口分别增长0.1%、3.8%，机电产品进口下降2.2%。

3. 外商直接投资和对外投资状况

联合国贸发会议发布的《2021年世界投资报告》显示，截至2020年末，外国在瑞士的直接投资存量约为15362.54亿美元，瑞士对外直接投资存量约为16288.56亿美元。

表1-8　2010—2020年瑞士海外直接投资和外国在瑞士的直接投资存量

单位：亿美元

年份	瑞士对外直接投资存量	外国在瑞士的直接投资存量	差额
2010	10566.91	6198.73	4368.18
2011	11218.91	6939.17	4279.73
2012	11756.89	7343.95	4412.94
2013	11499.49	7521.61	3977.88
2014	11011.27	8433.68	2577.58
2015	12155.52	10120.81	2034.72
2016	14670.63	13663.62	1007.01
2017	14952.51	14624.75	327.76
2018	15770.90	14675.84	1095.06
2019	15606.83	14791.97	814.86
2020	16288.56	15362.54	926.02

注：瑞士联邦统计局提供投资数据单位为瑞郎，此处按1瑞郎兑1.08美元计算（2021年9月汇率）。

资料来源：根据瑞士联邦统计局资料整理，2020年数据使用联合国贸发会议发布的《2021年世界投资报告》数据。

瑞士是高度发达的经济体，通过对外援助积极参与国际发展合作，将帮助战乱国家恢复和平、发展经济、消除贫困作为其发展援助的主要目标，并通过双边和多边途径加以实施。联邦发展合作署和经济总局负责对外援助，前者包括人道主义援助、东欧合作、地区合作和全球合作等业务分支。援助对象主要是非洲、亚洲、拉美地区贫穷的中、小发展中国家以及东欧国家。2019年，瑞士用于公共发展援助（APD）的资金达30.7亿瑞郎，占国内生产总值的0.44%。

二、中瑞双边经贸合作

（一）中瑞双边货物贸易

随着两国经贸合作持续发展，中瑞双边贸易规模持续扩大，2005—2020年货物贸易总额年均增长12.4%。2012—2014年，中国对瑞士保持贸易顺差，但在2015年后转为贸易逆差且增幅较大，同时瑞士对中国出口占其总出口比重总体上升，但自中国进口占其总进口比重稍微下降，表明2014年7月生效的中瑞自贸协定在显著促进中瑞双方贸易的同时，对瑞方出口的利好作用更大。2018年双方贸易总额为450.19亿美元，达到历史最高，增长19.3%，其中，瑞士对中国出口额为302.61亿美元，瑞士自中国进口额为147.58亿美元，瑞士与中国的贸易顺差为155.03亿美元。此后出现下降，2019年瑞士与中国双边货物进出口额为366.79亿美元，下降18.6%。其中，瑞士对中国出口215.39亿美元，下降28.9%；瑞士自中国进口151.4亿美元，增长2.7%。瑞士与中国的贸易顺差为63.99亿美元。2020年，瑞士与中国双边货物进出口额为351.04亿美元，下降4.4%。其中，瑞士对中国出口174.35亿美元，瑞士自中国进口176.69亿美元，瑞士与中国的贸易逆差为2.34亿美元（见图1-5）。

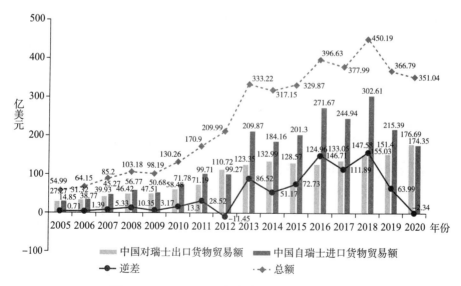

图1-5　2005—2020年中瑞双边货物贸易情况

资料来源：根据联合国商品贸易统计库（UNComtrade）数据整理。

　　中瑞货物贸易商品结构体现了双方产业的比较优势。瑞士是全球较大的黄金加工中心之一，中国作为全球黄金消费大国，2016—2019年自瑞士进口第一大类商品是贵金属及其制品。化工产品排在第二位，瑞士的医药化学技术世界领先，拥有诺华、罗氏等多家全球知名医药化工企业。光学、钟表和医疗设备是瑞士对中国出口的第三大类商品，其机械电子产业十分发达，每年出口大量的医疗仪器和设备、电子配件等产品。瑞士还是全球第一大钟表出口国，瑞士国内生产的95%的钟表都用于出口（见表1-9）。

　　中国对瑞士出口的主要商品类别为机电产品、纺织品及原料和化工产品。中国是全球机电产品生产和出口大国之一，但中国对瑞士的产品出口主要集中在中低端、高性价比的产品上。2019年中国对瑞士的机电产品出口额为64.46亿美元，占中国对瑞士出口总额的42.5%（见表1-10）。

　　总体上，中国在初级产品以及劳动密集型工业制成品上具有比较优势，而瑞士在机械设备、医药化工等高端制造业、高新技术领域具有比较优势，两国的比较优势差异为两国开展经贸合作奠定了基础。

表1-9　瑞士对中国出口主要商品构成

海关分类（类）	商品类别	2012年（亿美元）	占比（%）	2016年（亿美元）	占比（%）	2018年（亿美元）	占比（%）	2019年（亿美元）	占比（%）
第6类	化工产品	18.30	21.9	43.12	16.0	49.47	16.31	54.99	25.50
第14类	贵金属及其制品	6.26	7.5	173.41	64.3	184.53	60.83	89.53	41.52
第18类	光学、钟表、医疗设备	25.09	30.0	21.17	7.8	27.75	9.15	31.30	14.51
第16类	机电产品	25.00	29.9	22.85	8.5	29.33	9.67	27.48	12.74
第15类	贱金属及其制品	2.11	2.5	2.01	0.7	2.37	0.78	2.41	1.12
第17类	运输设备	0.73	0.9	0.92	0.3	0.9	0.30	1.31	0.61
第4类	食品、饮料、烟草	0.44	0.5	1.22	0.5	1.75	0.58	1.31	0.61
第7类	塑料、橡胶	1.64	2.0	1.83	0.7	2.46	0.81	2.30	1.07
第11类	纺织品及原料	1.11	1.3	0.9	0.3	1.39	0.46	1.2	0.56
第5类	矿产品	—	—	—	—	0.40	0.13	0.36	0.17
第21类	艺术品	—	—	—	—	0.07	0.02	0.42	0.19
第10类	纤维素浆、纸张	0.38	0.5	0.32	0.1	0.24	0.08	0.36	0.17
第20类	家具、玩具、杂项制品	0.33	0.4	0.21	0.1	—	—	—	—
第13类	陶瓷、玻璃	0.52	0.6	0.68	0.3	0.78	0.26	0.78	0.36

续　表

海关分类（类）	商品类别	2012年（亿美元）	占比（%）	2016年（亿美元）	占比（%）	2018年（亿美元）	占比（%）	2019年（亿美元）	占比（%）
	其他	1.59	1.9	1.2	0.4	1.89	0.62	1.9	0.88
	总值	83.50	100.0	269.84	100.0	303.33	100.00	215.65	100.00

资料来源：根据商务部《国别贸易报告（瑞士）》各年度数据整理。

表1-10　中国对瑞士出口主要商品构成

海关分类（类）	商品类别	2012年（亿美元）	占比（%）	2016年（亿美元）	占比（%）	2018年（亿美元）	占比（%）	2019年（亿美元）	占比（%）
第16类	机电产品	45.55	41.6	50.63	40.5	61.64	41.8	64.46	42.5
第11类	纺织品及原料	16.05	14.6	17.51	14.0	20.32	13.8	20.09	13.3
第6类	化工产品	8.33	7.6	10.30	8.2	12.94	8.8	13.67	9.0
第18类	光学、钟表、医疗设备	10.48	9.6	12.78	10.2	11.92	8.1	12.01	7.9
第20类	家具、玩具、杂项制品	7.88	7.2	9.37	7.5	10.01	6.8	9.99	6.6
第15类	贱金属及其制品	5.00	4.6	5.08	4.1	6.05	4.1	6.00	4.0
第14类	贵金属及其制品	0.72	0.7	1.71	1.4	4.90	3.3	5.35	3.5
第12类	鞋靴、伞等轻工产品	4.03	3.7	4.57	3.7	5.26	3.6	5.31	3.5
第7类	塑料、橡胶	3.05	2.8	3.52	2.8	3.92	2.7	4.01	2.7
第8类	皮革制品、箱包	2.93	2.7	3.11	2.5	3.34	2.3	3.11	2.1
第17类	运输设备	1.16	1.1	1.72	1.4	1.87	1.3	2.20	1.5
第13类	陶瓷、玻璃	1.36	1.2	1.39	1.1	1.57	1.1	1.47	1.0
第10类	纤维素浆、纸张	0.68	0.6	0.90	0.7	1.15	0.8	1.08	0.7
第9类	木及制品	0.98	0.9	0.90	0.7	1.00	0.7	0.93	0.6
第4类	食品、饮料、烟草	0.63	0.6	0.71	0.6	0.86	0.6	0.70	0.5
	其他	0.79	0.7	0.73	0.6	0.81	0.5	1.15	0.8
	总值	109.62	100.0	124.94	100.0	147.57	100.0	151.53	100.0

资料来源：根据商务部《国别贸易报告（瑞士）》各年度数据整理。

（二）中瑞双边服务贸易

与中瑞两国货物贸易的迅速增长相比，两国服务贸易发展相对缓慢，存在较大的发展空间。就服务贸易结构来看，中国主要在旅游、运输、其他商业服务等传统产业领域占有优势，而瑞士则在通信、金融、保险、专利特许和许可费服务等资金与技术密集型产业领域实力雄厚。

2010—2019年，中瑞双边服务贸易额保持不断攀升的趋势，且始终保持着中国对瑞士逆差的贸易结构。2019年中国对瑞士出口服务额为33.72亿美元，中国对瑞士进口服务额达到57.76亿美元，逆差为24.04亿美元（见图1-6）。

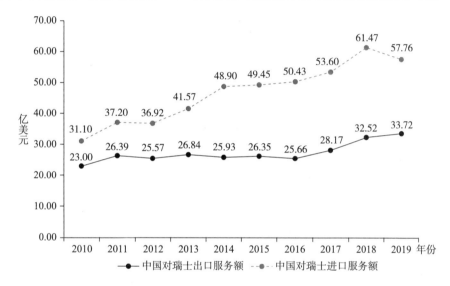

图 1-6　2010—2019年中瑞双边服务贸易情况

数据来源：根据 OECD BaTIS 数据库资料整理。

从行业服务出口的动态变化来看，其他服务是中国对瑞士出口额最高的服务类别，整体呈现快速增长趋势。运输服务在中国对瑞士出口额中排第二位，2013年出现大幅下降，2015年至2019年开始缓慢回升，这主要得益于中国运输服务逐渐完成由劳动密集型向资本技术密集型转型，成为一项资本、技术密集型的服务项目，国际竞争力增强。制造服务出口额位居第三，虽呈现小幅下降趋势，但波动不大。相比之下，中国对瑞士出口的政府服务、保险和养老金服务、旅游服务以及维修服务等体量比较小（见图1-7）。

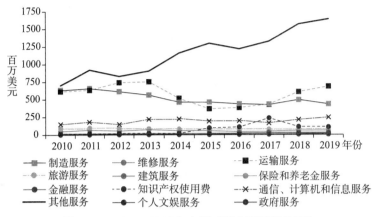

图 1-7　2010—2019年中国对瑞士出口服务结构

数据来源：根据 OECD BaTIS 数据库数据整理。

从行业服务贸易进口的动态变化来看，旅游服务一度是中国对瑞士进口额最高的服务类型，2015年达到峰值为14.63亿美元，2016年降幅明显，后又缓慢上升，2019年中国对瑞士进口旅游服务为13.80亿美元，同比下降0.22%。缘于中国经济迅速增长，国民收入增加，中国居民对外旅游需求增加，同时，瑞士作为充满异域风情的国家，旅游服务较为发达。进口额第二的是知识产权使用费，处于快速增长态势，其中2018年增幅明显。其他进口额较高的是运输服务、其他服务、保险和养老金服务，其余服务部门的进口额所占比重较低（见图1-8）。

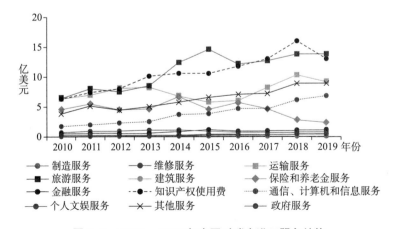

图 1-8　2010—2019年中国对瑞士进口服务结构

数据来源：根据 OECD BaTIS 数据库数据整理。

（三）中瑞双边直接投资

瑞士位居欧洲中心，云集了各国人才、资本和先进技术，消费市场发达，国际组织和跨国企业总部集中，基础设施条件领先，政治、法制环境好，企业税率总体较低，有利于吸引外资。截至2020年末，中国对瑞士直接投资存量为67.60亿美元。中国对瑞士投资覆盖医药化工、机械设备制造、服装、大宗贸易和酒店餐饮等领域（见表1-11）。

表1-11　2010—2020年中瑞双边投资情况

单位：亿美元

年份	中国对瑞士直接投资流量	瑞士对中国直接投资流量	中国对瑞士直接投资存量
2010	0.27	2.61	0.59
2011	0.17	5.55	0.92
2012	0.09	8.73	1.01
2013	1.28	3.15	2.97
2014	0.34	3.40	3.88
2015	2.47	2.19	6.04
2016	0.68	5.47	5.76
2017	75.14	4.60	81.12
2018	−32.12	6.04	50.00
2019	6.78	6.45	56.63
2020	10.75	6.54	67.60

数据来源：中国商务部《中国对外投资公报2021》和中国统计局各年度《中国统计年鉴》。

瑞士企业在华投资则主要集中在化工化纤、食品加工、电器工具、医疗用品、汽车配件、建筑材料、纺织服装和贸易等领域，地域分布从沿海逐步向内陆延伸。截至2021年4月，中国累计批准瑞士在华投资项目2162个，瑞方实际投资93.8亿美元。瑞士是中国在欧洲重要的技术引进来源国。截至2021年4月，中国自瑞士技术引进累计金额为140.5亿美元，项目达到3250个。[1]

---

[1]《中国同瑞士的关系》，https://www.fmprc.gov.cn/web/gjhdq_676201/gj_676203/oz_678770/ 1206_679618/ sbgx_679622/。

（四）其他领域的双边合作情况

中瑞两国在文化、艺术、教育、科技等领域开展了持续多年的交流，民间友好组织和学术团体交流日趋活跃。2017年1月习近平主席访问瑞士期间，双方签署《中瑞文化合作协定》。同年上海交响乐团参加瑞士卢塞恩音乐节，成为应邀参加该音乐节的首个中国音乐团体。2018年，第二届"中国—瑞士文化旅游节"、"一带一路·遇见中国"、改革开放成就图片展等文化活动在瑞士成功举办。2019年，"遇见中国"暨庆祝中华人民共和国成立70周年大型文化活动在瑞士成功举办。

中国自1978年开始向瑞士派留学人员。2012年，双方签署《中瑞高等教育合作备忘录》，分别于2014年、2015年、2018年、2019年举行四届中瑞教育政策对话。2017年，双方签署首个职业教育培训协议，瑞士在北京开办首家瑞士学校。截至2021年末，中国在日内瓦大学和巴塞尔大学设立了两家孔子学院。

中瑞还共同建设多个产业园区。2012年中瑞镇江生态产业园成立，该产业园由中国商务部和瑞士联邦经济部共同发起，由镇江经济技术开发区和瑞士环境科技促进署合作建设，旨在为瑞士优势产业对华合作提供可靠和便利的平台，推动两国在节能环保、钟表、职业教育等领域实现优势互补。此外，贵阳、中山、烟台等地，也在建设中瑞合作的产业和技术园区。

1989年2月，中瑞两国政府签署《中瑞科技合作协定》，正式建立了两国政府间科技合作关系。在民间科技合作与交流方面，两国有关对口部门签署了一系列合作协议，开展多种合作活动。2008年8月，瑞士在上海设立其第四个海外"科学中心"。双方共同实施了中瑞科技战略合作计划（SSSTC2013—2016）。2016年4月，中国国家自然科学基金会与瑞士国家科学基金会签署合作谅解备忘录，联合征集、共同资助了11个环境科学、工程和材料科学合作研究项目。2019年10月，中国科技部与瑞士联邦经济、教育和科研部签署两部《关于加强科技创新合作的联合声明》。2020年7月，科技部支持和推动中国科学技术交流中心与瑞士初创企业孵化器共同举办首届中国—瑞士科技创新精准合作"云对接"活动。

2020年新冠肺炎疫情期间，瑞士政府不仅向武汉医院提供高端医疗设备，还在国际红十字会和世界卫生组织向中国援助时提供财政支持；瑞士暴发新冠肺炎疫情时，中国公共部门和中国公民也向瑞士伸出援助之手，为瑞士提供大量医疗设备。疫情期间两国还开设了货物流通"绿色通道"和人员往来"快捷通道"，便利两国经贸发展。

第二节　中国—瑞士自由贸易区谈判及建设进程

一、中瑞自由贸易区谈判及建设的宏观背景

中瑞两国政治关系良好。瑞士是较早承认并与新中国建立外交关系的西方国家。瑞士于1950年1月17日承认中华人民共和国，同年9月14日，中国同瑞士正式建立外交关系。建交70多年来，两国关系发展平稳。1956年1月和1957年4月，中瑞先后将外交关系由公使级升格为大使级。进入20世纪90年代，两国关系有了进一步发展。1992年1月，国务院总理李鹏访问瑞士并出席达沃斯世界经济论坛年会。1996年10月，瑞士联邦主席德拉米拉访华，这是瑞士联邦主席首次访华。1999年3月，国家主席江泽民访问瑞士，这是中瑞建交以来中国国家元首首次对瑞士进行国事访问。2000年9月，瑞士联邦主席奥吉访华并出席中瑞建交50周年庆祝活动。

中瑞自贸协定签署前，中瑞高层领导频繁互动。2013年2月，回良玉副总理访瑞。4月，瑞士联邦副主席兼外长布尔克哈尔特访华。5月，李克强总理履新后访问的首个欧洲国家就是瑞士。同月，瑞士联邦委员兼环境、交通、能源和通信部长洛伊特哈德访华。7月，瑞士联邦委员兼经济部长施耐德-阿曼访华。同月，瑞士联邦主席兼国防、民防和体育部长毛雷尔来华出席生态文明贵阳国际论坛并访华。8月，瑞士联邦委员兼内政部长阿兰·贝尔塞访华。

中瑞两国经贸合作不断深化。1974年，中国和瑞士签订《中瑞贸易协定》并成立了中瑞贸易混合委员会。自1978年中国实施改革开放政策以来，中瑞

经贸合作迅速发展。1979年，瑞士政府给予中国普惠制待遇。1980年，中瑞第一家合资企业瑞士迅达公司在中国成立。瑞士政府一直积极支持中国恢复"关贸"缔约国的地位并支持中国加入世界贸易组织。20世纪90年代以来，双边经贸快速发展，两国经贸关系进一步加强。进入21世纪，两国贸易规模扩大，双向投资发展增长，技术合作领域不断扩大。

中瑞两国产业和贸易结构互补。瑞士是中国在欧洲第九大贸易伙伴国，中国是瑞士全球第四大贸易伙伴国。中国为瑞士第六大出口市场和第八大进口来源地，自瑞士进口的主要产品为机械、手表、电子产品、珠宝、仪器和药品，而向瑞士出口的主要产品则为服装、电子产品、船舶、珠宝和机械产品。对于中国来说，瑞士是主要的外国直接投资来源地之一，更是在特定产业如食品饮料、医药化工、机械电子、仪表仪器以及现代服务业领域有极大优势的发达国家。中瑞两国资源禀赋各具优势，产业和贸易结构互补，自由贸易区建成后将给双边贸易和双向投资带来大幅增长。与瑞士建立自由贸易区，符合中国经济发展的诉求。

瑞士已深度融入全球经济，国际定位是其明显的经济特点。瑞士的繁荣在很大程度上取决于商品和服务的国际贸易以及跨境投资活动。因此，不断改善进入国外市场的机会是瑞士对外贸易政策的一个重要目标。为此，瑞士奉行非常积极的自由贸易政策，除了加入欧洲自由贸易联盟（EFTA）及与欧盟（EU）达成的自由贸易协定，目前瑞士还与43个合作伙伴建立了33个自由贸易协定的网络。同时，瑞士已经正式启动与下列9个国家和地区的自由贸易协议谈判：阿尔及利亚、俄罗斯—白俄罗斯—哈萨克斯坦关税同盟、泰国、印度、越南、马来西亚、南方共同市场。此外，瑞士与毛里求斯、蒙古、缅甸、尼日利亚和巴基斯坦签署了合作声明。需要说明的是，除与中国、日本等少数贸易伙伴的自贸谈判是双边谈判外，瑞士与其他国家和地区签署的协定及有关谈判均是以EFTA的名义开展的。EFTA现有4个成员国：瑞士、挪威、冰岛和列支敦士登公国，秘书处设在瑞士日内瓦。瑞士作为EFTA的"领头羊"，与中国缔结自由贸易协定，符合其国际定位。

二、中国—瑞士自由贸易区谈判及建设的战略意义

中瑞经济高度互补，两国签署相对平衡、高品质的中瑞自贸协定，表明两国经贸合作驶入"快车道"，有利于共同做大两国合作的蛋糕，实现双赢。

瑞士作为与中国签订自贸协定的第一个欧洲大陆国家，将为中国与欧洲其他国家建立自由贸易区提供经验。瑞士属于EFTA，在EFTA甚至在欧洲都居中心地位，与欧盟成员国经贸关系十分紧密，中瑞自贸协定的达成具有显著的示范效应。

中瑞自贸协定不仅为两国企业界和金融业等领域提供了便利平台和重要发展机遇，而且有利于促进全球化发展，推动建立良好多边贸易体系。中瑞自贸协定与中瑞创新战略伙伴关系、实施共建"一带一路"倡议和推动构建人类命运共同体等一系列重要举措密不可分。更为重要的是，中国和瑞士均为对外贸易排名世界前20位的国家，两国通过自贸区建设，向世界发出携手反对贸易和投资保护主义以及倡导贸易和投资自由化、便利化的积极信号，对于维护良好的国际贸易环境、探索解决全球贸易治理难题具有重要意义，其影响已超越双边关系范畴。

三、中国—瑞士自由贸易区的谈判历程

（一）研究阶段

2007年，瑞士成为欧洲国家中第一个承认中国完全市场经济地位的国家，这一共识奠定了中瑞双方达成自贸协定的基本前提。这一时期，瑞士成为中国在欧洲非常重要的合作伙伴，而中国则是瑞士在亚洲最大的贸易伙伴。

2007年7月，瑞士代表团访问中国，双方就自贸区的建立意向进行了磋商。2009年1月，温家宝总理访问瑞士，双方宣布中瑞两国于下半年开始双边自贸区联合可行性研究，为正式启动有关谈判做好准备。这一年中瑞双方共举行两次产业交流研讨会和三次可研会议，完成了可研报告，对双边经贸关系、货物贸易、服务贸易、知识产权、贸易自由化影响等领域做了重点研究，研究结论总体积极，认为自贸区有利于双方互利共赢，优势互补。2009

年11月30日，双方正式启动中瑞自贸区联合研究。2010年8月13日，中瑞宣布自贸区联合研究圆满结束，双方同意尽快启动谈判进程并签署了《中华人民共和国商务部和瑞士联邦经济事务部关于结束中国—瑞士自由贸易协定联合可行性研究的谅解备忘录》。

（二）谈判阶段

中瑞自贸协定于2011年1月正式启动谈判，在两年半时间内，双方经过九轮谈判（见表1-12），就实质性问题达成了一致。2013年7月，正式签署中瑞自贸协定，2014年7月开始实施。该协定是一个质量高、内涵丰富、互利共赢的自贸协定，也是中国与欧洲大陆国家签署的第一个自贸协定。

表1-12 中瑞自贸协定谈判过程

时间	地点	谈判	内容
2011年1月28日	达沃斯	谈判正式启动	签署了《关于启动中国—瑞士自贸协定谈判的谅解备忘录》
2011年4月7—8日	伯尔尼	第一轮谈判	双方确定了谈判大纲，设立了谈判工作机制，并就货物贸易、服务贸易、知识产权、贸易救济、原产地规则等问题交换了意见，为第二轮实质性谈判奠定了基础
2011年7月5—7日	西安	第二轮谈判	双方就自贸区涉及的降税模式、服务贸易、原产地规则、卫生与植物卫生措施/技术性贸易壁垒、知识产权、竞争政策等有关内容交换了意见，谈判取得了积极进展
2011年11月8—10日	瑞士	第三轮谈判	双方就货物贸易、服务贸易、知识产权、原产地规则、动植物检验检疫和技术性贸易壁垒、争端解决机制、贸易救济措施、竞争政策等多项议题进行了深入讨论，达成众多共识，谈判取得实质性进展
2012年2月14—16日	北京	第四轮谈判	双方就自贸区货物贸易降税模式、服务贸易、原产地规则、卫生与植物卫生措施/技术性贸易壁垒、知识产权、竞争政策、贸易救济、经济技术合作等有关内容交换了意见，并取得一系列共识
2012年5月8—10日	北京	第五轮谈判	双方就自贸区货物贸易降税模式、服务贸易、原产地规则、卫生与植物卫生措施、技术性贸易壁垒、知识产权、竞争政策、贸易救济、经济技术合作等内容交换了意见，谈判取得了较大进展

续 表

时间	地点	谈判	内容
2012 年 9 月 4—6 日	达沃斯	第六轮谈判	双方就自贸区货物贸易降税模式、服务贸易、原产地规则、海关合作和贸易便利化、卫生与植物卫生措施、技术性贸易壁垒、法律和机构条款、知识产权、竞争政策、贸易救济、争端解决和经济技术合作等有关内容充分交换了意见，谈判取得了较大进展
2013 年 2 月 27 日—3 月 2 日	北京	第八轮谈判	双方就自贸区货物贸易降税模式、服务贸易、原产地规则、卫生与植物卫生措施 / 技术性贸易壁垒、知识产权、竞争政策、贸易救济、经济技术合作等内容充分交换了意见，谈判取得了较大进展
2013 年 5 月 9—11 日	伯尔尼	第九轮谈判	
2013 年 5 月 24 日	伯尔尼		签署《关于结束中国—瑞士自由贸易协定谈判的谅解备忘录》
2013 年 7 月 6 日	北京		正式签署中瑞自贸协定
2014 年 4 月 29 日	北京		双方互换中瑞自贸协定的生效照会
2014 年 7 月 1 日			中瑞自贸协定正式生效

资料来源：根据中国自由贸易区服务网和瑞中商会官网相关资料整理。

四、中瑞自贸协定的主要内容

中瑞自贸协定包括正文 16 章，还有货物贸易关税减让表、产品特定原产地规则、原产地证书、纺织品标签、服务贸易具体承诺表等 11 个附件（见表 1-13）。

表 1-13 中瑞自贸协定主要章节

章节	标题	附件
序言		附件 1 关税减让表
第一章	总则	附件 1-1 中方关税减让表
第二章	货物贸易	附件 1-2 瑞方关税减让表
第三章	原产地规则和实施程序	附件 2 产品特定原产地规则
第四章	海关手续和贸易便利化	附件 3 原产地证书
第五章	贸易救济	附件 3-1 中方原产地证书
第六章	技术性贸易壁垒	附件 3-2 瑞方原产地证书
第七章	卫生与植物卫生措施	附件 4 原产地证书声明

章节	标题	附件
第八章	服务贸易	附件5 纺织品标签
第九章	投资促进	附件6 服务贸易
第十章	竞争	附件7 服务贸易具体承诺减让表
第十一章	知识产权保护	附件7-1 中方具体承诺减让表
第十二章	环境问题	附件7-2 瑞方具体承诺减让表
第十三章	经济技术合作	附件8 最惠国豁免清单
第十四章	机制条款	附件8-1 中方最惠国豁免清单
第十五章	争端解决	附件8-2 瑞方最惠国豁免清单
第十六章	最后条款	附件9 受保护的属（种）列表
		附件10 仲裁程序的规则和程序

资料来源：根据中瑞自贸协定文本整理。

中瑞自贸协定货物贸易的零关税比例高，并为双方合作建立了良好的机制，协定中涉及许多新规则，中瑞双方就政府采购、环境、劳工与就业合作、竞争等中国以往自贸谈判没有涉及的规则问题达成一致。目前，国际上对这些规则还没有形成统一的标准，中瑞双方也没有回避，而是按照求同存异的原则，达成了许多共识。

附录：中瑞两国签署的双边协定与协议

时间	协定或协议
1989年2月	《中瑞科技合作协定》
1995年4月	《中瑞科技合作备忘录》
1996年10月	《关于建立中瑞合资企业项目融资基金的谅解备忘录》
1999年3月	《中瑞文化合作意向声明》
	《中瑞高等教育交流合作意向书》
2002年6月	《中瑞两国政府管理培训项目技术合作的谅解备忘录》
2003年11月	《中瑞科研合作谅解备忘录》
2004年1月	《关于在中国公共领域进行中瑞合作管理培训项目技术合作的协议》
2004年6月	《关于中国旅游团队赴瑞士旅游及相关事宜的谅解备忘录（旅游目的地国）》
2006年10月	《中瑞2006—2008年高等教育合作备忘录》
2007年4月	《中瑞2008—2011年科技合作备忘录》

续　表

时间	协定或协议
2007 年 9 月	《中瑞关于加强对话与合作的谅解备忘录》
2008 年 11 月	《中瑞科技合作联合声明》
2009 年 4 月	《中瑞水资源可持续利用和自然灾害防治领域合作协议》
2011 年 1 月	《关于启动中国—瑞士自由贸易谈判的谅解备忘录》
2012 年 6 月	《中瑞环境合作谅解备忘录》
2012 年 9 月	《中瑞高等教育合作备忘录》
2013 年 5 月	《关于结束中国—瑞士自由贸易谈判的谅解备忘录》
	《中瑞应对气候变化谅解备忘录》
	《中瑞金融对话合作谅解备忘录》
	《关于在中瑞经贸联委会框架下建立钟表合作工作组的谅解备忘录》
	《中瑞两国政府关于促进可持续发展的中瑞管理培训项目谅解备忘录》
2015 年 1 月	《中国人民银行与瑞士国家银行合作备忘录》
	《中瑞两国政府关于食品、药品、医疗器械和化妆品领域的合作协议》
2015 年 12 月	《中华人民共和国政府和瑞士联邦委员会关于互免持外交护照人员签证的协定》
2016 年 4 月	《中华人民共和国和瑞士联邦关于建立创新战略伙伴关系的联合声明》
	《中国国家安监总局与瑞士经济、教研部职业安全与健康合作谅解备忘录》
	《中国国家自然科学基金会和瑞士国家科学基金会合作备忘录》
2017 年 1 月	《中华人民共和国外交部和瑞士联邦外交部关于建立外长级战略磋商机制并推动建立中瑞高水平创新平台的谅解备忘录》
	《中华人民共和国商务部和瑞士联邦经济、教育和科研部关于中国—瑞士自由贸易协定升级的谅解备忘录》
	《中华人民共和国商务部和瑞士联邦外交部关于加强国际发展合作交流的谅解备忘录》
	《中华人民共和国国家能源局与瑞士联邦环境、交通、能源和通信部关于在能源领域开展合作的谅解备忘录》
	《中华人民共和国政府和瑞士联邦委员会关于中华人民共和国海关企业信用管理制度和瑞士海关"经认证的经营者"制度互认的协定》
	《中华人民共和国国家知识产权局与瑞士联邦知识产权局谅解备忘录》
	《中华人民共和国政府与瑞士联邦委员会文化合作协定》
2017 年 5 月	《中国—瑞士能源合作路线图》
2018 年 11 月	《中国民用航空局与瑞士民航局关于在民用航空安全领域合作的谅解备忘录》

续 表

时间	协定或协议
2019 年 1 月	《中国国家国际发展合作署与瑞士联邦外交部关于加强国际发展合作交流的谅解备忘录》
2019 年 4 月	《中华人民共和国国家发展改革委与瑞士联邦财政部及经济、教育和科研部关于开展第三方市场合作的谅解备忘录》
	《中华人民共和国应急管理部与瑞士联邦外交部关于在自然灾害防治和应急响应领域合作的谅解备忘录》
	《中华人民共和国商务部与瑞士联邦驻华大使馆关于促进中瑞冰雪运动产业合作的联合意向书》

资料来源：根据中国外交部网站资料整理。

第二章

《中国—瑞士自由贸易协定》的
货物贸易规则

货物贸易的市场准入安排是中瑞自贸协定的核心内容，直接决定了两国企业从协定的实施中所能获得的优惠幅度。中瑞自贸协定中对货物贸易市场准入的安排主要包括关税减让安排。通过对本章的阅读，企业可以了解和掌握以下内容：

　　1. 企业应如何理解中瑞自贸协定的总体关税优惠水平，及其可能给企业带来的优惠幅度？

　　2. 企业应如何使用中瑞自贸协定中的关税减让表？

　　3. 中国和瑞士两国是如何进行关税减让安排的？

　　4. 目前中国和瑞士两国各类货物的关税优惠水平有多大？

　　5. 中国的进出口企业应如何利用协定关税减让寻找新的商机？

第一节 货物贸易规则解读

中瑞自贸协定中的货物贸易规则既包括相互给予国民待遇、取消关税和非关税措施、提高透明度等总体规则，也涵盖了关税减让安排等详细措施。本章内容主要涵盖协定第二章货物贸易，以及附件1-1中方关税减让表和附件1-2瑞方关税减让表。

一、中瑞自贸协定货物贸易的总体规则

（一）相互承诺给予国民待遇，大部分产品取消关税

根据世界贸易组织的有关规则，中瑞两国在中瑞自贸协定中相互承诺给予另一方的产品国民待遇，按照各自关税减让表的规定对原产于另一方的产品取消关税。双方同时承诺，除非中瑞自贸协定另有规定，任何一方不得对原产自另一方的货物提高任何现行关税或新增关税。

（二）遵守世界贸易组织规则，原则上不采取非关税措施

中瑞双方遵守世界贸易组织关于非关税措施的相关协定。除非协定另有新的约定，否则不对双边进出口货物采取或维持包括数量限制等在内的任何非关税措施。

（三）确保关税减让的实施，通过审议机制对关税减让进行审议

中瑞双方根据中瑞自贸协定所采取的关税措施必须保证具有足够的透明度。中瑞自贸协定生效之日起两年内，双方将在联合委员会上对关税减让表进行审议。此后双方将每两年在联合委员会上就上述内容进行一次审议。

二、中瑞自贸协定关税减让总体安排及特点

（一）货物贸易降税覆盖范围广

中瑞自贸协定是一个全面的、高水平的互利互惠协定。瑞方对中方99.7%的出口产品自中瑞自贸协定生效之日起立即实施零关税，中方对瑞方84.2%的出口产品最终实施零关税。如果加上部分降税的产品，瑞士参与降税的产品比例是99.99%，中方是96.5%，这大大超过一般自贸协定中90%的降税水平。

（二）瑞方对具体产业产品的关税措施

瑞方从中瑞自贸协定生效之日起，对6958项产品立即实施零关税，对619项产品实施部分降税，降幅从10%到50%不等，将254项产品作为例外不予降税。

工业品方面，瑞方对中国降税幅度较大的产品有纺织品、服装、鞋帽、汽车零部件和金属制品等，均为中国的主要出口利益产品，瑞方承诺自中瑞自贸协定生效之日起对这些产品立即实施零关税。

农产品方面，瑞方承诺从中瑞自贸协定生效之日起对962项农产品立即实施零关税，对403项农产品实施部分降税，对216项加工农产品取消工业成分关税（对其中23项加工农产品还将取消其农业成分关税的40%），将254项农产品作为例外不予降税。这是瑞方首次在自贸协定中较大幅度开放其农产品市场，也是瑞方首次在世贸组织谈判或自贸区谈判中，就削减加工农产品农业成分的关税作出承诺，使中国农产品更好地进入瑞方市场。

中国根据瑞士产业的竞争水平和国内产业的承受能力，对部分竞争力较弱的国内产业通过规定过渡期、部分降税安排以及保留457项工业品（如机床、纺织机械、化工产品、汽车、乳制品以及医药产品等）这三种方式予以保护。

（三）中方货物贸易降税实施过渡期安排

中方从中瑞自贸协定生效之日起对1803项产品立即实施零关税，对5495项产品经5年、10年或更长时间实施零关税，对168项产品经10年过渡期降税60%（对其中165项产品从中瑞自贸协定生效之日起先立即降税18%，然后在此后9年内匀速降税），将457项产品作为例外不予降税。

三、如何读懂中瑞自贸协定关税减让表

关税减让表是企业了解每一类别产品所适用协定优惠关税水平的重要文件。中瑞自贸协定附件1即为中瑞两国的具体关税减让表，其中中国关税减让表示例见表2-1，瑞士关税减让表示例见表2-2。

（一）关税减让表栏目说明

1. 税号（Tariff Line）：指《商品名称及编码协调制度》（以下简称"协调制度"，又称"HS"）中的商品编码，是在原海关合作理事会商品分类目录和国际贸易标准分类目录的基础上，协调国际上多种商品分类目录而制定的一部多用途的国际贸易商品分类目录；目前广泛应用于海关监管、海关征税及海关统计。协调制度编码的前6位为世界统一制定，各国自行制定第七和第八位编码。企业在使用时需要注意，虽然中瑞两国均采用8位编码，但分类方式并不相同，因此两国相同的编码可能代表不同的具体商品，需要根据商品特征分别进行查询。中国关税减让表和瑞士关税减让表均采用的是2007版协调制度编码。

2. 商品名称（Description）：各国针对每一协调制度8位编码作出的货品特征的具体描述。

3. 基准税率（Base Rate）：中国和瑞士关税减让表中基准税率均为2010年1月1日执行的最惠国税率（MFN）。

4. 降税分类（Category）：为减免关税，对相关产品进行的分类。中国关税减让表中的降税分类为8类，瑞士关税减让表中的降税分类为5类。

表2-1　中国关税减让表示例

No. (1)	Tariff Line (2)	Description (3)	Base Rate (%) (4)	Category (5)	Preferential Rate %（Year）															
					1	2	3	4	5	6	7	8	9	10	11	12	13	14	15
1	01011010	Live purebred breeding horses	0	A	0.0														
2	01011020	Live purebred breeding donkeys	0	A	0.0														
3	01019010	Live horses, o/t for purebred breeding	10	B	8.0	6.0	4.0	2.0	0.0										
4	01019090	Other donkeys, o/t for purebred breeding	10	B	8.0	6.0	4.0	2.0	0.0										
5	01021000	Live purebred breeding bovine animals	0	A	0.0														

表2-2 瑞士关税减让表示例

Tariff heading（1）	Description（2）	Unit（3）	MFN applied Duty [CHF]（4）	Category（5）	Fixed Duty [CHF]（6）	MFN minus [CHF]（7）
I	LIVE ANIMALS; ANIMAL PRODUCTS					
01	Live animals					
0101	Live horses, asses, mules and hinnies					
	purebred breeding animals					
	horses:					
0101.1011	within the limits of the tariff quota（Q. No. 1）	each	120.00	A	0.00	
	asses:					
0101.1021	within the limits of the tariff quota（Q. No. 1）	each	3.00	A	0.00	
	other:					
	asses, mules and hinnies					

（二）中方关税减让表分类

中方关税减让表中的关税减让分为8类，见表2-3。

表2-3 中方关税减让表分类

降税分类	关税减让规定
A	在本协定生效之日起，免除关税
B	自本协定生效之日起5年内免除关税
C1	自本协定生效之日起10年内免除关税
12年内取消关税	自本协定生效之日起12年内免除关税
15年内取消关税	自本协定生效之日起15年内免除关税
C2	自本协定生效之日起10年内削减基准税率的60%
C2(非线性)	自本协定生效之日起10年内非等比削减基准税率的60%
D	保持基准关税

中国对瑞士产品的降税方式，具体来说包括以下四种：自协定生效起关

税立即降为零；在规定年限等比例降为零；在规定年限等比或非等比降低原关税的60%，其后保持不变；保持基准关税，不降税。总的来说，中国采取的降税方式主要为A、B、C1三类。

（三）瑞方关税减让表分类

瑞方关税减让表中的关税减让分为5类，见表2-4。

表2-4　瑞方关税减让表分类

降税分类	关税减让规定
A	在本协定生效之日起，免除关税
B1	自本协定生效之日起，关税为第（6）栏所列的固定税额，或最惠国实施关税减去第（7）栏所列税额而计算出的税额，以适用的税额为准
B3	自本协定生效之日起，关税为第（6）栏所列的固定税额，或最惠国实施关税减去第（7）栏所列税额而计算出的税额，以适用的税额为准
C	自本协定生效之日起，关税为最惠国实施关税减去第（7）栏所列税额而计算出的税额
D	保持基准关税

瑞士对中国产品的降税方式，具体包括以下三种：自协定生效起关税立即降为零；自协定生效起关税降为新约定的关税，其后保持不变；保持基准关税，不降税。总体上，瑞士采取的降税方式主要为A类。

第二节　瑞士的货物贸易自由化政策措施

本节首先对中瑞双方关税减让的总体情况进行描述对比，再基于2019年中国向瑞士出口商品贸易额排序，对中国向瑞士出口主要贸易产品的关税优惠进行分析。各类产品的具体降税情况不同，中国企业应及时关注不同产品的关税减让情况，利用自贸协定规则，降低成本，增强产品的竞争力。本章贸易数据均来自商务部发布的国别贸易报告。

一、所有产品分类关税减让的总体情况

国务院关税税则委员会发布的《中华人民共和国进出口税则（2021）》将商品划分为97章共二十一大类，具体对应情况如表2-5所示。

表2-5 商品所属类别与税目章节对应表

商品类别	类别名称	税目章节
第一类	活动物；动物产品	第01～05章
第二类	植物产品	第06～14章
第三类	动、植物油脂及其分解产品；精制的食用油脂；动、植物蜡	第15章
第四类	食品；饮料、酒及醋；烟草、烟草及烟草代用品的制品	第16～24章
第五类	矿产品	第25～27章
第六类	化学工业及其相关工业的产品	第28～38章
第七类	塑料及其制品；橡胶及其制品	第39～40章
第八类	生皮、皮革、毛皮及其制品；鞍具及挽具；旅行用品、手提包及类似容器；动物肠线（蚕胶丝除外）制品	第41～43章
第九类	木及木制品；木炭；软木及软木制品；稻草、秸秆、针茅或其他编结材料制品；篮筐及柳条编结品	第44～46章
第十类	木浆及其他纤维状纤维素浆；回收（废碎）纸或纸板；纸、纸板及其制品	第47～49章
第十一类	纺织原料及纺织制品	第50～63章
第十二类	鞋、帽、伞、杖、鞭及其零件；已加工的羽毛及其制品；人造花；人发制品	第64～67章
第十三类	石料、石膏、水泥、石棉、云母及类似材料的制品；陶瓷产品；玻璃及其制品	第68～70章
第十四类	天然或养殖珍珠、宝石或半宝石、贵金属及其制品；仿首饰；硬币	第71章
第十五类	贱金属及其制品	第72～83章
第十六类	机器、机械器具、电气设备及其零件；录音机及放声机、电视图像、声音的录制和重放设备及其零件、附件	第84～85章
第十七类	车辆、航空器、船舶及有关运输设备	第86～89章
第十八类	光学、照相、电影、计量、检验、医疗或外科用仪器及设备、精密仪器及设备；钟表；乐器；上述物品的零件、附件	第90～92章
第十九类	武器、弹药及其零件、附件	第93章

续　表

商品类别	类别名称	税目章节
第二十类	杂项制品	第94～96章
第二十一类	艺术品、收藏品及古物	第97章

注：本表根据《中华人民共和国进出口税则（2021）》整理，"税目章节"指中国海关编码（HS编码）前两位。

（一）中瑞自贸协定生效后中国承诺关税减让的总体情况

根据中国在中瑞自贸协定中作出的关税减让承诺，对比中瑞自贸协定生效前、生效当年、第5年、第12年以及第15年时，中国从瑞士进口商品享受零关税的比重，具体情况如图2-1所示。

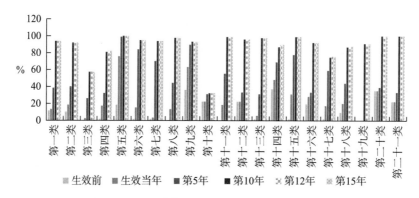

图2-1　中瑞自贸协定生效前后中国承诺的零关税商品占比变化

中国承诺的关税减让主要有以下特点：

1. 中国承诺的零关税主要在10年内完成。

中瑞自贸协定生效10年时，中国将基本实现对从瑞士进口商品的零关税承诺；也就是说中国承诺的零关税将在10年内基本完成。

2. 中国承诺零关税的商品覆盖面较广。

在绝大多数的商品类别当中，从瑞士进口的中国企业可以享受零进口关税的商品税目占比都在九成以上，只有第三类和第十类商品的零关税占比较低，其中第三类商品最终零关税占比不足六成，而只有不足三成的第十类商品可以最终享受零关税。

3. 中国承诺的税收减让幅度巨大。

在中瑞自贸协定生效之前，只有很少一部分从瑞士进口的商品可以享受零关税；而在中瑞自贸协定生效后，绝大多数进口自瑞士的商品都可以享受中国的零关税待遇。

（二）中瑞自贸协定生效后瑞士承诺关税减让的总体情况

瑞士作为发达国家，在中瑞自贸协定生效后将立即实现关税减让承诺，即不存在过渡期。向瑞士出口的中国企业享受瑞士零关税待遇的商品税目占比分布情况如图2-2所示。

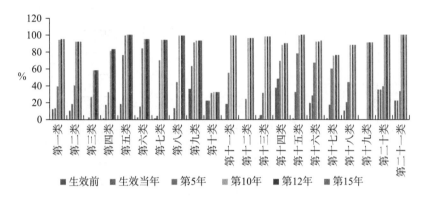

图2-2 中瑞自贸协定生效前后瑞士承诺的零关税商品占比变化

瑞士承诺的关税减让主要有以下特点：

1. 瑞士对中国企业的关税优惠覆盖面广。

在中瑞自贸协定生效后，虽然中国企业向瑞士出口的前四类中的商品（主要为动、植物产品以及食品、饮料、烟酒）享受瑞士零关税的比例较低，其中第三类中的商品最终能够享受零关税的比例不足一成，但是第五类到第二十一类中的商品几乎全部可以立即享受瑞士零关税待遇。

2. 瑞士对中国企业的关税优惠幅度巨大。

在中瑞自贸协定生效之前，中国企业向瑞士出口的商品可以享受瑞士零关税待遇的占比不足两成，且绝大多数类别关税税率较高；而在中瑞自贸协定生效之后，绝大多数类别商品的关税税率立即降为零。

二、各类产品关税减让的具体情况

中瑞自贸协定生效后，瑞方对原产自中国99.7%的产品立即实施零关税，例如：中瑞自贸协定生效前，可以享受零关税的中国机电产品只占分项税目的16.53%，而中瑞自贸协定生效后，所有出口到瑞士的中国机电产品都可以享受零关税。其他章节产品的减税情况与机电产品类似，具体可见表2-6。

表2-6　中瑞自贸协定生效前后瑞士承诺的零关税产品占比变化

HS 编码（章）	商品	协定生效前（%）	协定生效后（%）
84～85	机电产品	16.53	100.00
50～63	纺织品及原料	3.11	100.00
28～38	化工产品	40.20	98.81
90～92	光学、钟表、医疗设备	21.40	100.00
94～96	家具、玩具、杂项制品	20.00	100.00
72～83	贱金属及其制品	4.27	100.00
71	贵金属及其制品	11.48	100.00
64～67	鞋靴、伞等轻工产品	0.00	100.00
39～40	塑料、橡胶	12.45	100.00
41～43	皮革制品、箱包	20.27	100.00

协定生效后，瑞方对中方98.81%的化工产品立即实施零关税。根据瑞士的关税减让表，部分化工产品（共7个税目）的降税类型为D类，即保留基准税率，不在协定下进行关税减让；还有部分化工产品（共5个税目）降税类型为B3类，即仅减让一部分关税。具体见表2-7。除这12个产品外，其他化工产品均已实现零关税。

表2-7　不能享受零关税的中国化工产品

HS 编码	降税类型	基准税率（CHF/100 kg gross）	协定税率（CHF/100 kg gross）
35011010	B3	4.00	3.20
35011090	D	602.40	602.40
35019011	B3	4.00	3.20
35019019	B3	4.00	3.60

HS 编码	降税类型	基准税率（CHF/100 kg gross）	协定税率（CHF/100 kg gross）
35019091	D	909.00	909.00
35019099	D	602.40	602.40
35021110	D	255.00	255.00
35021190	D	1596.00	1596.00
35021910	D	79.00	79.00
35021990	D	420.00	420.00
35022000	B3	2.00	1.60
35029000	B3	2.00	1.60

机电产品属于海关产品分类中的第十六类，内容涵盖税目章节第84～85章。2014年中瑞自贸协定生效，当年中国对瑞士出口机电产品总额59.32亿美元，2019年出口额提高至64.46亿美元，年均增长率为1.68%。2019年中国对瑞士出口机电产品占对瑞士出口总产品的比重为42.5%。更多数据见表2-8。

表2-8　中国对瑞士部分商品出口额变化情况

商品	2014年（亿美元）	2019年（亿美元）	年均增长率（%）
机电产品	59.32	64.46	1.68
纺织品及原料	18.48	20.09	1.68
化工产品	9.38	13.67	7.32
光学、钟表、医疗设备	12.24	12.01	−0.38
家具、玩具、杂项制品	9.27	9.99	1.51
贱金属及其制品	5.38	6.00	2.21
贵金属及其制品	0.78	5.35	46.98
鞋靴、伞等轻工产品	4.75	5.31	2.25
塑料、橡胶	3.73	4.01	3.68
皮革制品、箱包	3.28	3.11	−1.06

三、中国出口企业如何利用协定关税减让

中瑞自贸协定生效后，中国大多数出口企业都能够享受关税优惠，但是从中国对瑞士的出口额变化来看，只有贵金属及其制品等少数类别产品的出

口额出现了较快增长，这说明中国出口企业对中瑞自贸协定的利用还有很大的提升空间。

（一）知难行易，认真学习相关规则

出口企业想利用好中瑞自贸协定，需要先对关税减让幅度和范围、如何获得关税优惠进行充分了解。出口企业可以利用本章内容，并结合具体关税减让表，寻找自身产品对应的减税额度。获得关税减让的前提是取得原产地证书，相关信息将在本指南后续内容当中详细介绍。此外，中瑞自贸协定还规定了经核准出口商制度，获得经核准出口商资格的企业可以自主出具原产地声明，而不必向发证机构申请原产地证书，这将为出口企业提供极大的便利。企业应当积极了解相关规则，争取获得经核准出口商资格认证。

（二）术有专攻，培养自贸协定专业人才

出口企业应当引进并培养熟悉中瑞自贸协定规则和应用流程的经济或法律人才。有些企业由于不熟悉中瑞自贸协定关税减免政策与中瑞自贸协定原产地证书的办理流程，或者认为雇用专业人才会提高经营成本，因而放弃了中瑞自贸协定带来的关税优惠。但事实上，利用中瑞自贸协定带来的经济收益可能远高于企业付出的成本。同时，中瑞自贸协定还存在继续升级的可能，引进或培养专业人才可以帮助企业及时跟进政策变化，第一时间发现商机。

（三）谋而后动，努力了解瑞士市场

瑞士作为发达经济体，其市场特点与我国存在较大差异。出口企业在首次进入瑞士市场之前，可先与有瑞士业务的企业及相关政府部门进行沟通交流，做好产品出口规划，避免因不熟悉新市场而遭受损失。

（四）推陈出新，提升自身产品竞争力

在瑞士市场上，中国出口企业可能将面临更多来自发达国家技术密集型产品的竞争，同时也将面临着更多来自其他发展中国家劳动和资源密集型产品的竞争。在中国劳动力成本上升与加强资源环境保护的双重压力下，中国出口企业应当积极增加研发投入，提高自身产品技术含量，赢得瑞士市场。

案例： 某机电制造企业生产出口电动打黄油枪（HS：846729），生产该产品所需的其中一种原材料锂离子充电池（HS：850760）是从韩国进口，该企业经过加工生产出电动打黄油枪后销往瑞士。

进口原材料锂离子充电池的税则号落入亚太贸易协定降税清单中，该企业通过使用《亚太贸易协定》优惠原产地证申报进口，享受由最惠国税率10%降至协定税率8%的关税优惠。出口瑞士的电动打黄油枪又符合中瑞自贸协定原产地规则，瑞士进口企业通过使用中瑞自贸协定优惠原产地证申报进口，使原产自中国的电动打黄油枪在瑞士享受零关税。

该中国企业充分利用自贸协定关税优惠政策和原产地规则，享受到中瑞两国的进口关税减免，大大降低了企业的贸易成本。

第三节　中国的货物贸易自由化政策措施

本节按照2019年中国自瑞士进口商品贸易额的排序，对中国自瑞士进口主要产品的优惠关税进行分析。中瑞自贸协定生效后，中国自瑞士进口产品贸易额变化情况如表2-9所示。

表2-9　中国自瑞士进口商品贸易额变化情况

商品	2014年（亿美元）	2019年（亿美元）	年均增长率（％）
贵金属及其制品	2.81	89.53	99.83
化工产品	31.68	54.99	11.66
光学、钟表、医疗设备	23.90	31.30	5.54
机电产品	28.33	27.48	−0.61
贱金属及其制品	3.02	2.41	−4.41
塑料、橡胶	1.99	2.30	0.31
运输设备	1.03	1.31	0.60
食品、饮料、烟草	0.76	1.31	11.50

商品	2014年（亿美元）	2019年（亿美元）	年均增长率（%）
纺织品及原料	1.07	1.20	2.32
陶瓷、玻璃	0.68	0.78	2.78

一、贵金属及其制品的贸易自由化政策措施

贵金属及其制品属于海关产品分类中的第十四类，内容涵盖税目章节第71章。

2014年中国自瑞士进口贵金属及其制品总额为2.81亿美元，2019年总额为89.53亿美元，年均增长率99.83%，2019年中国自瑞士进口贵金属及其制品占自瑞士进口总额的41.5%。

2014年中国向瑞士出口贵金属及其制品总额为0.78亿美元，2019年总额为5.35亿美元，年均增长率46.98%。2019年中国向瑞士出口贵金属及其制品占向瑞士出口总产品的比重为3.5%。

瑞士对贵金属的冶炼技术居于全球先进国家之列，为满足国际市场，以及本国高科技行业中精密仪器、高端腕表、珠宝首饰、现代电子等领域的批量需求，瑞士贵金属冶炼工业发展迅速，出口规模不断扩大。

中国在贵金属及其制品方面对瑞士承诺最终实施零关税的产品达到全部税目的89.53%。其中，中瑞自贸协定生效当年，零关税产品占税目的比重为47.67%；中瑞自贸协定生效第5年，零关税产品覆盖提高到68.60%；生效后第10年，零关税产品占比进一步提升至87.21%；中瑞自贸协定生效第12年，零关税产品的覆盖率将最终达到89.53%，具体见表2-10。

表2-10　中瑞自贸协定生效后中国对贵金属及其制品承诺的零关税产品占比变化

HS编码	第0年	第5年	第10年	第12年及以后
第71章	47.67%	68.60%	87.21%	89.53%

为了更好地说明自贸协定实施的效果，本节以压电石英（HS：71041000）为例进行分析；该产品降税类型为关税减让表分类中的第2类

"B"，即该产品自协定生效之日起5年内等比削减，自第5年1月1日起实现零关税。

案例： 中国企业自瑞士进口压电石英，2014年以前，该企业一直以6%的最惠国税率进行进口申报，每年进口额为1000万元，需缴纳关税额为60万元。中瑞自贸协定生效后，该产品按照协定的降税安排，税率逐年降低，直到2018年实现零关税。假如该企业每年进口额仍为1000万元，企业每年应缴纳关税额度可见表2-11。

表2-11　中国自瑞士进口压电石英降税安排及关税缴纳额

年份	税率（%）	关税缴纳额（万元）
MFN	6	60
2014	4.8	48
2015	3.6	36
2016	2.4	24
2017	1.2	12
2018	0	0

图2-3更加直观地显示出压电石英按照中瑞自贸协定的降税安排以及关税缴纳额的变化情况。

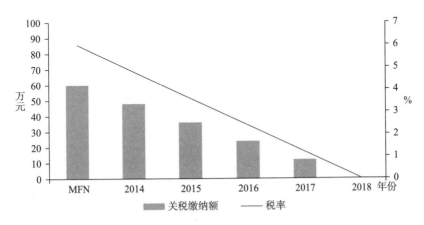

图2-3　中国自瑞士进口压电石英降税安排及关税缴纳额

瑞士的贵金属冶炼行业十分发达，产品具有很强的市场竞争力。虽然中国对贵金属及其制品设置了较长的减税过渡期，当前只有不足七成瑞士相关产品可以享受零关税，但中瑞自贸协定生效后，中国对瑞士贵金属及其制品进口额的年均增速却接近100%。这说明经营贵金属及其制品的中国进口企业对中瑞自贸协定的利用已经较为充分，随着减税进程的不断推进，中国相关进口企业将能享受更多关税优惠。对中国进口竞争企业而言，来自瑞士的贵金属及其制品将对国内市场造成较大的影响，相关企业应当积极与瑞士企业合作，引进或学习先进的生产技术和方法，快速适应激烈的国际竞争。

二、化工产品的贸易自由化政策措施

化工产品属于海关产品分类中的第六类，内容涵盖税目章节第28～38章。

中国自瑞士进口的化工产品从2014年的31.7亿美元，到2019年的55.0亿美元，年均增长率为11.66%。2019年，中国自瑞士进口化工产品占自瑞士进口总产品的比重为25.5%。其中，2019年中国自瑞士进口税目章节第30章药品的总额为42.8亿美元，占中国自瑞士进口总额的比重为19.9%。

中国在化工产品方面对瑞士承诺，最终零关税产品将占该类产品全部税目的93.10%。其中，中瑞自贸协定生效当年零关税产品的占比仅为16.53%，生效后第5年零关税产品占比迅速提高至82.52%；生效后第10年基本完成减税过程，零关税产品占比达到九成以上，具体见表2-12。

表2-12　中瑞自贸协定生效后中国对化工产品承诺的零关税产品占比变化

HS 编码（章）	第0年（%）	第5年（%）	第10年（%）	第12年及以后（%）
29	18.05	86.66	91.74	91.74
30	41.03	89.75	97.44	97.44
32	8.47	74.57	91.52	91.52
33	0.00	45.24	87.62	90.65
34	3.70	77.77	100.00	100.00
38	4.85	82.52	99.02	99.02
合计	16.53	82.52	93.10	93.10

瑞士是世界上制药行业实力较强的国家之一，因此中国对原产自瑞士的第30章药品开放程度很高，在中瑞自贸协定生效当年，零关税产品的占比就达到41.03%，这一比例远高于同年其他化工产品。当前已有近九成瑞士药品可以享受零关税，中国进口企业应当充分利用这一关税优惠，积极引入瑞士先进药品，在提升自身经济效益的同时，为中国医疗卫生事业作出贡献。对中国竞争企业来说，应当积极通过自主研制新药，真正参与到与瑞士制药企业的竞争当中。

三、光学、钟表、医疗设备的贸易自由化政策措施

光学、钟表、医疗设备属于海关产品分类中的第十八类，内容涵盖税目章节第90～91章。

2014年，中国自瑞士进口光学、钟表、医疗设备总额为23.9亿美元，2019年总额达到31.3亿美元，年均增长率为5.54%。2019年，中国自瑞士进口光学、钟表、医疗设备占自瑞士进口总产品的比重为14.5%，其中，第90章的产品总额为11.2亿美元，占比5.2%；第91章的产品总额为20.1亿美元，占比9.3%。

中国在光学、钟表、医疗设备方面对瑞士承诺，最终零关税产品将占全部税目的87.89%。其中，中瑞自贸协定生效当年零关税产品占比为20.50%；生效后第5年零关税产品占比提升至44.10%；生效后第10年基本完成降税过程，零关税产品占比进一步提升为87.27%，具体见表2-13。

表2-13 中瑞自贸协定生效后中国对光学、钟表、医疗设备承诺的零关税产品占比变化

HS编码（章）	第0年（%）	第5年（%）	第10年（%）	第12年及以后（%）
90	26.94	57.55	94.28	95.10
91	0.00	1.82	54.55	54.55
合计	20.50	44.10	87.27	87.89

从各章节零关税产品占比的变化情况可以看出，中国对第91章钟表设置了较长的减税过渡期，考虑到瑞士钟表的强大竞争力，这种减税安排是对中

国钟表产业的一种保护。当前，仅有1.82%的瑞士钟表可以享受零关税，且降税结束后能够享受零关税的瑞士钟表也仅占第91章全部税目的54.55%。对中国进口企业来说，未来依然有过半瑞士钟表产品可以享受零关税，这将进一步节约企业的进口成本，从而为这些企业带来竞争优势，也能更好地满足国内消费者需求。对中国进口竞争企业来说，中瑞自贸协定的减税安排已经考虑到了国内钟表企业的发展需要，为其提供了缓冲时间。中国钟表企业可以利用在中瑞经贸联委会框架下建立的钟表合作渠道，在钟表售后服务、检测能力、培训、制造和知识产权保护方面与瑞士企业展开更多交流与合作，提高自身产品市场竞争力。

四、机电产品的贸易自由化政策措施

机电产品属于海关产品分类中的第十六类，内容涵盖税目章节第84～85章。

2014年，中国自瑞士进口机电产品总额为28.3亿美元，2019年总额达到27.5亿美元，年均增长率为-0.61%。2019年中国自瑞士进口机电产品占自瑞士进口总产品的比重为12.8%。其中，第84章总额为18.28亿美元，占比8.5%；第85章总额为9.2亿美元，占比4.3%。

中国在机电产品方面对瑞士承诺的最终零关税产品将占全部税目的92.21%。其中，中瑞自贸协定生效当年零关税产品占比为28.32%，生效后第5年零关税产品占比提升为66.90%；生效后第10年基本完成减税过程，零关税产品占比达到九成以上，具体见表2-14。

表2-14　中瑞自贸协定生效后中国对机电产品承诺的零关税产品占比变化

HS编码（章）	第0年（%）	第5年（%）	第10年（%）	第12年及以后（%）
84	25.00	68.98	92.74	93.36
85	34.74	62.85	88.55	89.96
合计	28.32	66.90	91.32	92.21

五、贱金属及其制品的贸易自由化政策措施

贱金属及其制品属于海关产品分类中的第十五类，内容涵盖税目章节第72～83章。

2014年中国自瑞士进口贱金属及其制品总额3亿美元，2019年总额2.4亿美元，年均增长率 -4.41%。2019年中国自瑞士进口贱金属及其制品占自瑞士进口总产品的比重为1.1%。

中国最终将对几乎所有瑞士贱金属及其制品实施零关税。其中，中瑞自贸协定生效当年零关税产品占该类总税目的31.45%；生效后第5年零关税产品占比提升为77.55%；生效后第10年基本完成减税过程，几乎全部瑞士相关产品都可以享受零关税，具体见表2-15。

表2-15 中瑞自贸协定生效后中国对贱金属及其制品承诺的零关税产品占比变化

HS 编码（章）	第0年（%）	第5年（%）	第10年（%）	第12年及以后（%）
73	22.84	62.35	98.15	98.77
75	41.67	91.67	95.84	95.84
82	1.25	43.75	95.00	97.50
合计	31.45	77.55	98.79	99.19

为了更充分说明中瑞自贸协定实施的效果，本节以链锯条（HS：82024000）为例进行分析。该产品降税类型为关税减让表分类中的第4类"C1"，该产品自协定生效之日起10年内等比削减，自第10年1月1日起实现零关税。

案例：某中国企业自瑞士进口链锯条。2014年以前，该企业一直以8%的最惠国税率进行进口申报，每年进口额为1000万元，需缴纳关税额为80万元。中瑞自贸协定生效后，该产品按照协定的降税安排，税率逐年降低，直到2023年实现零关税。假如该企业每年进口额仍为1000万元，企业每年应缴纳关税额度变化情况可见表2-16。

表2-16 中国自瑞士进口链锯条降税安排及关税缴纳额

年份	税率（%）	关税缴纳额（万元）
MFN	8.0	80
2014	7.2	72
2015	6.4	64
2016	5.6	56
2017	4.8	48
2018	4.0	40
2019	3.2	32
2020	2.4	24
2021	1.6	16
2022	0.8	8
2023	0	0

图2-4更加直观地显示了链锯条按照中瑞自贸协定的降税安排和关税缴纳额的变化情况。

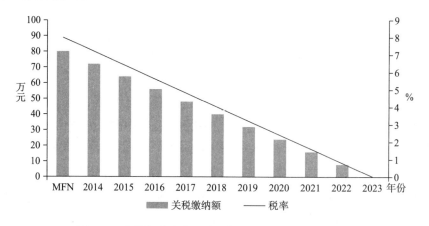

图2-4 中国自瑞士进口链锯条降税安排及关税缴纳额

中国在贱金属及其制品方面对瑞士产品的开放程度很高，中国进口企业可以积极利用中瑞自贸协定引进瑞士相关产品，增加经营范围的多样性。由于从瑞士进口的贱金属及其制品在产品规模和种类上都十分有限，中国进口竞争企业也不必担心中瑞自贸协定会带来不利影响。

六、塑料、橡胶的贸易自由化政策措施

塑料、橡胶属于海关产品分类中的第七类，内容涵盖税目章节第39～40章。

2014年，中国自瑞士进口塑料、橡胶总额为2亿美元，2019年总额达到2.3亿美元，年均增长率2.94%。2019年中国自瑞士进口塑料、橡胶占自瑞士进口总产品的比重为1.1%，其中第39章总额为2.1亿美元，占比1%。

中国在塑料、橡胶方面对瑞士承诺最终实施零关税的产品将占全部税目的94.05%。其中，中瑞自贸协定生效当年零关税产品占比仅为3.72%，生效后第5年零关税产品占比迅速提升至69.52%，生效后第10年减税过程基本结束，零关税产品的覆盖率提升至九成以上，具体见表2-17。

表2-17　中瑞自贸协定生效后中国对塑料、橡胶承诺的零关税产品占比变化

HS编码（章）	第0年（%）	第5年（%）	第10年（%）	第12年及以后（%）
39	0.00	77.36	93.71	93.71
40	9.09	58.18	93.64	94.55
合计	3.72	69.52	93.67	94.05

本章以初级形状的聚乙烯（比重小于0.94，HS：39011000）为例进行分析。该产品降税类型为"C2"，该产品自协定生效之日起10年内每年削减，自第10年1月1日起保持基准税率的60%不变。

案例：某中国企业自瑞士进口初级形状的聚乙烯（比重小于0.94），2014年以前，该企业一直以6.5%的最惠国税率进行进口申报，每年进口额为1000万元，需缴纳关税额为65万元。中瑞自贸协定生效后，该产品按照协定的降税安排，税率逐年降低，直到2023年开始保持2.6%不变。假如该企业每年进口额仍为1000万元，企业每年缴纳关税额度变化情况见表2-18。

表2-18　中国自瑞士进口初级形状的聚乙烯（比重小于0.94）降税安排及关税缴纳额

年份	税率（%）	关税缴纳额（万元）
MFN	6.5	65
2014	5.3	53
2015	5	50

续　表

年份	税率（%）	关税缴纳额（万元）
2016	4.7	47
2017	4.4	44
2018	4	40
2019	3.7	37
2020	3.4	34
2021	3.1	31
2022	2.7	27
2023	2.6	26

　　图2-5更加直观地显示了初级形状的聚乙烯（比重小于0.94）按照中瑞自贸协定的降税安排和关税缴纳额的变化情况。

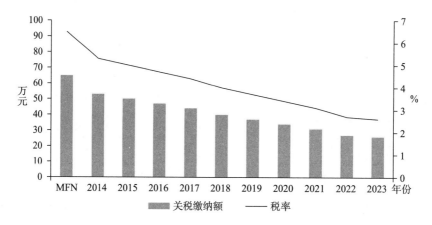

图2-5　中国自瑞士进口初级形状的聚乙烯（比重小于0.94）降税安排及关税缴纳额

　　虽然中国在中瑞自贸协定中对瑞士塑料、橡胶产品承诺了很大幅度的关税减让，减税过渡期也较短，瑞士的塑料、橡胶产品的竞争力却较为一般。对中国进口企业来说，可以通过中瑞自贸协定的关税减让政策，尝试利用瑞士相关产品扩大经营范围。

七、运输设备的贸易自由化政策措施

运输设备属于海关产品分类中的第十七类，内容涵盖税目章节第86～89章。

2014年，中国自瑞士进口运输设备总额为1.03亿美元，2019年总额达到1.31亿美元，年均增长率为4.93%。2019年中国自瑞士进口运输设备占自瑞士进口总产品的比重为0.6%，其中第88章总额为0.69亿美元，占比0.3%。

中国在运输设备方面对瑞士承诺最终实施零关税的产品占全部税目的75.64%。其中，中瑞自贸协定生效当年零关税产品占比为16.91%；生效后第5年零关税产品占比提升至59.31%，生效后第10年基本完成减税过程，超过75%的瑞士相关产品可以享受零关税。具体见表2-19。

表2-19　中瑞自贸协定生效后中国对运输设备承诺的零关税产品占比变化

HS 编码（章）	第0年（%）	第5年（%）	第10年（%）	第12年及以后（%）
86	73.17	78.05	100.00	100.00
87	2.02	46.77	64.92	65.73
88	100.00	100.00	100.00	100.00
89	14.29	97.62	100.00	100.00
合计	16.91	59.31	75.07	75.64

从各章节的减税安排来看，中国只对运输设备中的第87章车辆及其零件、附件设置了较小的关税减让，而其他章节的瑞士运输设备则最终都能享受零关税。对于经营第87章产品的中国进口企业来说，虽然关税减让力度不及其他章节的运输设备，但也有超过六成相关产品可以享受零关税，仍然可以通过中瑞自贸协定获得一定的关税优惠。

八、食品、饮料、烟草的贸易自由化政策措施

食品、饮料、烟草产品属于海关产品分类中的第四类，内容涵盖税目章节第16～24章。

2014年，中国自瑞士进口食品、饮料、烟草产品总额为0.76亿美元，2019年总额达到1.31亿美元，年均增长率为11.50%。2019年中国自瑞士进口

食品、饮料、烟草产品占自瑞士进口总产品的比重为0.6%，其中涉及第19章的产品总额为0.84亿美元，占比0.4%。

中国在食品、饮料、烟草产品方面对瑞士承诺的最终零关税产品将占全部税目的82.23%。其中，中瑞自贸协定生效当年零关税产品占比为16.72%；中瑞自贸协定生效第5年零关税产品覆盖率上升为31.71%，第10年零关税产品覆盖率进一步提高至80.49%；第12年后减税过程逐渐结束，零关税产品占比达到最终值82.23%，具体见表2-20。

表2-20　中瑞自贸协定生效后中国对食品、饮料、烟草产品承诺的零关税产品占比变化

HS编码（章）	第0年（%）	第5年（%）	第10年（%）	第12年及以后（%）
16	20.83	20.83	95.83	95.83
17	5.56	27.78	33.33	33.33
18	18.18	72.73	100.00	100.00
19	4.55	18.18	77.27	77.27
20	5.10	17.35	89.80	89.80
21	9.09	31.82	63.64	72.73
22	3.70	44.44	70.37	74.07
23	86.67	93.33	100.00	100.00
24	0.00	0.00	0.00	0.00
合计	16.72	31.71	80.49	82.23

瑞士拥有世界上最大的食品制造商雀巢公司，同时其谷物产品享誉全球。中国进口企业可以利用中瑞自贸协定带来的大范围关税减让，将更多种类瑞士食品和饮料引进国内，促进国内消费升级，同时也为自己赚取更多收益。对中国进口竞争企业来说，也可以从瑞士竞争品中学习到先进的食品加工方法，改进自身生产工艺，在市场竞争中占据有利位置。

九、纺织品及原料的贸易自由化政策措施

纺织品及原料属于海关产品分类中的第十一类，内容涵盖税目章节第50～63章。

2014年中国自瑞士进口纺织品及原料总额为1.07亿美元，2019年总额为1.20亿美元，年均增长率2.32%。2019年中国自瑞士进口纺织品及原料占自瑞士进口总产品的比重为0.6%，其中第62章总额为0.51亿美元，占比0.2%。

中国在纺织品及原料方面对瑞士承诺的最终零关税产品占全部税目的98.60%，几乎实现全面覆盖。其中，中瑞自贸协定生效当年零关税产品占比为18.00%，生效后第5年零关税产品占比迅速提升至五成以上，生效后第10年减税过程结束，几乎所有瑞士纺织品及原料都可以享受零关税。具体见表2-21。

表2-21　中瑞自贸协定生效后中国对纺织品及原料承诺的零关税产品占比变化

HS 编码（章）	第0年（%）	第5年（%）	第10年（%）	第12年及以后（%）
50	0.00	100.00	100.00	100.00
51	28.81	81.36	84.75	84.75
52	35.66	82.17	97.67	97.67
53	23.26	95.35	100.00	100.00
54	57.66	96.40	100.00	100.00
55	42.31	80.00	100.00	100.00
56	24.39	92.68	100.00	100.00
57	0.00	22.22	100.00	100.00
58	0.00	83.58	98.51	98.51
59	2.38	85.71	100.00	100.00
60	0.00	90.00	100.00	100.00
61	0.00	0.00	99.24	99.24
62	1.18	1.18	99.41	99.41
63	0.00	0.99	99.01	99.01
合计	18.00	55.05	98.60	98.60

中国对瑞士的纺织品及原料的开放程度很高，设置的关税减让过渡期也较短。中国进口企业可以通过中瑞自贸协定以更低的关税成本引入更加健康和环保的瑞士纺织品，为中国消费者提供更多选择。中国进口竞争企业可以通过与瑞士纺织品的竞争，学习到较为新潮的设计理念，通过提升自身产品品质实现企业价值。

十、陶瓷、玻璃的贸易自由化政策措施

陶瓷、玻璃产品属于海关产品分类中的第十三类，内容涵盖税目章节第68～70章。

2014年中国自瑞士进口陶瓷、玻璃产品总额为0.68亿美元，2019年总额为0.78亿美元，年均增长率为2.78%。2019年中国自瑞士进口陶瓷、玻璃产品占自瑞士进口总产品的比重为0.4%，其中第69章总额为0.36亿美元，占比0.2%。

中国在陶瓷、玻璃产品方面对瑞士承诺的最终零关税产品占全部税目的97.31%，其中，中瑞自贸协定生效当年零关税产品占比为4.84%，生效后第5年零关税产品占比提升至30.65%，中瑞自贸协定生效后第10年减税过程结束，97.31%的瑞士陶瓷、玻璃产品可以享受零关税。具体见表2-22。

表2-22　中瑞自贸协定生效后中国对陶瓷、玻璃承诺的零关税产品占比变化

HS 编码（章）	第0年（%）	第5年（%）	第10年（%）	第12年及以后（%）
68	4.17	33.33	95.83	95.83
69	3.23	36.48	100.00	100.00
70	6.02	26.51	97.59	97.59
合计	4.84	30.65	97.31	97.31

中国对瑞士的陶瓷、玻璃产品的开放程度也很高。中国进口企业可以通过中瑞自贸协定从瑞士进口独具特色的陶瓷、玻璃产品，扩大自身经营范围，从而提高市场占有率。而中国陶瓷、玻璃产业优势明显，相关进口竞争企业不必担心中瑞自贸协定会对中国同类产品带来负面影响。

第三章

《中国—瑞士自由贸易协定》
原产地规则解读及应用

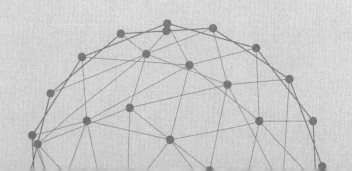

　　货物原产地，又被称为货物的"经济国籍"，尤其在自贸协定货物贸易自由化的实施过程中，发挥着至关重要的作用。简而言之，自贸协定达成的优惠关税安排仅适用于原产于各缔约方的货物，而对于原产于非缔约方的货物具有排他性。自贸协定实施过程中，缔约方间进出口货物是否具有享受优惠关税待遇的资格，要通过自贸协定确定的一套统一的原产地规则进行判定。只有满足原产地规则并且正确遵守相关程序性操作要求的货物，才能顺利享受自贸协定的关税减免。

　　本章主要对中瑞自贸协定第三章原产地规则和实施程序、附件2产品特定原产地规则、附件3原产地证书、附件4原产地证书声明进行深度解读。通过对本章的阅读，企业可以了解以下主要内容：

　　1. 中瑞自贸协定原产地规则具体有哪些？实务中如何运用？

　　2. 中瑞自贸协定项下原产地证书如何申领？实务操作规范有哪些？

　　3. 企业如何高效、顺利使用中瑞自贸协定项下原产地证书，以及如何做好核查应对？

　　4. 企业如何应用中瑞自贸协定原产地规则衍生出的应用策略辅助国际市场开拓，促进业务发展？

第一节 原产地规则深度解读

货物原产地，是货物生产、采集、饲养、提取、加工和制造的所在地，需要根据原产地规则进行科学判定。中瑞自贸协定针对所有缔约方均作出了重大优惠贸易安排，通过谈判达成的优惠原产地规则在货物贸易实施中起着核心作用，规定了缔约方产品进入优惠贸易市场的准入条件。

本节将采用逐条分析的方法解读中瑞自贸协定原产地规则条款。

一、定义

定义是原产地章节的重要组成部分，查阅定义是应用原产地条款的第一步。本节将从法律解释角度对原产地条款中的重要术语进行详细解读，辅助广大读者理解中瑞自贸协定原产地规则。

【协定文本】

第3.1条 定义

就本章而言：

（一）"缔约一方"是指中国或瑞士。本章适用本协定第2.1条的第一款定义的中国关境和瑞士关境。

（二）"生产"是指获得产品的方法，包括但不仅限于产品的种植、开采、收获、捕捞、诱捕、狩猎、制造、加工或装配。

（三）"材料"包括组成成分、零件、部件、半组装件及（或）以物理形式构成另一产品部分或已用于另一产品生产过程的产品。

（四）"非原产产品"或"非原产材料"是指根据本章规定不具备原产资格的产品或材料。

（五）"原产产品"或"原产材料"是指根据本章规定具备原产资格的产品

或材料。

（六）"海关价格"是指根据《关于实施GATT 1994第七条的协定》（海关估价协定）所确定的价格。

（七）"出厂价格"是指向在对产品进行最后生产或加工的缔约一方生产商支付的出厂价，包括使用的所有材料的价值、工资、其他花费以及减去出口退税的利润。

（八）"协调制度"或"HS"是指商品名称及编码协调制度。

（九）"章""品目""子目"是指协调制度中的章（2位数编码），品目（4位数编码），子目（6位数编码）。

（十）"授权机构"是指经缔约一方的国内法或其政府机构指定签发原产地证书的任何机构。

【条文解读】

中瑞自贸协定原产地规则以"定义"开头，立法结构上符合世界各国优惠原产地规则立法的一般做法。第3.1条定义规定了中瑞自贸协定原产地规则中所使用的各种术语的法律定义。术语的内容涉及国际法和国际公约中与主权、贸易、海关估价、编码协调制度和原产地有关法律领域，同时涉及与货物的生产、销售和运输等有关的专业领域，涵盖范围广，专业性强。需要注意的是，中瑞自贸协定对于术语的定义并非源于字典中的词义或者文字性解释，而是具有法律约束力的法律解释。定义中的术语将在中瑞自贸协定原产地规则中反复出现，每次出现时其含义均应当按照定义中的解释理解或者执行。企业应当熟悉定义中的各种术语，对于术语所包含的相关专业知识有一定程度的了解，以便在适用原产地规则时增加确定性和准确性。

下面就上述协定条文逐条讲解：

（一）"缔约一方"是指中国或瑞士。本章适用本协定第2.1条的第一款定义的中国关境和瑞士关境。

【条文解读】

"本协定第2.1条的第一款"，是指中瑞自贸协定第二章货物贸易第2.1条范围的第一款："一、本章适用于在缔约双方关境间的任何贸易产品。……瑞士的关境包括列支敦士登公国。"

关境一般是指实施同一海关法规和关税制度的区域，一般情形下关境等于国境（包括领陆、领海、领空），这是相对于单个主权国家而言。至于现在世界各地出现的独立关税区、自由贸易港、各类自由贸易区（Free trade area），这里不作描述。而本协定所涉的中国、瑞士两国本身也具有特殊性，以下作简要分析。

我国现行的关境，适用《中华人民共和国海关法》的中华人民共和国行政管辖区域，不包括中国香港、中国澳门和中国台湾地区。这三个区域属于单独关税区，不享有主权，但在各自的单独关税区内，其货物进出境的监管、关税的征收以及其他关域规定，按该地区相应海关规定执行。

需要注意的是，按照我国最新立法《海南自由贸易港法》的有关规定，海南全岛将实行封关操作，即将全岛视为独立关境。

而瑞士关境包括瑞士联邦和列支敦士登公国，如本协定第2.1条文中明确规定。瑞士联邦与列支敦士登公国已缔结关税同盟条约，因此在关税同盟存续期间，适用于该关税同盟的瑞士海关法规和瑞士联邦法规同样适用于列支敦士登公国。瑞士与他国缔结或者修改的贸易协定或者关税同盟条约将自动适用于列支敦士登公国。

（二）"生产"是指获得产品的方法，包括但不仅限于产品的种植、开采、收获、捕捞、诱捕、狩猎、制造、加工或装配。

【条文解读】

可以通过两组简单的词汇——"农林牧副渔"和"制造加工"，来帮助记忆这里的"生产"一词。但必须注意，这里的"生产"所指代的不仅限于日常理解的通过各种简单、直接劳动而获得的终端产品，也包括通过复杂流程、工艺及辅助工具、设备获得的终端货物或产品。

以下简单举例：

种植、收获　　　→瓜果蔬菜、谷物、茶等

捕捞　　　　　　→鱼类、甲壳类、软体动物等

诱捕、狩猎　　　　→活动物等

开采　　　　　　　→矿物、煤炭、石油等

制造、加工或装配 →包括使用零件、工具、设备、大型装置、流水线等制成的各类辅助品制成的最终货物或产品

值得注意的是，与其他自贸协定中所称的"生产"定义相比，中瑞自贸协定中的"生产"没有涉及"饲养、繁殖、水产养殖"，也没有涉及"提取"。

（三）"材料"包括组成成分、零件、部件、半组装件及（或）以物理形式构成另一产品部分或已用于另一产品生产过程的产品。

【条文解读】

本条款中的"材料"一词，可以分为两个部分来解读。

一是条款的前半句，组成最终成品的成分、零部件、半组装件等。很多时候这部分的素材是可视的、直观的或者通过物理特性可明显感知到的。比如智能手机的液晶屏、合金边框、塑胶按键等。

同时，某些产品在某个环节是最终产品，而在另外一些环节则成了中间介质。比如，空调压缩机是组成空调的材料或组件，但对于轴承、齿轮、螺母、冷凝管而言，空调压缩机则成了最终产品，这些则成了组成成分或零件。实践中应灵活理解材料的概念，同一材料在不同制造流程、工序中往往具有不同的性质和功能，可被定性为不同的成分。在对原产地进行判定和溯源时，需要对不同的成分进行判定，必要时需要对构成产品的原料和成分价值进行计算，因而正确理解构成最终产品的原料和成分非常重要。

二是条款的后半句，"或已用于另一产品生产过程中的产品"。这里所说的材料是用于制造过程中的产品，分为以下两种情况：

一种情况是零件或部件先后进入多道制造工序，原零件不断地被制成新的中间体、中间产品，其物理特性已无法通过肉眼识别，完全融入了新的终端产品中，比如石油制成的沥青；类似于液体、气体等原料，经过了化学变化等制造工序，其属性发生了重大变化，比如葡萄酿成了葡萄酒。

另一种情况是某些材料在制造过程中并没有直接转化成最终产品的一部

分，而是在制造过程中作为辅料或能量等介质释放了，其材料实体消失了，但其价值却传递到了新产品上。

理解有关材料的定义，对后文理解微小含量、微小加工、累积规则等都很有帮助。

（四）"非原产产品"或"非原产材料"是指根据本章规定不具备原产资格的产品或材料。

（五）"原产产品"或"原产材料"是指根据本章规定具备原产资格的产品或材料。

【条文解读】

上述两条定义为成对概念，可以一起解读。其中"本章规定"，即中瑞自贸协定的第三章原产地规则和实施程序，即符合第三章相关规定的产品或材料，可以赋予中国原产资格，反之则不能赋予。可见，对企业来说，在中瑞自贸协定项下原产地规则的语境下，产品和材料的重要属性在于准确界定其是非原产还是原产。

中瑞自贸协定的第三章共有两节内容，分别是原产地规则和实施程序。可以简单理解为前者是从产品本源上判断原产属性，后者是从形式和程序上补强或者回溯确认其原产资格。在第三章的第二节，还有诸如原产地证据文件和原产地核查等规定，原产货物或产品在出口到外国时，需要一定媒介或形式来承载确认其原产属性；或者外国海关可以在事后一定时间回溯追查某货物或产品的原产属性，若核查发现原产地不符，将撤销对相关货物或产品的优惠关税待遇。所以，虽然判明原产产品、货物属性或资格的规定主要在第三章第一节原产地规则中，但第二节的实施程序依然需要重视。

【实务指导】

问："非原产产品"或"非原产材料"是否指的是进口产品或原材料？

答：不是，"原产产品"或"原产材料"在中瑞自贸协定中包括已获得中国原产以及瑞士原产资格的所有产品或原材料；"非原产产品"或"非原产材料"指的是未获得中国原产以及瑞士原产资格的所有产品或原材料，包括原产地不明的产品或原材料、从非缔约方进口产品或原材料以及进口后经过加工并未获得原产资格的产品或原材料。

（六）"海关价格"是指根据《关于实施 GATT 1994 第七条的协定》（海关估价协定）所确定的价格。

（七）"出厂价格"是指向在对产品进行最后生产或加工的缔约一方生产商支付的出厂价，包括使用的所有材料的价值、工资、其他花费以及减去出口退税的利润。

【条文解读】

"海关价格"，可以理解为海关完税价格。根据条文中所涉及的《关于实施 GATT 1994 第七条的协定》（海关估价协定）中的相关条文规定，"进口货物的完税价格应为成交价格"。每一成员方在制定法规时，应对将下列各项内容全部或部分包括或不包括在完税价格之中作出规定：（a）进口货物运至进口港或进口地的费用；（b）与进口货物运至进口港或进口地相关的装卸费和处理费；（c）保险费。

如果货物或产品制造或加工过程中采用了非原产材料，在判定货物或产品原产资格时会遇到非原产材料价值的计算，即运用海关价格的问题。

而"出厂价格"，则可以理解为货物或产品的最终阶段，制造商在生产或加工该产品时产生的所有成本。这里的成本应包含各种原材料的成本（形成最终产品的直接原料、中间件，以及在加工制造中转化、生成所需的各种消耗品、辅料、燃料等）、人力成本（如人员薪酬等）、无形的成本（如知识产权类的投入，如支付的专利费等）及其他后续环节的配套费用。

【案例解析】

中国某企业生产家用烤箱（HS：851660），出口至瑞士，生产过程中使用了从美国进口原材料搪瓷粉（HS：320740）等，单位产品使用这些非原产原材料价值为 55.5 美元，出口离岸价格（FOB）为 110.43 美元 / 个。中瑞自贸协定产品特定原产地规则关于烤箱（HS：851660）的原产地判定标准为：非原产材料价值不超过 50%。

该如何计算该产品的非原产材料价值（VNM）百分比？

以上案例中，根据计算公式：

$$VNM = \frac{非原产材料价值}{产品出厂价} \times 100\%$$

非原产材料价值已经确定，关键如何确定产品出厂价。根据以上规定，出厂价包括使用的所有材料的价值、工资、其他花费以及减去出口退税的利润，不包括运输、保险以及其他贸易过程中产生的费用。在此不能直接使用产品 FOB 110.43 美元代替产品出厂价，因为 FOB 里包含了产品出运时国内运费等相关费用，计算时应将这些费用剔除。

日常外贸活动中最常用的价格术语有：FOB、成本加运费（CFR）以及到岸价格（CIF）等，在计算 VNM 百分比时首先要将这些价格转换成出厂价格再进行计算。

（八）"协调制度"或"HS"是指商品名称及编码协调制度。

（九）"章""品目""子目"是指协调制度中的章（2位数编码），品目（4位数编码），子目（6位数编码）。

【条文解读】

按中瑞自贸协定附件一关税减让表中注释规定，"关税减让表的结构以2007版协调制度为基础"；而附件二的第一节注释第三条规定，"本附件以2012版协调制度为基础制定"。

在中瑞自贸协定没有升级版或转版发生的情况下，相关人员需要全面了解《商品名称及编码协调制度》中所规定的情形。

（十）"授权机构"是指经缔约一方的国内法或其政府机构指定签发原产地证书的任何机构。

【条文解读】

上文中提到的授权机构，目前在我国即为海关、中国国际贸易促进委员会及其地方机构。

二、原产货物

第3.2条"原产货物"是第三章原产地规则的引领性条款，明确了可被视为原产货物的三类情况，货物符合其中之一即可获得中瑞自贸协定原产资格。

【协定文本】

第3.2条　原产货物

本协定中，除本章另有规定外，符合下列条件之一的产品应当视为原产于缔约一方：

（一）根据本章第三条规定在缔约一方境内完全获得；

（二）根据协定第3.4条规定，在生产和加工该产品过程中使用的非原产材料在缔约一方经过实质性改变（注），同时符合本章其他条款的要求；或者

（三）完全由缔约一方或缔约双方的原产材料在缔约一方生产。

注：该产品的生产和加工过程可在缔约一方不同的工厂中进行。

【条文解读】

该条包含一个隐藏条件，即除了第3.2条的三个子条款，本章之内如果其他条文（比如协定的附件二）约定了有关原产产品的事项，也可作为判定标准之一，来确定该产品的原产地；否则应直接按本章第3.2条来确定。

本条的三个子条款，第（一）项独立适用，如果符合即视为原产产品；第（二）项与第（三）项以"或者"相连接，属于并列的选择条件。简而言之，即何种产品或货物满足何种判定标准即可获得中瑞自贸协定原产资格，一是属于"完全获得"的；二是使用也仅使用了原产材料的货物或产品；三是使用了非原产材料（但经过实质性改变）生产出的产品。

对于第（一）项所指代的原产产品，协定在第3.3条中分立11个小节内容进行说明；第（二）项所指代的原产产品，协定在第3.4条对所涉及的"实质性改变"做了说明，并列明有关计算方式；第（三）项所指代的原产产品，则明确了不含非原产材料的情形。

【实务指导】

问：如何理解本条文的三项内容，是否有适用顺序？

答：首先，看所需判断的货物或产品中，是否含有非原产材料。

如果含有非原产材料，优先查阅第（二）项内容，对比非原产材料是否符合实质性改变标准。可以根据特定原产地规则清单，对比货物或产品所涉 HS 编码进行判断。

如果不含有非原产材料，可以尝试直接判断该货物或产品，是否属于第（一）项所包含的完全获得产品（即后文第3.3条）。如果属于，则可直接判断为原产。

如果不含有非原产材料，同时又不属于完全获得的产品，则可以用第（三）项的完全生产的货物来判断。

第3.2条的第（二）项内容中提到，关于实质性改变有个注释，非原产材料在进行符合实质性改变的加工时，可以在缔约方领域内的非单个工厂中进行。简而言之，当涉及复杂加工时，非原产材料可以在多个工厂的先后环节中进行加工、整合，这也说明了中瑞自贸协定对于复杂工序的产品，作出了符合工业实际的安排。

【案例解析】

中国某企业以长白山水源生产天然矿泉水（HS：220110），出口目的国为瑞士。根据中瑞自贸协定产品特定原产地规则 HS 编码2201 "未加糖或其他甜物质及未加味的水，包括天然或人造矿泉水及汽水；冰及雪"的描述，在判定矿泉水原产地属性时适用"完全获得"标准。

中瑞自贸协定在"完全获得或者生产的货物"中明确规定了11种情形。符合清单所描述的货物即被视为满足"完全获得"标准。清单中未提及的或者不符合清单描述的货物即被视为非"完全获得"的货物。

【协定文本】

第3.3条 完全获得或者生产的货物

根据协定第 3.2 条第（一）项，下列产品应当视为在缔约一方境内完全获得：

（一）从缔约一方领土、内水、领海、海床或底土提取或得到的矿物产品或其他无生命的天然生成物质；

（二）在缔约一方境内收获、采摘或采集的植物产品；

（三）在缔约一方出生并饲养的活动物及其产品；

（四）在缔约一方狩猎、诱捕、捕捞、采集、捕获或水产养殖获得的产品；

（五）在缔约一方的领海或专属经济区内由在该方注册并悬挂其国旗的船舶捕捞获得的鱼类和其他产品；

（六）在缔约一方注册并悬挂其国旗的船舶在公海捕捞获得的鱼类及其他产品；

（七）在缔约一方注册并悬挂其国旗的加工船上，完全用上述第（五）项及第（六）项所述产品加工、制造的产品；

（八）在缔约一方领海以外根据该方依照国际法制定的国内法拥有开发权的海床或底土提取的产品；

（九）在缔约一方制造过程中产生的仅适用于原材料回收的废碎料；

（十）在缔约一方收集的仅适于原材料回收的旧货；

（十一）完全用上述第（一）至（十）项所列产品在缔约一方加工获得的产品。

【条文解读】

本条采用清单模式，对第3.3条第（一）项完全获得或者生产货物进行详细解释，明确了完全获得或者生产货物的范围。从体例上来说，本条沿袭了《京都公约》中所提供的标准模式，采用列举方法界定该原则所适用的产品。完全获得或生产标准所界定的原产产品通常为农、林、牧、渔、矿等产业中所涉及的天然产品或初级加工品，其生产或获取过程相对简单。第（一）至（十）项为具体产品分类；第（十一）项为包含上述十项内容的延伸条款，注意并非一般意义上的兜底条款。

为了便于理解和记忆，可以把第（一）至（十）项的完全获得产品，简要概括为"农林牧副渔矿"等产品。它们大多为来自天然环境的直接获得品，产品的特性、外观等因素一般可直接感受到，且未经加工或仅经过简单初级加工（比如不涉及复杂工序、设备工具等），获得、提取的手段、过程、条件都相对简单。

另外需要注意的是：中瑞自贸协定不仅在第三章第3.3条产品中规定了完全获得标准，也在附件二第三节"产品获得原产资格所需的非原产材料加工要求清单"中对部分产品规定了该规则，以"完全获得"进行列明，同样表示产品需符合第3.3条在一方完全获得的要求。

下面就上述第3.3条协定条文逐条讲解：

（一）从缔约一方领土、内水、领海、海床或底土提取或得到的矿物产品或其他无生命的天然生成物质；

（八）在缔约一方领海以外根据该方依照国际法制定的国内法拥有开发权的海床或底土提取的产品。

【条文解读】

上述两个条文内容相近，可合并解读。两个条文都分为两个部分，一是明确所获得矿产品的地理范围（其一是本国领域，其二是有权开发的公共海域）；二是均涉及矿物产品等。

这里的矿物产品一般指各种矿石、黏土、金属矿、原油、天然气、煤等；而其他无生命的天然生成物质，一般指天然矿泉水、自然冰、天然雪等。

（二）在缔约一方境内收获、采摘或采集的植物产品。

【条文解读】

这里的植物产品一般包含各种谷物、花卉、水果、蔬菜、树木、藻类等。

另外需注意，本款条文所涉植物产品在缔约方"收获、采摘或采集"，即只要在"结果"环节获得即可，而并未像其他自贸协定中约定的那样，要在缔约方境内"种植"才可以视为完全获得。换句话说，如果从缔约方境外进口原产于他国的某种植物产品的种子，在缔约方境内种植，之后获得的植物产品，依然可以视为原产于本缔约方的完全获得产品。

【案例解析】

中国某生物科技企业在辽宁省生产基地种植的灵芝（HS：121190），经切片—烘干—包装等工序后出口至瑞士。根据中瑞自贸协定产品特定原产地规则中第12章"含油子仁及果实；杂项子仁及果实；工业用或药用植物；稻草、秸秆及饲料"的描述，灵芝适用"完全获得"标准，该产品也符合以上标准。如该企业从其他非缔约国家进口新鲜灵芝，再经过以上工序加工后出口瑞士，就无法也符合该标准。

同时该条款不具追溯性，不对种植植物的种子的原产地进行约束。

（三）在缔约一方出生并饲养的活动物及其产品。

【条文解读】

本款条文内容包含两部分。

一方面，在缔约一方出生并饲养的活动物，含有两层意思，一是该客体必须是活体、具有生命力的动物，种类不限，死体动物只能作为另外性质的产品对待，比如哺乳动物、鸟类、鱼类、甲壳动物、软体动物等；二是该动物必须在本协定缔约方出生并且饲养，强调延续性。

另一方面，除了动物，由符合前半部分的动物获得或制成的产品（这里一般同样指简单加工、粗加工）也可视为完全获得产品，比如奶类、蛋类、蜂蜜、羊毛等。表3-1为部分常见活动物产品及其HS编码。

表3-1 部分常见活动物产品及其 HS 编码

品名	HS 编码
奶类	0401
蛋类	0407
蜂蜜	0409
羊毛	5101 5102

【实务指导】

问：中国某水产养殖企业，从韩国引进该国原产的安康幼鱼在本地渔场中饲养，长大打捞后，直接冷链出口到瑞士。该成年安康鱼是否符合中瑞自贸协定项下的中国原产？

答：本条文中完全获得的活动物必须为本缔约方出生且饲养，两者是并列条件的关系，因此该安康鱼产品不符合中瑞自贸协定原产地规则，不具有中国原产资格。

（四）在缔约一方狩猎、诱捕、捕捞、采集、捕获或水产养殖获得的产品。

【条文解读】

第3.3条中所涉及的产品，是指在一方境内用上述方法获得的野生动物，即不要求该动物必须是活体，也不要求必须在缔约方境内出生。

表3-2 在一方境内用上述方法获得的野生动物及其 HS 编码

品名	HS 编码
活动物	0101 ～ 0106 0307
鱼（非海洋哺乳动物）、甲壳动物、软体动物和水生无脊椎动物	0301 0302 0306 0307

【案例解析】

中国某企业出口"未分级、未加工的养殖黑珍珠"（HS：710121），出口至瑞士。

经查，该批产品是在中国境内通过水产养殖获得，因此，符合在中国"完全获得"标准，可获得中瑞自贸协定中国原产资格，享受优惠关税待遇。

【实务指导】

问：中国某水产养殖企业，从中国其他省份引进的国产安康幼鱼在本地渔场中饲养。打捞后在公司车间剖开，取出安康鱼肝，清洗后直接通过冷链物流，空运出口到瑞士。该安康鱼肝是否符合中瑞自贸协定项下的中国原产？

答：该安康鱼在中国境内出生并饲养长大，其鱼肝产品来自活动物体，且属于简单加工，作为活动物产品可以视为中国原产。

（五）在缔约一方的领海或专属经济区内由在该方注册并悬挂其国旗的船舶捕捞获得的鱼类和其他产品；

（六）在缔约一方注册并悬挂其国旗的船舶在公海捕捞获得的鱼类及其他产品。

【条文解读】

首先，简要明确领海、专属经济区和公海的概念。按照中国有关法律法规，"中方领海指邻接中华人民共和国陆地领土和内水一带的海域。中方领海的宽度从领海基线量起为十二海里"。中方的专属经济区，为中华人民共和国领海以外并邻接领海的区域，从测算领海宽度的基线量起延至二百海里。公海是指不包括在国家的专属经济区、领海或内水或群岛国的群岛水域内的全部海域。根据有关国际法，公海对所有国家开放，不论其为沿海国或内陆国。在公海范围内，相关船只具有捕鱼的自由。

第3.3条第（五）、第（六）项主要区分了国内海域与公海的范围，其他内容则大致一致，属于完全获得原产品的是该船只所捕获的鱼类以及其他水产品。

根据我国相关法律法规，渔业船舶是指从事渔业生产的船舶以及属于水产系统为渔业生产服务的船舶，如捕捞船、养殖船、冷藏加工船等。条文中的船舶，一般可以用渔业船舶来理解。

而关于悬挂其国旗的船舶国籍问题，根据相关法律法规，"船舶经依法登记，取得中华人民共和国国籍，方可悬挂中华人民共和国国旗航行；未经登记的，不得悬挂中华人民共和国国旗航行"。

【案例解析】

我国某渔船悬挂中国国旗在公海捕捞作业所获的金枪鱼经速冻处理后，出口至瑞士。该批金枪鱼如何判断原产地？

解析：该批金枪鱼满足了"在缔约一方注册并悬挂其国旗的船舶在公海

捕捞获得的鱼类及其他产品"的要求，应当视为在中国完全获得或生产的货物。

（七）在缔约一方注册并悬挂其国旗的加工船上，完全用上述第（五）项及第（六）项所述产品加工、制造的产品。

【条文解读】

第3.3条第（七）项中的加工船，一般可理解为在海上接受来自其他渔业船舶的捕捞所得，且在船上将所捕获的产品进行加工，并直接储藏或转运的船只。一般此类船舶都有专用的冷藏舱室、加工车间，用以在海上直接最快处理和加工来自其他渔业船舶的渔获。

这里需要特别注意的，一是本项所指的完全获得产品，是仅用之前第（五）、第（六）项条文中所获得的产品加工制成后续产品，即不能有其他原材料。二是基于第一点的推导，加工船上的所谓加工，应该是通常意义的简单加工，比如分切、装袋、冷藏等。

【案例解析】

一艘在我国某海事部门登记过的渔船，在东海外的公海捕获了一些带鱼。返航途中，将带鱼运至另一条同样航行在公海上的悬挂中国国旗的浙江渔业加工船。为了保持新鲜，加工船当即对该批带鱼进行了分切处理并打包冷链保存于其专用船舱内。

问：该带鱼产品是否可视为中国原产？

答：按第3.3条第（七）项规定，首先确认该渔业加工船是否悬挂中国国旗并在中国海事部门进行过注册登记；其次，简单加工的带鱼产品是否完全来自符合条件的船只打捞于公海或我国海域内，至于渔业加工船只是航行在公海还是我国海域内，第（七）项并未严格限定。

（九）在缔约一方制造过程中产生的仅适用于原材料回收的废碎料；

（十）在缔约一方收集的仅适于原材料回收的旧货。

【条文解读】

上述两项条文内容相近，故一起分析。这里的"废碎料"（基本无产品原始使用价值，仅有原料价值）和"旧货"（尚有部分产品原始使用价值），都仅限于适合"原材料回收"的目的。失去原材料价值的物品，则无法再适用此条文的针对废碎料和旧货有关规定。

比如，新能源车辆中的废旧锂电池，拆卸下来，将其捣碎，提取其中的原料另行使用的，可视为本项内容。如果该车用锂电池远未用尽，因机械原因无法再次使用，出口是为了维修的，则不能认定为本项中的废碎料。

【案例解析】

中国某企业出口云母碎料（HS：2530），目的国为瑞士。如何判定该云母碎料的原产地？

根据中瑞自贸协定的产品特定原产地规则中，HS编码2530"云母碎料"的描述，云母碎料适用"完全获得"标准。

经查，该产品为企业生产云母板时回收的云母碎料。满足了"在缔约一方制造过程中产生的仅适用于原材料回收的废碎料"的要求，无须对云母原材料的原产地进行追溯。因此，该产品适用在中国"完全获得"规则，可获得中国原产资格。

（十一）完全用上述第（一）至（十）项所列产品在缔约一方加工获得的产品。

【条文解读】

不建议对于本项用兜底性条款来理解。因为这里所指的产品，并非为上述十项以外的其他产品，而是指必须以满足上述第（一）至（十）项条件的产品作为原材料制成的后续产品（即可以使用其中的一项或多项产品加工），但是所用的原材料必须全部属于原产，不能包含任何非原产材料。这个条件其实是非常严苛的，但可以从相反的角度来理解，既然除了上述十项完全获得的产品，不包含其他任何非原产材料，可知本项所指的最终产品不可能是经过复杂工艺和环节，使用多项设备工具制成的产品，可以理解为将上述十项产品作为原材料，简单加工后所得的产品。

【案例解析】

中国某企业从当地收购甘蔗（HS：121293），加工成蔗糖（HS：170114）出口至瑞士。

根据中瑞自贸协定产品特定原产地规则中，HS 编码 1701，"固体甘蔗糖、甜菜糖及化学纯蔗糖"的描述，蔗糖适用"完全获得"标准。

在此案例中，根据中瑞自贸协定原产地规则第 3.3 条完全获得产品第（二）项：在缔约一方境内收获、采摘或采集的植物产品规定，蔗糖的原材料甘蔗满足完全获得标准；同时根据中瑞原产地规则第 3.3 条完全获得产品第（十一）项：完全用上述第（一）至（十）项所列产品在缔约一方加工获得的产品要求，可以判定该批蔗糖满足中国原产标准。

三、实质性改变

对于含有非原产原材料或者零部件的货物，中瑞自贸协定原产地规则也采取了国际上通用的"实质性改变"标准对其原产地进行判定。"实质性改变"标准主要有三种方式：一是税则归类改变标准；二是区域价值成分标准；三是制造加工工序标准。

【协定文本】

第3.4条 实质性改变

一、使用非原产材料获得的产品，在满足附件二特定要求的情况下可视为经过了实质性改变。

二、按照第一款的规定，本协定第 3.6 条所列操作不足以赋予原产资格。

三、附件二中提到的非原产材料价值（VNM）百分比是指，允许使用的非原产材料占产品出厂价的最大百分比。该百分比应当依据下列公式计算：

$$VNM = \frac{非原产材料价值}{产品出厂价} \times 100\%$$

四、VNM 应根据非原产材料（包括原产地不明的材料）在进口时的海关完税价格确定。如果该价格未知或无法确定，应为在该方境内产品生产过程中最早确定的实付或应付价格。

五、根据第一款规定具备缔约一方原产资格的产品，如果作为另一产品生产的材料进行进一步加工，在确定最终产品的原产状态时不考虑该原产材料的非原产成分。

【条文解读】

第3.4条第二款先明确了一个反向规定或排他性规定，即符合本章3.6条所列内容（即微小加工或处理）的产品，直接归纳为不符合原产资格（详见后文对微小加工或处理的解释）。

【案例解析】

中国某进出口企业从中国台湾地区进口100公斤袋装茶叶（HS：090220），手工分装成250克/瓶，再以24瓶/纸盒包装后出口至瑞士，具体见表3-3。

表3-3　中瑞自贸协定对茶叶原产地规则的要求

HS 编码	产品描述	产品获得原产资格所需的非原产材料加工要求
0902	茶，不论是否加香料	非原产材料价值30%

同时，中瑞自贸协定第 3.6 条微小加工或处理第一款规定：尽管有本协定第 3.4 条的规定，如果产品仅经过了一项或多项下列操作，不应赋予原产资格。其中第（十二）项内容为："简单的装瓶，装罐，装袋，装箱，装盒，固定于纸板或木板及其他简单的包装工序。"

该产品加工工序仅为装瓶与装箱等简单的包装工序，属于微小加工或处理范畴。按照以上两个规定，即使该产品满足了非原产材料价值30%要求，也不能赋予中国原产资格。

本条依然没有对何为"实质性改变"作出定义或名词解释。在本条第一款中采用了类似"完全获得"的解释方式，即罗列指代的方式——符合本协定附件二中清单要求的，使用非原产原材料所制成的产品，可以视为符合实质性改变规则。所谓实质性改变，是要求含有进口（包括无法判断来源地、来源不明的）原材料或零部件的产品在本国区域内经过充分且足够的生产加工过程，足以使该最终产品与原材料之间产生本质的、显著的区别及改变，这样才能视其为具有本国的原产货物资格。

税则归类改变

"税则归类改变"（CTC）标准，是指当货物与生产该货物的非原产原材料被归入《商品名称与编码协调制度的国际公约》（HS 编码）中的不同税号时，即可视为该货物经过生产制造已经发生了实质性改变，并可获得原产资格。由于相对统一、便于操作的特点，该规则已被大多数国家采纳并应用于各种自贸协定中。

中瑞自贸协定的税则归类改变标准在协定附件二第三节的产品特定原产地规则中。主要有肯定标准和否定标准（又称为排除标准）两类，其中肯定标准包括章改变（前两位数级税号改变）、品目改变（前4位数级税号改变）和子目改变（前6位数级税号改变），否定标准是指对于某些适用税则归类改变的产品，规则规定不能使用某些其他税则的材料，具体包括对章的排除、对品目的排除以及对子目的排除。

1. 肯定标准

A. 章改变（见表3-4）

表3-4 肯定标准：章改变

HS 编码	产品描述	产品获得原产资格所需的非原产材料加工要求	
（1）	（2）	（3） or （4）	
第7章	食用蔬菜、根及块茎	章改变	

章改变规则要求在中国或者瑞士生产过程中所使用的所有非原产原材料的前两位税则号与成品前两位税则号相比发生改变。

【案例解析】

中国某企业在国内生产雨伞用零件伞座（HS：660390）并出口瑞士。在生产过程中，该企业使用了日本原产的聚丙烯树脂（HS：390210）。根据中瑞自贸协定产品特定原产地规则，品目6603项下的产品的原产地规则为：章改变，即生产中所使用的所有非原产材料的 HS 编码的前2位必须和产品 HS 编码的前2位不同，该产品中的非原产原材料——日本原产的聚丙烯树脂的前两位税则号为39，而出口产品伞座的前两位税则号为66，HS 编码前两位发生了改变，满足原产地规则。

B. 品目改变（见表3-5）

表3-5　肯定标准：品目改变

HS 编码	产品描述	产品获得原产资格所需的非原产材料加工要求	
（1）	（2）	（3）or（4）	
第6章	活树及其他活植物；鳞茎、根及类似品；插花及装饰用簇叶	品目改变	

品目改变规则要求在中国或者瑞士生产过程中所使用的所有非原产原材料的前4位税则号与成品前4位税则号相比发生改变。

【案例解析】

中国某企业在国内生产氯代磷酸二苯酯（HS：291990）并出口瑞士。在生产过程中，该企业投入的原材料为国产的三氯氧磷（HS：281219）和韩国原产的苯酚（HS：290711）。根据中瑞自贸协定产品特定原产地规则，品目2919项下产品的原产地规则为：品目改变，即生产中所使用的所有非原产材料的 HS 编码的前4位必须和产品 HS 编码的前4位不同，该产品中的非原产材料——韩国原产的苯酚的前4位税则号为2907，而出口产品氯代磷酸二苯酯的前两位税则号为2919，HS 编码前4位发生了改变，满足原产地规则。

C. 子目改变（见表3-6）

表3-6　肯定标准：子目改变

HS 编码	产品描述	产品获得原产资格所需的非原产材料加工要求	
（1）	（2）	（3）or（4）	
第29章	有机化学品；以下产品除外	子目改变	

子目改变规则要求在中国或者瑞士生产过程中所使用的所有非原产材料

的前6位税则号与成品前6位税则号相比发生改变。

【案例解析】

某企业在国内生产无铅无铬黑色水性漆（HS：320910）并出口瑞士（见表3-7）。

表3-7　无铅无铬黑色水性漆产品物料清单

HS 编码	名称	价格占总成本的比例（%）	所属国别/地区
285390	纯水	52	中国
390690	丙烯酸树脂	30	美国
291539	二乙二醇丁醚	10	德国
270600	炭黑	2	中国

根据中瑞自贸协定产品特定原产地规则，第32章项下产品的原产地规则为：子目改变（品目3213和品目3214除外）或者区域价值成分40%。 如适用子目改变规则，则要求生产中所使用的所有非原产材料的 HS 编码的前6位必须和产品 HS 编码的前6位不同。该产品中的非原产材料：美国原产的丙烯酸树脂和德国原产的二乙二醇丁醚的前6位税则号分别为390690和291539，而出口产品无铅无铬黑色水性漆的前6位税则号为320910，HS 编码前6位发生了改变，满足原产地规则。

2. 否定标准

A. 对于特定章的排除（见表3-8）

表3-8　否定标准：章排除

HS 编码	产品描述	产品获得原产资格所需的非原产材料加工要求	
（1）	（2）	（3） or （4）	
第 11 章	制粉工业产品；麦芽；淀粉；菊粉；面筋	章改变，从第 10 章改变至此除外	

章改变的排除规则要求在中国或者瑞士生产过程中所使用的所有非原产材料的前两位税则号与成品前两位税则号发生改变，同时在生产过程中不得使用某些特定章中的非原产材料。也就是说，上述特定章中的非原产材料被

排除在章改变规则之外。

【案例解析】

中国某企业在国内生产燕麦片（HS：110412）并出口瑞士。在生产过程中，该企业投入的原材料为俄罗斯原产的燕麦（HS：100490）和美国的蛋白粉（HS：350211）。根据中瑞自贸协定产品特定原产地规则，品目1104项下的产品的原产地规则为：章改变，从第10章改变至此除外。该规则需要满足两个条件：

一是生产中所使用的所有非原产材料的HS编码的前2位必须和产品HS编码的前2位不同。该产品中的非原产材料：俄罗斯原产的燕麦和美国的蛋白粉的前两位税则号为10和35，而出口产品燕麦片的前两位税则号为11，HS编码发生了两位数量级的改变。

二是生产过程中不得使用第10章的非原产材料。

由于生产过程中使用的俄罗斯原产的燕麦为第10章项下，不满足第二个条件，因此不满足原产地规则。

B. 对于品目的排除（见表3-9）

品目改变的排除规则要求在中国或者瑞士生产过程中所使用的所有非原产原材料的前4位税则号与成品前4位税则号相比发生改变，但同时还规定在生产过程中不得使用特定品目中的非原产材料。也就是说，上述特定品目中的非原产材料被排除在品目改变规则之外。

表3-9 否定标准：品目排除

HS编码	产品描述	产品获得原产资格所需的非原产材料加工要求	
（1）	（2）	（3）or（4）	
4502	天然软木，除去表皮或粗切成方形，或切成长方块、正方块、板状、片状、条状（包括作塞子用的方块坯料）	品目改变，从品目4501改变至此除外	

【案例解析】

中国某企业在国内生产面巾纸并出口瑞士。面巾纸规格为200张/盒，单张规格为19厘米×20厘米，商品税则号为481820。中国国际贸易促进委员会（以下简称"中国贸促会"）工作人员在针对该企业的原产地核查中发现，在生产过程中，该企业投入的原材料为日本原产的成卷面巾纸，宽度规格为40厘米，商品税则号为480300。

根据中瑞自贸协定产品特定原产地规则，子目481820项下的产品的原产地规则为：品目改变，从品目4803改变至此除外。该规则需要满足两个条件：

一是生产中所使用的所有非原产材料的HS编码的前4位必须和产品HS编码的前4位不同。该产品中的非原产材料——日本原产的成卷面巾纸的前4位税则号为4803，而出口产品面巾纸的前4位税则号为4803，HS编码发生了4位数量级的改变。

二是生产过程中不得使用品目4803的非原产材料。

由于生产过程中使用的日本原产的成卷面巾纸为品目4818项下，不满足第二个条件，因此不满足原产地规则。

C. 对于子目的排除（见表3-10）

表3-10 否定标准：子目排除

HS编码	产品描述	产品获得原产资格所需的非原产材料加工要求	
（1）	（2）	（3）or（4）	
281511	固体氢氧化钠（烧碱）	子目改变，从子目281512改变至此除外	非原产材料价值60%

子目改变的排除规则要求在中国或者瑞士生产过程中所使用的所有非原产材料的前6位税则号与成品前6位税则号相比发生改变，但同时还规定在生产过程中不得使用特定子目中的非原产材料，也就是说，特定子目中的非原产材料被排除在子目改变规则之外。

【案例解析】

中国某企业在国内生产固体烧碱（HS：281511）并出口瑞士。企业在生产过程中使用印度原产的烧碱溶液（HS：281512），经过浓缩和蒸发工艺制成固体烧碱。根据中瑞自贸协定产品特定原产地规则，子目281511项下的产品的原产地规则为：子目改变，从子目281512改变至此除外。该规则要求生产过程中不得使用品目281512的非原产材料。由于生产过程中使用的印度原产的烧碱溶液为子目281512项下，不满足原产地规则。

中瑞自贸协定在第3.4条第三款和附件二第一条第二款第（一）项中规定了另一条规则——"非原产材料价值百分比规则"，并列明了非原产材料价值（VNM）的详细计算公式。

区域价值成分标准

区别于其他自贸协定"区域价值成分"的计算公式，中瑞自贸协定中的该公式计算的是"非原产材料（包含原产地来源不明的材料）"价值的上限。而以往习惯的"区域价值成分"计算的是"原产价值"。同时，从计算公式构成元素本身看，公式的分母是工厂出厂价，而"区域价值成分"的分母使用的是产品FOB价格。

制造或加工前的原材料价格为其进口或购买价格，制造或加工后的产品价格为其出厂价格。货物在某一国家或地区制造或加工，当非原产材料价格与产品出厂价格的比值控制在一定比例之内，即可判定该产品具有该国或该地区原产地资格。中瑞自贸协定使用的是非原产材料价值占比的最高限额，通过计算非原产材料价值和产品出厂价格的比值来确定。不超过中瑞自贸协定附件二中的明细清单所示特定比例，即符合原产地要求。

非原产材料价值百分比规则相对直观，但对于非原产材料的价格清算则相对较难。中瑞自贸协定附件二特定原产地规则中，"区域价值成分"标准也经常作为税则归类改变标准的补充规则来执行。

【案例解析】

中国某企业在国内生产燃气热水器（HS：841911）并出口瑞士（见表3-11）。

表3-11 燃气热水器产品物料清单

HS 编码	名称	价格占产品工厂出厂价的比例（%）	所属国别/地区
8419500090	热交换器	28	德国
8419901000	水气联动阀	18.5	日本
8419901000	燃烧器	5	德国

根据中瑞自贸协定附件二特定原产地规则，第84章产品的原产地规则为：非原产材料价值50%。根据本条非原产材料价值百分比的计算公式，非原产材料价值百分比为：28% + 18.5% + 5% = 51.5%，超过了非原产材料价值百分比50%的上限，不满足原产地规则。

特定加工工序标准

中瑞自贸协定的特定加工工序标准有两种表达方式。一是在产品特定原产地规则清单中的第三栏表达，仅涉及少数特定的加工工序且适用产品极少。

1. 在清单第三栏列明的特定加工工序标准（见表3-12）

表3-12　产品特定原产地加工标准

HS 编码	产品描述	产品获得原产资格所需的非原产材料加工要求	
（1）	（2）	（3） or （4）	
090121	未浸除咖啡碱的已焙炒咖啡	非原产材料价值30%，限从生咖啡豆制造，包括焙炒工序	
3701	未曝光的摄影感光硬片及平面软片，用纸、纸板及纺织物以外任何材料制成；未曝光的一次成像感光平片，不论是否分装	品目改变，如果成品涂有感光乳剂或其他涂层溶剂，则该感光乳剂或其他涂层溶剂须在一方生产；如果需要干燥、涂层、剪切及包装工序，则上述工序也应在该方完成	
7106	银（包括镀金、镀铂的银），未锻造、半制成或粉末状	品目改变，从品目7108或7110改变至此除外；或者从品目7106、7108或7110的贵金属电解、加热、化学分解或熔接而来；或者从品目7106、7108或7110的贵金属合铸或与贱金属的合铸而来	

2. 在产品特定原产地规则注释中规定的特定加工工序标准

中瑞自贸协定通过注释，规定了绝大多数的特定加工工序。中瑞自贸协定附件二第二节相关注释只适用于第27章至第40章的产品，即在判断是否赋予第27章至第40章的产品原产资格时，可以适用本注释规定的标准。

在设定化学反应规则的原产地规则中，一般将化学反应规则作为判定相关产品原产资格的主规则或者选择性规则。例如：在美国—澳大利亚自由贸易协定中规定："尽管存在特定原产地规则（税则归类改变和非原产材料价值百分比规则），化学反应规则仍然适用于上述各章的任何产品。"

中瑞自贸协定在附件二第二节第四款设定了在判定第27章至第40章产品产地时的规则适用顺序问题。根据第四款，第27章至第40章相关产品的原产地判定应当首先适用税则归类改变标准（规定在特定原产地规则清单中相应章节的第三栏）。若不适用税则归类改变标准，则按顺序依次适用第四款所规定的六种规则。但是该款的一个明显不足是没有明确"非原产材料价值百分比"规则（规定在特定原产地规则清单中相应章节的第四栏）和上述两种规则的适用顺序。根据第二节第一款：第三栏和第四栏分别列明标准时，任一标准均可适用。因此，"非原产材料价值百分比"应该在第27章至第40章中与上述规则选择适用。表3-13根据特定原产地规则清单和第二节第二款、第四款和第五款的规定，对第27章至第40章相关产品的适用规则作出了程序性安排。

表3-13 相关产品的适用规则

产品	适用规则											
	完全获得	税则归类改变		非原产材料价值60%	化学反应			其他规则				
					单独适用			依次适用				
		品目改变	子目改变		细胞培养	发酵	其他化学反应	混合	提纯	改变颗粒尺寸	标准物质	异构体分离
第27章		√		√		√	√					
ex 第28章			√	√		√	√		√		√	√
281511			√[①]	√		√	√		√		√	√
281512			√[①]	√		√	√		√		√	√
284011			√[①]	√		√	√		√		√	√
284019			√[①]	√		√	√		√		√	√
2846			√[①]	√		√	√		√		√	√
ex 第29章			√			√	√		√		√	√
2919		√				√	√		√		√	√
2931		√				√	√		√		√	√

续 表

| 产品 | 完全获得 | 税则归类改变 | | 非原产材料价值60% | 化学反应 单独适用 | | 其他规则 依次适用 | | | | | |
		品目改变	子目改变		细胞培养	发酵	其他化学反应	混合	提纯	改变颗粒尺寸	标准物质	异构体分离
ex第30章				√	√	√	√	√	√	√	√	√
300692	√			√	√	√	√	√	√	√	√	√
第31章		√		√		√	√	√	√	√	√	√
ex第32章			√	√		√	√	√	√	√	√	√
3213		√		√		√	√	√	√	√	√	√
3214		√		√		√	√	√	√	√	√	√
第33章		√		√		√	√			√		
3302*		√		√		√	√			√		
第34章		√		√		√	√			√		
第35章		√		√		√	√			√	√	√
350220*		√		√		√	√			√	√	√
3506*		√		√		√	√	√	√	√	√	√
3507*		√		√		√	√	√	√	√	√	√
第36章		√		√		√	√					
ex第37章		√		√		√	√					
3701		√③										
3702		√③				√	√					
3707*		√				√	√					
ex第38章		√		√		√	√		√		√	
3808*		√		√		√	√	√	√		√	
3825	√					√	√		√			
ex第39章		√				√	√					
3915	√					√	√					
ex第40章		√		√		√	√					
4001	√					√	√					
4002	√					√	√					

续 表

产品	适用规则											
	完全获得	税则归类改变		非原产材料价值60%	化学反应			其他规则				
					单独适用		依次适用	依次适用				
		品目改变	子目改变		细胞培养	发酵	其他化学反应	混合	提纯	改变颗粒尺寸	标准物质	异构体分离
4012		√②				√	√					

注：① 注意子目改变规则中有对特定子目的排除。

② 注意品目改变规则中有对特定品目的排除。

③ 注意品目改变规则之外还同时适用特定加工工序标准。

A. 细胞培养和发酵

本注释第二款规定了两种特殊的化学反应：细胞培养和发酵。细胞培养仅适用于第30章的产品，发酵适用于第27章至第30章所有产品。只要细胞培养和发酵工序的所在地为中国或瑞士，细胞培养和发酵即被直接视为完全获得。

将细胞培养和发酵作为特定加工工序是中瑞自贸协定的独创。瑞士是一个医药生产大国，拥有世界领先的医药化学技术和诺华、罗氏等著名医药化工生产企业，药品种类相对集中于特定领域，如抗病毒药物、呼吸系统疾病药物、头孢类抗生素等。由于国内市场狭小，瑞士药品生产以出口为导向，瑞士本土企业95%的产品用于出口，其中60%销往欧盟。瑞士化工医药业的产品大类包括医药和诊断技术、精细化工产品、维他命、香精香料、植保产品、兽药、工业用特种化工产品、染料和涂料等。从发展趋势来看，瑞士化工医药业的发展方向是生命科学和特色化工产品，其中3/4是所谓"生命科学产品"，即作用于有机生命体代谢过程的化工品，包括医药、维他命、精细化工品、诊断药品和植保产品。①

基于瑞士药品产业的重要地位及其产品研发的方向，瑞士历来主张将动植物的细胞培养作为完全原产的标准。2010年10月，瑞士代表团在其向世界贸易组织原产地委员会提交的意见中提出，"细胞培养为在有机体外培养和生

① http://www.mofcom.gov.cn/aarticle/difang/anhui/200806/20080605619624.html.

长细胞构建了基础，是组织培养和组织工程的基本组成部分。人类细胞培养主要应用于干细胞技术研究领域。随着现代生产技术的发展，细胞培养成为医用原料药生产的重要技术。通过对动物细胞系的细胞培养，可以生产出防治脊髓灰质炎、麻疹、流行性腮腺炎、风疹、水痘、季节性流感等病毒的疫苗。同时，细胞培养用于生产各种生物医药产品，包括酶、合成激素、免疫生物活性物质（单克隆抗体类、细胞介素、淋巴因子）和抗癌剂。许多医用原料药的生产不仅通过细菌培养进行，也可以通过对动物细胞的培养进行，例如：红细胞生长素"。中瑞自贸协定的特定原产地规则中对于细胞培养进行了定义，并将其作为第30章医药产品的原产地判定标准，体现了瑞士针对本国医药产业发展在规则制定方面所做的有益尝试。

发酵是指工业发酵，通过微生物的生命活动，把发酵原料转化为人类所需要的微生物产品的工业过程。表3-14列明了适用发酵的常见产品。

表3-14 适用发酵的常见产品

HS 编码	品　名
2918	柠檬酸
29224220	谷氨酸钠
29362700	未混合的维生素 C 及其衍生物
29379000	其他激素及其衍生物和结构类似物
30042090	已配剂量含有其他抗菌素的药品（包括制成零售包装）
30041090	已配剂量含有青霉素或链霉素药品（包括制成零售包装）
3202	有机合成鞣料；无机鞣料；鞣料制剂，不论是否含有天然鞣料；预鞣用酶制剂
33049900	护肤品（包括防晒油或晒黑油，但药品除外）
3507	酶；其他税目未列名的酶制品
38220090	其他诊断或实验用配制试剂

B. 化学反应和化学文摘登记号

本注释第一条将"分子的空间结构发生了实质性改变"定义为基本原则（标准）。所谓分子的空间结构发生了实质性改变，即本注释第四条和第五条所规定的"化学反应"。第四条将化学反应定为第一备选规则，而将税则归类改变标准定位为主规则。本注释中的化学文摘登记号也被称为 CAS 登记号、化学物质登录号、CAS RN 或 CAS 编号等。化学文摘登记号是唯一且能准确的用于识别化学物质的号码。虽然 CAS 登记号本身不具备特定的化学意义，但在化学物质或分子结构存在多种学名、通用名称、专有名称或俗名时，它能提供明确的识别方法。每一种已经发现的化合物，都有唯一对应的编号。从这种角度来说，CAS 登记号发生变化即意味着化学反应的发生和新的化学产品的产生。

C. 混合

本注释的混合是指将数种材料有目的地按比例进行混合，使产品具有一定的目的或用途，且不同于初始投料的物理或化学特性而进行的混合工序。精确配比的混合程序多应用于第27章至第40章相关产品的生产过程中。例如：将石油产品按照精确比例混合并搅拌，使其达到预先设定的条件时，就会产生具有不同物理和化学特性的新产品。又如：在厌氧的环境下将单克隆抗体（300210）类活性物质按照设定的计量注入安瓿瓶，制作成精确配比的生物制剂（300210）。尽管投入品和成品的税则号相同，却具有不同的物理和化学特性。整个制造过程不是生化制造过程，不发生化学反应，因此不能使用化学反应规则。但是上述工序完全满足混合的规定。[①]

D. 提纯

本注释的提纯工序在世界各国的原产地规则中属于格式性条款，不论是非优惠还是优惠原产地规则通常都采用统一的对于提纯的规定。由于翻译的问题，本注释中对于提纯工序的第二个标准的中文表述出现了一定的偏差，详见表3–15。

表3–15　提纯工序表述

协定中的表述	正确的表述
2. 因降低产品的杂质含量或清除产品含有的杂质，该产品适用于下列一项或多项用途： 用于制药、医疗、化妆品、兽医或食品分级的物质	2. 降低或者清除杂质后的产品适用于下列一项或多项用途： 药品、医疗产品、化妆品、兽药或食品级产品

---

① 当然，根据上文的分析，也可以适用特定原产地规则清单中第3栏中的"非原产材料价值百分比"规则。

E. 改变颗粒尺寸

本注释的改变颗粒尺寸作为一种加工工序通常用于医药生产领域制造药片、胶囊和糖衣药丸等配置药品。

F. 标准物质

本注释的标准物质是指用于统一量值的标准物质。用于统一量值的标准物质，包括化学成分分析标准物质、物理特性与物理化学特性测量标准物质和工程技术特性测量标准物质。标准物质的生产工序与标准物质本身属性有关，实践中很难具体总结，表3-16列举了一些常见的商业流通领域的标准物质。

表3-16 商业流通领域的标准物质

商业流通领域的标准物质的种类	用途	常见产品
食品成分分析标准物质	食品检测	酚试剂
农药兽医残留分析标准物质	农兽药残留检测	克线磷/甲醇农药溶液
环境化学分析标准物质	环境监测	苯中甲基汞
临床化学及标准物质	药品标准制定	冷冻人血清
建材成分分析标准物质	质量标准检测	陶瓷产品放射性标样
化工产品成分分析标准物质	化工产品成分分析	邻苯二甲酸丁苄酯溶液标准物质
地质矿产成分分析标准物质	地质矿产成分分析	硫精矿标样
煤炭石油成分分析标准物质	煤炭石油成分分析	苯甲酸标准品
放射性测量标准物质	中铀同位素丰度测量	六氟化铀
地球物理化学标准物质	土壤成分分析	栗钙土

G. 异构体分离

本注释的异构体分离指同分异构体的分离。同分异构体是一种有相同化学式，化学键相同而原子排列不同的化合物。简单地说，化合物具有相同分子式，但具有不同结构的现象，即同分异构现象，具有相同分子式而结构不同的化合物互为同分异构体。同分异构体的分离在有机化工中属于比较困难的问题，一般可以利用同分异构体的挥发性、溶解度、酸碱性、化学性质等方面的差异，选择适当的分离技术将其分离纯化。通常采用的方法有精馏、萃取结晶、解离萃取、固体吸附等。

第3.4条第五款规定，"根据第一款规定具备缔约一方原产资格的产品，如果作为另一产品生产的材料进行进一步加工，在确定最终产品的原产状态时不考虑该原产材料的非原产成分"。

这项条文读起来相当拗口，因为涉及多个前置的逻辑条件。根据本条第一款规定已满足附件二中实质性改变要求的货物或产品（条件1），被作为某最终产品的中间原料时（条件2），原产品中含有的非原产成分不作为判断最终产品的原产地状态的考虑对象（结果）。从理论上说，这里引出了一个"吸收原则"（Absorption Rule），它是指满足相关原产地规则、已获得原产资格的材料，可以作为新投入品进行再加工，其价值归入最终产品之中。

吸收原则被应用于很多自贸协定之中，对中瑞自贸协定而言，吸收原则有两个特点：

第一，判断最终产品是否具有原产地资格时，不考虑之前已获原产资格的原料中非原产成分的价值。这里延伸开来，也可以看作在使用"税则归类改变"规则确定最终品的原产地资格时，不考虑已获原产资格原料中的非原产成分是否同时满足规则归类改变；以及在使用"特定加工工序"方法确认最终品的原产地资格时，不考虑原产材料中的非原产成分的加工工序。

第二，解决确认产品原产地时面临的无限溯源问题。前文我们曾解读过中瑞自贸协定第3.2条的原产产品，第一款由第3.3条完全获得产品来对应规定；第二款由第3.4条实质性改变对应；而第三款"（三）完全由缔约一方或缔约双方的原产材料在缔约一方生产"，则无明确对应。实践操作中可能面临的问题是，当一个产品涉及较为复杂的制造工序，需要投入中间品，在判断产品 A 是否符合原产地标准时，原则上要考虑生产 A 的中间品 B、C、D 是否符合原产材料的标准，进而还需要确定生产 B、C、D 的 b1、b2、c1、c2、d1、d2 等原材料的来源情况，并作出原产地判断，以此类推，将无限追溯下去，在实践中不具有可操作性。

【案例解析】

中国某生产并出口液晶屏手机的企业，其手机的主要原料暂定为液晶屏、各种内置芯片、塑料按键、五金件、内置扬声器及其他电子元件等，假设这些原材料都直接采购自国内工厂，无须进口。实践操作中会遇到的问题是这些非进口材料无法用实质性改变的标准来判断，而这些原料又不属于"农林牧副渔矿"类完全获得的产品。这里所需的液晶屏、芯片、按键等，又是由其前置构成的原材料加工制成，那这些前置构成的原材料内是否包含有非原产成分呢？理论上企业只有确认液晶屏的原材料是否为国产原料，以及之前每一步的原材料是否均为国内原产，才能判断最终产品即该液晶屏手机是否具有中国原产资格。实践中不具有可操作性，同时也不利于区域甚至全球的产业链分工。

根据第 3.4 条第五款的规定，援引原产地理论中的吸收原则，该生产液晶屏手机的企业在申报该手机的原产地时，只需要提前向供应手机原材料的工厂核实，他们提供的液晶屏、芯片、按键等配件、原料是否具有国内原产资格即可，按照中瑞自贸协定原产地规则，如果这些主要零配件具有中国原产资格，那么，即使生产这些配件的材料含有非原产成分，对于手机的原产与否，也不产生影响。

四、补充规则

除了原产地判定标准，货物原产资格的判定还包括一些补充、辅助性规则，在货物生产、运输的各种情形下判定原产资格。

（一）微小含量

微小含量又称"容忍规则"，在某种程度上，微小含量放宽了原产地标准，如果货物含有不符合原产地标准的非原产材料，且该非原产材料的占比在一定的百分比内，则该货物仍可被认为具有原产资格。

【协定文本】

第3.5条　微小含量

一、尽管有本协定第 3.4 条的第一款，只要总价值不超过产品出厂价的 10%，非原产材料无须满足附件二的规定。

二、本条款不适用于附件二中规定的增值标准。

【条文解读】

一般情况下，如果某货物或产品含有非原产材料，就需要符合实质性改变的标准才能确认原产地。如果生产某货物或产品所使用所有非原产材料很少，与产品价值之比不超过某个上限，如10%，那么这部分非原产材料就可忽略不计，不影响产品的原产地资格判定结果。中瑞自贸协定微小含量的比率上限定在10%。

但第3.5条第二款又作了一个限定，即对第一款10%的例外情况作了限制。如果确认某产品的实质性改变标准，适用的是区域价值成分标准，则即便所涉非原产材料价值的比值低于10%，仍然不能适用排除。企业在适用微小含量规则时应注意：微小含量规则必须与税则归类改变标准配套使用，并且是在税则归类改变标准无法满足时使用。

【案例解析】

我国某化工企业生产的2-乙酰基丁内酯（HS：293220），出口目的国为瑞士，FOB为5.25美元/公斤（见表3-17）。

表3-17　2-乙酰基丁内酯产品物料清单

HS编码	名称型号	价值占比（%）	所属国别/地区
293220	丁内酯	8.20	韩国
291539	乙酸甲酯	15.80	中国
270730	二甲苯	35.20	中国
280920	磷酸	17.32	中国

中瑞自贸协定产品特定原产地规则中第29章，"有机化学品；以下产品除外"的描述，2-乙酰基丁内酯的判定标准为子目改变，本案例中非原产原材料丁内酯（HS：293220）的税则号与出口产品2-乙酰基丁内酯税则号相同，没有发生改变，因此不满足税则归类改变标准的要求。但在本案例中，非原产材料的价值合计占产品出厂价格的比例为8.2%，未超过微小含量10%的标准，因此该案例适用微小含量规则，则该批2-乙酰基丁内酯满足中瑞自

贸协定原产地规则微小含量标准，可视为具有中国原产资格。

（二）微小加工或处理

中瑞自贸协定优惠原产地规则中通常包含微小加工或处理的清单，列明对于成品的生产只有微小效果的生产加工程序。如果产品在生产过程中只经过了微小加工工序，即使最终产品满足了原产地规则（例如：税则归类改变或者区域价值成分标准），也无法获得原产资格。清单中列明的工序，无论是单独进行还是相互结合进行，均不能赋予产品原产地资格。需要注意的是：并不是说经过了上述工序的产品一概不具有原产资格。如果产品既发生了能够赋予其原产资格的实质性改变，又经过了上述工序中的一种或者几种，那么该产品仍然具有原产资格。

【协定文本】

第3.6条 微小加工或处理

一、尽管有本协定第 3.4 条的规定，如果产品仅经过了一项或多项下列操作，不应赋予原产资格：

（一）为确保产品在运输或储存过程中完好无损地保存而进行的操作；

（二）冷冻或解冻；

（三）包装和再包装；

（四）洗涤、清洁、除尘、除去氧化物、除油、去漆以及去除其他涂层；

（五）纺织品或纺织产品的熨烫或压平；

（六）简单的上漆及磨光；

（七）谷物及大米的去壳、部分或完全的漂白、抛光及上光；

（八）食糖上色或加工成糖块的工序；

（九）水果、坚果及蔬菜的去皮、去核及去壳；

（十）削尖、简单研磨或简单切割；

（十一）过滤、筛选、挑选、分类、分级、匹配；

（十二）简单的装瓶、装罐、装袋、装箱、装盒，固定于纸板或木板及其他简单的包装工序；

（十三）在产品或其包装上粘贴或印刷标志、标签、标识及其他类似的用于区别的标记；

（十四）对无论是否为不同种类的产品进行的简单混合；

（十五）把零部件装配成完整产品或将产品拆成零部件的简单装配或拆卸；

（十六）屠宰动物。

二、就第一款而言，"简单"通常用来描述既不需要专门的技能也不需要专门生产或装配机械、仪器或装备的行为。

三、在确定某项产品的生产或加工是否是第一款所述的微小加工或处理时，对该产品在缔约一方进行的所有操作都应被考虑在内。

【条文解读】

中瑞自贸协定列举了16种属于微小加工或处理的情形，将这16项内容粗略进行划分，可以分为四类：

A.运输、存储、物流运送期间的简单操作，目的是保持货物品相，不改变货物本身；

B.对某些植物产品、谷物、生鲜食品、动物等简单分拣，使其更适宜于下一流程的商业生产或包装等；

C.为了使机械用品、零部件等产品的功能、外观等保持良好，所作出的保持其状态的除油、去漆、上漆、磨光等简单操作；

D.不响应产品特性的简单分装、剥离、标记、清洁等。

可以看出第3.6条所谓微小加工或处理，都是一些辅助性生产行为或商业中间行为，不涉及重大、复杂、根本性产品性质的转变，无须使用精密、多元、功能性的生产设备或装置，有些甚至可以人工或手工完成。

【实务指导】

问：以下环节哪些属于微小加工或处理？

1.出口红酒时，为便于运输，将桶装的红酒分装入小瓶，重新打包出运。

2.将进口商提供的新鲜渔获，用保鲜袋打包，称重后贴上重量和价格标签。

答：第1个环节、第2个环节都是。

【案例解析】

中国某企业从澳大利亚进口桶装葡萄酒（HS：220429），使用专用酒类分装机将桶装葡萄酒分装成600毫升玻璃瓶，然后贴上贴标，成品为瓶装葡萄酒（HS：220421），出口至瑞士。

请问是否适用微小加工或处理规则，其原产地该如何判定？

根据中瑞自贸协定关于微小加工或处理的规定，即使产品满足了实质性改变标准，如果产品仅经过了一项或多项下列操作，不应赋予原产资格："简单的装瓶、装罐、装袋、装箱、装盒，固定于纸板或木板及其他简单的包装工序""在产品或其包装上粘贴或印刷标志、标签、标识及其他类似的用于区别的标记。"此外，还对"简单"加工或处理做了补充说明："简单"通常用来描述既不需要专门的技能也不需要专门生产或装配机械、仪器或装备的行为。

该案例中产品在装瓶过程中因为使用了专门生产或装配机械、仪器或装备。所以虽然仅仅经过了装瓶、粘贴标签处理，依然不属于微小加工或处理。要判定该产品原产地属性，还需根据协定第3.4条的规定来判定。

中瑞自贸协定产品特定原产地规则关于葡萄酒（HS：220421）的判定标准为章改变。

该案例中从原材料桶装葡萄酒（HS：220429）到出口产品葡萄酒（HS：220421），虽然子目发生改变，但所属章未发生改变，所以该产品不具有中国原产资格。

（三）累积

"累积"是一项重要的补充规则，是指在判定产品的原产资格时，把产品生产中所使用的自贸协定其他缔约方的原产材料视为产品生产所在缔约方的原产材料，将自贸区域看作一个整体，其他缔约方的原产货物与本国原产货物享受同等待遇，原产成分可以累加计算，使得货物更容易满足原产地认定标准，从而促进区域内的贸易自由。累积规则实质上降低了产品获得原产资格的门槛，具有"软化剂"功效，有助于鼓励生产商在各缔约方区域内进行生产资源配置，加强上下游产业的协调，进而有利于区域内产业经济和产业内贸易的发展。

【协定文本】

第3.7条 累积

一、在不违背本协定第3.2条的情况下，如原产于缔约一方的产品在另一缔约方境内用作生产产品的材料，只要在该方进行的最后加工工序超出本协定第3.6条第一款的范畴，则应视为原产于该方。

二、原产于缔约一方的产品出口到另一缔约方后，如果没有经过本协定第3.6条第一款所规定以外的生产或加工，其原产地应保持不变。

【条文解读】

从第3.7条来看，两款条文分别从正反两方面做了说明。

首先，第3.7条第一款要求产品符合第3.2条的规则，不符合或违反相关规定的产品在此不做讨论；其次，在缔约国内进行的加工工序，已超出了微小加工的范围，即加工工序不落入第3.6条的16项内容之内；最后，产品所使用的原料也应原产于缔约国，这里指中国和瑞士。

第3.7条的第二款，则从反面角度再次强调，如果单纯进行了第3.6条所述的简单微小加工程序之一或多个后，该货物或产品能否进行累积，取决于该产品是否经历了其他足以使其发生实质性改变的生产过程。如果有，则可视为符合原产资格而进行累积；如果没有，则不符合原产资格，无法进行累积。归根结底，还是重申了第3.7条第一款的要义，即可以累积的原材料或中间品需要具备的前提条件是已经具备协定缔约方的原产资格。

【案例解析】

中国某企业生产并出口半自动打孔机（HS：847910），出口目的国为瑞士，FOB为5573美元/台（见表3-18）。

表3-18 半自动打孔机产品物料清单

HS 编码	名称	价值占比（%）	所属国别 / 地区
841391	齿轮	7.50	瑞士
848310	传动轴	7.20	中国
760612	铝合金	10.35	中国
722020	不锈钢	45.22	日本

中瑞自贸协定产品特定原产地规则对该产品的判定标准为单一标准，要求非原产材料价值不超过50%（参见第84章）。

在此案例中，齿轮（HS：841391）为从瑞士进口的瑞士原产材料，不锈钢（HS：722020）为从日本进口的日本原产材料。根据中瑞自贸协定规则，该产品在判定原产地时可使用累积规则，瑞士进口齿轮应视为中国原产材料，则非原产材料占比为45.22%，该产品满足中国原产标准。为此该产品可判定为中国原产。如果齿轮不是从瑞士进口而是从其他国家进口，或者即使从瑞士进口，但并不属于瑞士原产，则不适用累积规则，非原产材料占比为7.5%+45.22%=52.72%，超过了50%的标准，不满足中国原产要求。

（四）标准单元

两件及以上不同的货物或产品作为成套货品时，如何确认其原产地是一个在实务中经常遇到的问题。标准单元主要解决在判定成套货物或产品原产地资格时，其税则归类划分等问题。

【协定文本】

第3.8条 标准单元

一、产品或材料的标准单元应根据协调制度的规定来确定，作为确定原产地的基本单元。

二、根据第一款：

（一）根据协调制度的归类总规则三可归到一个单一品目或子目项下的成套货品应视作一个标准单元。

（二）如果同一批运输中包括大量的可归于同一品目或子目的相同产品，

应分别确定每个产品是否具备缔约一方原产资格。

（三）包含在产品内、根据协调制度的归类总规则五可与产品一并归类的包装应和产品一并考虑。在计算产品生产过程中所使用的非原产材料价值时，零售用包装材料应视为材料。

三、在确定产品原产地时，用于在运输途中保护产品的包装材料及容器不予考虑。

【条文解读】

本条第二款第（一）项明确：需要判断成套货物或产品的构成部分是否可以一并归类到相同品目（即 HS 编码前 4 位）或子目（HS 编码前 6 位）中，将其视为一个标准单元。

这里要注意一下本条第二款第（三）项与第三款内容的差异，两处均提到了产品和包装（材料）的关系。第二款第（三）项中，可以一并考虑确认原产地的对象是，包装包含在产品之内，并且可以一并归类的包装材料和产品；而第三款所指的包装材料，是用于运输途中保护产品，并不是包含于产品中且可一并归类的。从包装材料的性质和用途便可看出区别。

另外，本条第二款第（三）项中提到了《协调制度》归类总规则五，即"除上述规则外，本规则适用于下列货品的归类：（一）制成特殊形状仅适用于盛装某个或某套物品并适合长期使用的，如照相机套、乐器盒、枪套、绘图仪器盒、项链盒及类似容器，如果与所装物品同时进口或出口，并通常与所装物品一同出售的，应与所装物品一并归类。但本款不适用于本身构成整个货品基本特征的容器。（二）除规则五（一）规定的以外，与所装货品同时进口或出口的包装材料或包装容器，如果通常是用来包装这类货品的，应与所装货品一并归类。但明显可重复使用的包装材料和包装容器可不受本款限制"。

（五）附件、备件及工具

出于实际操作和维护需要，机器、设备、车辆及其他某些特定类别的产品通常与配件、备件、工具一同销售。中瑞自贸协定第3.9条对货物的附件、备件和工具在货物原产地判定时的具体操作进行了规定。

【协定文本】

第3.9条 附件、备件及工具

一、与产品一同报验、一并归类的附件、备件、工具及说明书和其他信息材料，同时符合下列条件的，应被视为该产品的一部分：

（一）一并开具发票的；以及

（二）数量被视为与该产品匹配正常的。

二、在计算生产该产品所使用的非原产材料价值时，附件、备件、工具及说明书和其他信息材料应被视作该产品的材料。

【条文解读】

本条文文义和逻辑关系相对较明确。综合来看，能视为产品一部分的附件等需同时满足以下条件：

一同报检一并归类；一并开具发票；（附件等）数量与其对应的产品正常匹配。一般情形下，诸如机械设备、电子用品、装置仪器、车船工具或其他类似产品，会与一定数量的附件、备件等一同出售、储运，多为辅助性功能性运用，或便于产品运输、安装拆卸、功能维护等用途。在确认该产品的原产资格时，确认附件等的原产资格，需要对照本条文：能视为本产品一部分的，一同确认原产地；不能视为本产品一部分的，独立确认其原产地。

（六）中性成分

中性成分，在另外一些自由贸易协定中又称为"间接材料"，两者指代的对象基本相同，都指在产品制造加工或生产的过程中使用的能源材料、机器设备、模具工具、检测用品等生产要素或生产工具。这些材料虽然也用于生产过程，但不同于"直接材料"，它们最终没有成为终端产品的组成部分（不论是在物理意义上还是在化学意义上）。可以简单理解为，这些材料只是在生产过程中被消耗或被使用了，对于产品原产地资格的判定并没有实际影响。

【协定文本】

第3.10条　中性成分

在确定货物是否为原产货物时，在该货物生产、测试检验过程中使用，本身不构成该货物组成成分的中性成分的原产地应当不予考虑。上述中性成分包括但不仅限于：

（一）燃料、能源、催化剂及溶剂；

（二）用于测试或检验产品的设备、装置及用品；

（三）手套、眼镜、鞋靴、衣服、安全设备及用品；

（四）工具、模具及型模；

（五）用于维护设备和建筑的备件及材料；

（六）在生产中使用或用于运行设备和维护厂房建筑的润滑剂、油（滑）脂、合成材料及其他材料。

【条文解读】

中瑞自贸协定列举了哪些成分为中性成分，这里值得注意的还有两点：

1. 本条文中使用的是"包括但不仅限于"，指条文对中性材料采取的并非列举式，即超出所列的六种中性成分范围的材料，如果符合中性成分规则的，也应视为中性成分。在判断产品本身的原产地资格时，将不再考虑这些中性成分的原产地归属问题。

2. 本条文强调了中性成分的适用条件，即在"货物生产、测试检验"两个环节中被使用的材料，均有可能被视为中性成分。这里切记不能遗漏测试检验过程，因为在诸如生物医药、化工化学等产品的研发生产流程中，可能伴随着冗长的测试检验环节，以及庞大的试剂用量投入。

（七）可互换材料

可互换货物或材料（英文可以表述为 fungibles 或者 fungible goods ），是指为商业目的可互换、种类相同、性质相同、无法仅通过视觉区分的货物或材料。生产过程中涉及的许多材料出于商业目的可以互换，因为它们具有基本相同的特性，这类材料通常包括机械零件、化工原料、矿物原料等。中瑞自贸协定第3.11条对此作出了规定。

【协定文本】

第3.11条 可互换材料

一、如果在产品的生产或加工过程中同时使用了原产和非原产的可互换材料，可依据库存管理制度确定所使用的材料是否为原产材料。

二、在第一款中，"可互换材料"是指种类相同或商业品质相同的可以互相替换的材料，这些材料一旦构成最终产品的一部分，彼此无法加以区分。

三、库存管理制度应当基于在生产产品的缔约一方适用的公认会计准则，应当确保获得原产资格的产品数量不会超过对材料进行物理隔离时获得原产资格的产品数量。采用库存管理制度的生产商应当保存该制度的运营记录，以便核查其是否符合本章规定。

四、就本条而言，缔约一方可以根据其国内法的规定要求建立库存管理制度。

【条文解读】

本条的第二款对"可互换材料"作了说明。需要注意的是，其显著特点是成为最终产品的一部分后，可互换材料之间无法加以区分。但这里也有个前提，除了种类相同的材料，商业品质相同的材料也可以作为可替换的材料。

从本条文又可以看出，中瑞自贸协定中的可互换材料一般仅指原材料，在库存或制造加工阶段就发生了混同使用。例如，在纺织工厂中，进口的非原产材料埃及长绒棉与本国原产的新疆长绒棉为来自不同原产地的材料。如果要使用此前已明确的相关原产地规则来确认最终制造所得的棉纺织品原产地，就要将已混同的原材料拆分或分解成原始形态，可以运用可见的物理形式或者不可见的化学方式。这样一来，首先需要消耗大量成本（包括时间成本和经济成本）；其次是否有足够的技术手段和方式，能否使可互换材料彻底地进行分离，也是需要考虑的问题。

所以，本条文提出使用公认会计原则的库存管理制度来解决此类问题。

根据本条文，我国出口商在确认可互换材料的原产地时，可采用我国《企业会计准则》所认可的库存管理方法。

【案例解析】

地中海沿岸由于光照充足、水分适合，特别有利于棉花的生长培育，埃及长绒棉和土耳其长绒棉常被进口用作棉纺织品的原材料。我国新疆地区由于纬度的关系，气候适合且光照充足，同样出产高品质的棉花。如果某工厂既分批进口了埃及长绒棉，又采购了新疆长绒棉，假设两者品质相同，都存放于工厂的原料车间。在这里即可比照此条文来确认最终产品原产地。

（八）属地原则

【协定文本】

第3.12条　属地原则

本协定第 3.2 条至第 3.10 条所规定的获取原产资格的条件应在缔约一方境内满足而不被中断。

【条文解读】

前文所述条文，归纳了各种条件下如何确定相关产品的原产地。而基于第3.1条中的第（五）项："'原产产品'或'原产材料'是指根据本章规定具备原产资格的产品或材料"，本条则是对前面的第3.2条至第3.10条内容增加了一个统一的必要条件——只有前述条款获得的原产资格条件未在中国或瑞士境内中断时，该原产资格才有可能成立。

这就要求相关货物或产品的生产流程，应该在本国境内连续、不间断地进行并完成。为此，第3.1条的定义部分明确"缔约一方"是指中国或瑞士，适用本协定第2.1条的第一款定义的中国关境和瑞士关境。

最终产品的原材料有可能属于原产或非原产，自他国进口或由本国生产，相关材料在境内外之间流动，但确认最终产品原产地资格时，只能在中国或瑞士一方而不是双方境内。比如，"完全获得"条文中规定，在某些符合条件的海域获得的海产品，必须由在本国注册且悬挂本国国旗的船只上加工，才可能被赋予原产资格。如果中途换船，相关海产品被搬移到悬挂外国国旗的船只上，借道公海又驶回本国，将海产品转运到本国港口的船只上，则该海产品的原产地判定流程就被中断，无法满足原有"完全获得"的规则要求，其原产资格须重新确认。

（九）直接运输

为避免货物在运输过程中被加工或替换，确保所进口的货物系自贸协定缔约国的出口货物，自贸协定中通常会规定货物应由出口国直接运输至进口国。本条对直接运输作出了规定。

【协定文本】

第3.13条　直接运输

一、本协定项下的优惠关税待遇只能给予在缔约双方之间直接运输的原产产品。

二、尽管有第一款的规定，只要满足下列条件，经过非缔约方运输的原产产品仍可视为直接运输：

（一）未经过除装卸或任何保持产品良好状态的处理以外的操作；并且

（二）在非缔约方处于海关的监管之下，在满足上述两项要求的前提下，一批原产产品可以在非缔约方进行物流分拆。

三、就第一款而言，原产产品可以通过管道经非缔约方输送。

四、进口方海关可以要求上述产品的进口商提交充分证据，以证明第二款与第三款要求已被满足。

【条文解读】

直接运输规则在原产地规则体系中十分重要，各国或区域经过谈判达成的自贸协定基本都含有直接运输规则。中瑞自贸协定的直接运输规则在实际运用时有许多特点值得注意。

一是中国关境和瑞士关境都有其特殊性。中国有很多特殊关境，中国的港澳台地区便是一例；而瑞士的关境包括列支敦士登公国，所以双方之间运输的起止点不同于一般国界领土。二是瑞士属于完全内陆国，没有海疆边界，这就意味着相关货物除非通过空运直接运抵，否则海运或陆运的货物在运抵瑞士境内前，必然会经过第三方国家的国内港口或陆上边界。

如此，从中国运到瑞士的海运货物是不是天然的不满足直接运输规则？协定对于实际情况也做了考量和约定。第3.13条的第一款为一般原则，而第二款就是例外原则。这里设定了两项充分条件，即：（一）未经过除装卸或任何保持产品良好状态的处理以外的操作；并且（二）在非缔约方处于海关的监管之下，在满足上述两项要求的前提下，一批原产产品可以在非缔约方进行物流分拆。

同时满足以上两个条件的货物，即使经过第三方境内运输，仍然可以视为直接运输。

设立直接运输规则的原意，就是保证货物在出发国与抵达国完全一致，最大限度降低产品经过非必要航程中所遇到的被替换、变更或调整风险。而例外规则的设立，也是在确保原产产品运输的闭环不被打破的前提下，配合运输实务中的操作进行监管。所以，本条文的第四款明确了监管方是进口国的海关通过各国国内立法，向进口商索要相关证据以确认相关产品的运输是否符合直接运输规则的例外情况。

另外，需要注意的是，在本条第二款第（二）项中，注明了在满足前两项要求前提下，原产产品可以在中国、瑞士两国之外的第三国家进行物流分拆，这点是由瑞士作为内陆国的天然特性决定的。比如，许多通过海运方式运送到瑞士的货物，会首先运到荷兰鹿特丹港或德国汉堡港，储存在当地保税仓或自由贸易区内，之后再适时分批拆分，通过陆运方式进入瑞士境内。在海关监管下，这种闭环下的物流形态能够保证出口到瑞士的产品原产地属性不变；同时也大大丰富了保税仓储、物流分拆的自由贸易区管理特性，对于我国正大力开展的自贸区、自贸港建设具有借鉴意义。

【案例解析】

瑞士是与中国签署自由贸易协定的第一个西方发达国家。由于瑞士内陆国的属性，原产于瑞士的很多货物在海运前需先通过公路运输到意大利或德国等欧洲国家，再经当地港口海运到中国境内。

根据我国海关总署第223号令第十七条第（二）款规定："货物经过其他国家或者地区运输至我国境内的，应当提交从瑞士关境至我国的全程运输单证、其他国家或者地区海关所出具的证明文件或者海关认可的其他证明文件。"这里援引的就是中瑞自贸协定中"直接运输"的一般条款内容。而在海运实务中，除了新加坡等个别国家海关，很多海关不愿意出具中转国海关证明文件。

我国海关总署2015年第8号公告《关于中国瑞士自贸协定经第三方中转货物证明文件提交事宜的公告》规定：仅通过航空运输的货物，航空公司或者国际快件公司出具的从瑞士关境至中国的联程航空运输单证，可视为满足"直接运输"要求的第三方中转证明文件。通过其他方式运输的货物，对于瑞士关境"经核准出口商"出口的货物，即AEO企业，由企业自行出具含有货物的运输路线等物流信息以及相关货物在瑞士出口时的出口报关单号的原产地声明正本，如经欧盟国家转运还需提供转运地海关出具的普通转运程序T1监管文件复印件。

这之后，从瑞士转运进口涉及的原产地"直接运输"规则的实际操作困难得到了解决。

第二节　原产地证书申领操作指导

在自贸协定实施过程中，进出口货物享受自贸协定关税减免待遇的前提是具有自贸协定原产资格，而原产资格认定的体现形式为原产地证明。在详细解读中瑞自贸协定原产地规则基础上，本节将聚焦中瑞自贸协定项下原产地证书申领的实务操作，帮助中国广大进出口企业更好掌握通过使用中瑞自贸协定项下原产地证书顺利享受优惠关税待遇的方法。

一、享受关税优惠待遇的必备条件——原产地证据文件

（一）原产地证据文件的概念

中瑞自贸协定下，企业出口至缔约国的产品享受协定税率优惠，应向进

口国海关提交下列原产地证据文件之一：

1. 优惠原产地证书

优惠原产地证书是相对于非优惠原产地证书而言的，主要用于享受关税减免待遇。一般特指自由贸易协定或优惠贸易安排项下的原产地证书。由出口国（或地区）授权机构依据相关原产地规则签发，用以证明出口货物原产于某国（或地区）并符合相关原产资格的文件。它是一种具有法律效力，在协定缔约方（或地区）就特定产品享受关税优惠待遇的凭证，是货物进入国际贸易领域的"经济国籍"与"护照"，是通向国际市场的"金钥匙"和"有价证券"。

与瑞士联邦和列支敦士登公国开展国际贸易的中国企业，在出口时可以向中国海关或中国贸促会及其地方机构申请签发原产地证书，在进口时则需向海关提交出口方签证机构签发的证书。优惠原产地证书应在货物出口前或出口时签发，并自出口方签发之日起1年内有效。

中瑞自贸协定项下原产地证书应符合如下规定：

（1）具有不重复的证书编号；

（2）涵括同一批进口货物的一项或多项货物；

（3）注明货物具备本协定所规定的原产资格的依据；

（4）含有诸如出口方通知进口方的签名或印章样本等安全特征；

（5）以英文填制及国际标准 A4 纸印制。

2. 经核准出口商出具的原产地声明

在贸易便利化背景下，中瑞自贸协定首次采用了基于"经核准出口商"制度的原产地自主声明体系，即进口方向海关申报时，可凭出口方"经核准出口商"出具的打印、加盖或者印刷在发票或者进口方海关认可的其他商业单证上原产地声明，且具有经核准出口商的注册号码和原产地声明序列号便可享受优惠关税待遇，无须再提交原产地证书；而未获得"经核准出口商"资格的企业仍需向签证机构申领中瑞自贸协定项下原产地证书。原产地声明有效期为商业发票等进口方海关认可的商业单证开具之日起12个月内。

（二）原产地证据文件的作用

原产地证据文件是根据自贸协定中原产地规则签发或出具的文件，其主要作用有：

1. 减免进口关税

货物在进口方入境报关时，凭借中瑞自贸协定项下原产地证书即可享受中瑞自贸协定缔约方的优惠关税待遇，即适用协定税率（也称区域性优惠税率）。

常见的进口关税税率有普通税率、最惠国税率、普惠制税率和协定税率，税率由低到高进行排序通常为：协定税率＜普惠制税率＜最惠国税率＜普通税率（该排序仅供参考，以进口国最新的关税税率为准）。

关于中瑞自贸协定税率的查询途径，主要有以下4种：一是前往进口国海关官网进行查询；二是通过进口商向进口国海关了解；三是使用"中国自由贸易区服务网"（http://fta.mofcom.gov.cn/）的协定税率查询功能进行查询；四是下载中瑞自贸协定对应的关税减让表进行查询。

2. 证明货物原产地

中瑞自贸协定项下原产地证书是签证机构依据中瑞自贸协定原产地规则签发的，用以证明出口货物符合中瑞自贸协定原产资格的证明文件，是享受关税减免待遇的前提条件。

3. 信用证结汇单据

当使用信用证（跟单信用证）作为国际贸易结算方式时，中瑞自贸协定项下原产地证书经常会作为必须提交的单据出现在信用证的单据条款（46A: Documents Required）中。

4. 贸易统计依据

各国海关对进出口货物贸易的统计（即海关统计）在各国政府研究和制定对外贸易政策、调控国家宏观经济方面起着十分重要的决策辅助作用。原产地证书是各国海关判断进口货物原产国别、进行海关统计的重要依据之一。此外，中瑞自贸协定项下原产地证书还可用于辅助双方海关对自贸协定实施效果进行监测。

（三）何时需要办理中瑞自贸协定项下原产地证书

1. 清关和结汇需要

货物在进口方入境报关时，原产地证书是清关的重要文件之一。如果进口商比较了解自贸协定相关优惠政策，一般都会主动要求出口商提供自贸协定项下原产地证书，以便于货物在顺利清关的同时获得减免关税的优惠。此外，优惠原产地证书也是交付银行等机构用于结汇的重要凭证之一。尤其是双方以信用证方式进行结算时，通常会要求出口商一方提供优惠原产地证书。

2. 主动使用自贸协定优惠关税政策

在进口商没有要求提供自贸协定项下原产地证书的情况下，当出口方了解到出口的产品可以享受比最惠国税率更低的协定税率时，出口商可以从客户维系、市场开拓的角度主动向进口商提供中瑞自贸协定项下原产地证书，帮助进口方在清关时获得关税减免，从而达到巩固与客户长期稳定关系，甚至获取更多市场份额的效果。

二、中瑞自贸协定项下原产地证书申办程序

（一）申办条件

中国企业为出口货物申办中瑞自贸协定项下原产地应具备以下条件。

1. 申办主体：出口商、生产商或出口商依据国内法授权的代理人。

2. 文件资料：申请人应准备好商业发票、装箱单、提单、原材料采购发票、进口原材料报关单或进口增值税发票及其他佐证材料。

3. 出口产品：符合中瑞自贸协定原产地规则是申请签发优惠原产地证书的关键条件。如果产品的生产加工不符合中瑞自贸协定原产地规则要求，则货物无法获得中国原产资格，不能享受优惠关税待遇。

企业需查询中瑞自贸协定关税减让表和原产地规则来了解出口货物是否符合协定要求，也可咨询签证机构工作人员。

查询方法：可通过中国自由贸易区服务网（http://fta.mofcom.gov.cn/）、中国贸促会 FTA 服务网（http://www.ccpit-fta.com/），或者海关总署相关网站，

查询中瑞自贸协定文本，准确掌握原产地规则要求及协定税率、降税安排等关键信息。

（二）申办流程

2019年10月15日起，对外贸易经营者备案和原产地企业备案"两证合一"正式实施，详见《中华人民共和国商务部 中华人民共和国海关总署 中国国际贸易促进委员会公告》（2019年第39号文），企业在商务主管部门完成对外贸易经营者备案后，视同完成中国海关或中国贸促会的原产地企业注册备案手续，可直接登录签证机构的原产地申报系统办理证书。

以企业在中国贸促会申办优惠原产地证书流程为例。

目前，在中国贸促会注册企业分线上和线下两种情况，所谓线上注册企业即"两证合一"之后，注册企业的信息直接由商务部推送至中国贸促会。由于特殊情况，推送信息不成功的企业，可直接联系当地贸促会进行线下注册。

1. 线上注册的企业在中国贸促会原产地证书申办流程

（1）登录

企业完成对外贸易经营者备案后，登录中国贸促会原产地证书申报系统http://qiye.ccpiteco.net。

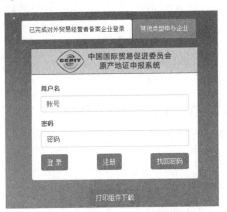

图3-1　原产地申报系统登录页面

首次登录直接输入"统一社会信用代码"，点击"登录"按钮即显示初始密码，登录成功后将跳转到修改密码页面（见图3-1）。

（2）新建手签员

点击"新建手签员"按钮，填写相关信息，下载手签员授权书填写后提交（见图3-2）。

图3-2　新建手签员相关页面

（3）上传企业印章

点击"企业印章"按钮，按界面提示要求上传本企业印章电子图片，若未按要求上传印章图片，企业领取原产地证书时需携带印章并于签证机构现场完成盖章等操作。

（4）填报产地证书信息

手签员信息和企业印章审核通过之后，企业可按界面提示进行原产地证书信息录入，填写完原产地证书详细信息并保存之后，点击"发送"按钮，提交至中国贸促会，等待审核。

（5）领取原产地证书

提交原产地证书申请后，即可查看原产地证书状态，当状态变为"已发证"，表示审核通过，即可到当地贸促会领取证书。

（6）原产地证书的查询网站

企业可以使用证书上的 CO Certificate No（申请号）和 CO Serial No（印刷号）在 http://check.ccpiteco.net 上查询证书内容及真伪（见图3-3）。

图3-3 原产地证书查询页面

2. 线下注册企业申办流程

2019年10月15日之前已完成中国贸促会原产地备案的企业或者推送信息不成功的企业申办原产地证书操作流程不变，仍然采用线下注册方式。

不办理对外贸易经营者备案的其他主体（如生产商、保税区内从事国际贸易的企业、外商投资企业等），点击"其他类型申办企业"按钮，按照提示进行相关操作。

3. 特别服务事项办理

（1）备案地迁移申请

如在A市商务局完成备案的企业因特别原因不在A市贸促会申办原产地证书，可申请将备案地迁移到B市。企业选择要迁移的地区和贸促会，点击"发送"按钮，即可发送申请（见图3-4）。

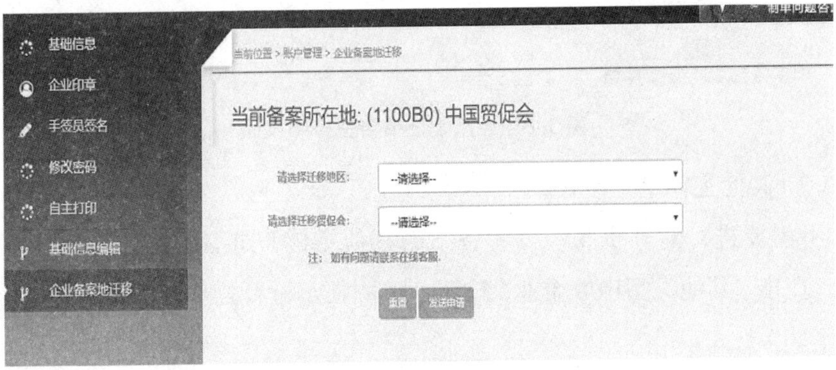

图3-4 企业备案地迁移页面

111

发送完成后，企业可查看迁移申请状态（见图3-5）。

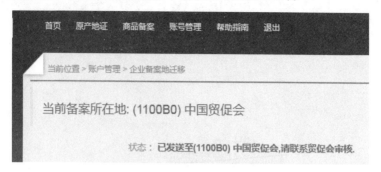

图3-5 企业备案地迁移申请状态

（2）贸促会原产地证书自主打印服务申请

原产地证书自主打印是贸促会原产地电子政务平台建设的一项突出成果。它可以通过先进的技术保障，支持企业足不出户完成原产地证书自主打印，实现真正意义上的"不见面办公"。

企业如申请自主打印服务，可点击"自主打印申请"按钮，查看"自主打印企业申请材料"和"贸促会原产地证书打印机清单"后，按要求上传申请资料，提交中国贸促会审核（见图3-6）。

图3-6 原产地证书自主打印页面

（3）其他主体申办流程

不需要进行对外贸易经营者备案的其他主体（如生产商、保税区内企业等），点击"其他类型申办企业"按钮，按照提示进行操作（见图3-7）。

图3-7 其他类型申办企业登录页面

（4）在线客服

企业在注册、登录系统和制单过程中，有任何疑问可直接联系在线客服或者咨询当地贸促会。

以上申办流程的详细操作指南可见中国贸促会官网，由于存在系统升级及相关规定变化等情况，申办操作指南以企业查询时官网最新公布为准。企业应按照签证机构要求提交申请签发原产地证书所需资料，证明出口货物符合原产地证书签证要求，必要时需接受签证机构的实地核查。

（三）证书填制要求

申领人应提前准备好商业发票、提单和报关单等单据。按照填制要求制单，便于申领原产地证书时签证机构核对信息。

1. 出口商（名称、地址和国家）

表3-19 出口商信息栏填制范例

证书内容	Exporter（Name, full address, country）
填制说明	此栏应填写已办理原产证申请人备案的中国境内 [①] 出口商名称、详细地址和国家
范例	1.Exporter（Name, full address, country） CHINA ABC IMP. & EXP.CO., LTD BUILDING A, RORD ONE, SHENZHEN, GUANGDONG, CHINA

———————————
① 本说明中，中国境内不包含港澳台地区。

填制注意点：

（1）本栏填写的出口商名称应与商业发票等单据及对外贸易经营备案登记表内企业英文名称及第13栏出口商中英文印章上名称一致。

（2）本栏不可填写两个或两个以上公司名称。

（3）本栏不可使用O/B、VIA后接第三方公司信息等方式表述转口贸易的中间商。

（4）转口贸易模式下如需体现中间商名称，可将开具发票的中间商名称、地址和国家等信息填写在第4栏（备注栏）中。

（5）实际贸易中，出口商代理申报出口如需显示生产商信息，可将生产商信息填写在第4栏（备注栏）中。

2. 收货人（名称、地址和国家）

表3-20　收货人信息栏填制范例

证书内容	Consignee（Name，full address， country）
填制说明	填写瑞士/列支敦士登收货人详细的依法登记的名称、地址（包括国家）
范例	1. Consignee（Name， full address， country） STROTZ AG PO BOX 567，TRIESEN，LIECHTENSTEIN 2. Consignee（Name， full address， country） SWITHERLAND ABC CO.， LTD PO BOX 567， BASEL， SWITZERLAND

填制注意点：

（1）收货人名称应与申请人提供的商业发票和运输单据中的名称一致。

（2）进口方为瑞士联邦或列支敦士登公国企业。

（3）此栏不可填写非进口商信息。

（4）此栏不可填写To Order等语句。

3. 运输细节（就所知而言）

表3-21　运输细节栏填制范例

证书内容	Transport details（as far as known）
填制说明	详细说明离港日期、运输工具编号以及装货和卸货口岸

范例	Transport details（as far as known） 1. Departure Date MAR.09，2021 2. Vessel/ Flight / Train / Vehicle No. FX5213 3. Port of loading DONGUAN VIA HONGKONG 4. Port of Discharge ZURICH SWITZERLAND

填制说明：

（1）出运后申报的原产地证书，此栏必须填写具体运输工具名称和号码，出运前申报且具体运输工具名称及号码未知的原产地证书，此栏可填写"***"或"BY SEA"或"BY AIR"或其他运输方式。

（2）如卸货港口未知，可仅填写瑞士联邦或列支敦士登公国名，经其他国家港口中转的，可注明转运地，如 SWITHERLAND VIA ROTTERDAM。

（3）本栏应与申请人提供的运输单据中有关信息保持一致。

4. 备注栏

表3-22　备注栏填制范例

证书内容	Remarks
填制说明	出口商可以填写货物生产商依法登记的名称、顾客订货单号码、信用证号码等其他信息。如果发票是由非缔约方经营者开具的，则应在此栏详细注明非缔约方经营者的名称、地址和国别
范例	4.Remarks VERIFY URL:HTTP://CHECK.CCPITECO.NET/

5. 项目号

表3-23　项目号栏填制范例

证书内容	Item number（MAX 50）
填制说明	填写项目号，但不得超过50项
范例	5. Item Number (Max 50) 1 2 3

6. 唛头及包装号

表3-24　唛头及包装号栏填制范例

证书内容	Marks and numbers
填制说明	应填写唛头及包装号。如果没有唛头和包装号，应填写"没有唛头及包装号"
范例	6.Marks and numbers ORDER NO. 1234567 ARTICLE NO.1203 CH-3303 SWITZERLAND C/NO.: 1 - 01 MADE IN CHINA

填制注意点：

（1）唛头不得出现中国境外的国家或地区制造的字样。例如：不能出现MADE IN SINGAPORE 等。

（2）不可因为唛头内容过长而使用"AS PER INVOICE""AS PACKING LIST"或"AS B/L"等。

（3）当唛头中显示商标时（通常为唛头是图形或者符号），申请人应注意可能涉及的知识产权保护问题。

①当商标为申请人的自有品牌商标时，申请人应能提供其合法有效的商标注册证。

②当商标为申请人受托加工的定牌产品商标时，申请人和委托方应签订关于商标使用许可的合同条款，委托方应享有该商标的所有权或使用权。

7. 包装数量及种类；商品描述

表3-25 包装信息栏填制范例

证书内容	Number and kind of packages， Description of goods
填制说明	详细列明包装数量及种类。详列每种货物的货品名称，以便海关查验时加以识别。货品名称应与发票上的描述及货物的协调制度编码相符。如果是散装货物，应注明"散装"
范例	7. Number and kind of packages;Description of goods GARDENLAMP (ALDI ITEM CODE 804575) TOTAL:TWO HUNDRED AND SEVENTEEN (217) CARTONS ONLY. ***

8. HS 编码（6位编码）

表3-26 HS 编码栏填制范例

证书内容	HS code （ six-digit code ）
填制说明	对应第7栏中的每种货物填写协调制度税则归类编码，以六位数编码为准
范例	8. HS code (Six digit code) 940540

填制注意点：

（1）填写出口商品6位数 HS 编码。

（2）贸促会产地证采用商品备案制，出口商品需要先做商品信息备案，产品备案审核通过后，该产品及其所属 HS 编码可以在选项中选择。

9.原产地标准

表3-27　原产地标准栏填制范例

证书内容	Origin Criterion
范例	9.Origin Criterion WP

填制说明：

出口商必须按照表3-28所示方式，在第9栏中标明其货物申明享受优惠关税待遇所依据的原产地标准。

表3-28　原产地标准及其对应的编号

原产地标准	填入第9栏
该产品是根据第3.3条或者附件二的产品特定规则的规定，在一方完全获得	WO
该产品是在一方境内，完全由符合第三章规定的一方或双方的原产材料生产的	WP
该产品是在一方或双方境内，使用符合第三章所规定的产品特定原产地规则及其他要求的非原产材料生产的	PSR

10.毛重（千克）或其他计量单位（升、立方米等）

表3-29　重量栏填制范例

证书内容	Gross weight，quantity（Quantity Unit）or other measures（liters，m³，etc.）
填制说明	毛重应填写"千克"。可依照惯例，采用其他计量单位（例如体积、件数等）来精确地反映数量
范例	10. Gross mass (kg) or other measure (liters,m³,etc.) 2604PCS

11.发票（编号和日期）

表3-30　发票栏填制范例

证书内容	Invoices（Number and date）

填制说明	此栏填写发票号和发票日期。此栏所填发票号码、日期应与清关发票一致。发票日期不能迟于第3栏出运日期和第12、第13栏证书申请、签证日期
范例	11. Invoices (Number and date) 15485_3 FEB.09,2021

12. 授权机构审核

表3-31 授权机构审核栏填制范例

证书内容	Endoresment By The Authorised Body
填制说明	本栏需显示授权机构授权人员的签名、印章和日期。授权机构的电话、传真和地址也应当予以注明
范例	

13. 出口商申明

表3-32 出口商申明栏填制范例

证书内容	Declaration By The Exporter
填制说明	填写产品原产国、进口国、申报地点和日期，并由出口商授权专人在此栏签字
范例	

（四）其他注意事项

1. 优惠原产地证书补发：因特殊情况未能在产品装运前或装运时签发原产地证书的，可补发原产地证书，系统自动标注"补发"（ISSUED

RETROACTIVELY）字样。

2.优惠原产地证书更改：在取得原产地证书后，证书内容如需进行更改，出口商或生产商可于原产地证书申办系统对该份证书申请"改证重发"，重新向中国海关、中国贸促会及其地方机构提交申请。

3.优惠原产地失证重发：原产地证书被盗、遗失、损毁时，正本经核实未被使用的出口商或生产商可向中国海关、中国贸促会及其地方机构申请重发原产地证书。

4.经核准出口商资格取得后并非一成不变，其管理为动态维护管理，有以下两种情形之一的，将被取消资格：海关管理类别降级；出具原产地声明不实且情节严重。

5.原产地证明文件的保存：

（1）每一缔约方应当要求生产商、出口商和进口商保存证明产品原产资格以及产品符合本章其他规定的证明文件至少3年。

（2）每一缔约方应当要求其授权机构保存原产地证书副本及其他原产地证明文件至少3年。

（3）在本协定框架下，享受优惠待遇的进口商、出口商应分别遵守进口方、出口方的国内法规定，并应其要求提交证明其符合本章要求的相关文件。

第三节　如何高效使用原产地证书

一、依法合规申办中瑞自贸协定项下原产地证书

出口商或生产商应当在货物装运前向中国海关、中国贸促会及其地方签证机构申请签发中瑞自贸协定项下原产地证书，并按上述机构的要求提交相关佐证材料，用以证明出口货物符合中瑞自贸协定原产地规则。必要时还需接受签证机构开展的实地核查。

使用原产地证书申报系统填制中瑞自贸协定项下原产地证书内容时，须严格按照相关填制要求和实际出口数据用英文填写，确保相关信息真实、完

整、准确。

二、合理安排货物运输路线

中瑞自贸协定中包含非常重要的"直接运输"规则，简称"直运规则"，申明享受优惠关税待遇的缔约方原产货物，应当在缔约双方之间直接运输。因此，出口商在安排货物运输时，尽量选择从中国境内口岸直接运输至瑞士，且途中不经过其他国家或者地区的货物运输路线。如果确有需要经过，则需在中转地办理"未再加工证明"，并在清关时向进口方海关一并提交提单、多式联运或联合运输单据、有关货物的原始商业发票副本、财务记录、原产地证书等单据，或进口方海关可能要求的其他相关证明文件。

早期的国际物流一般都是从出口方直接运输至进口方，即使经过了第三方基本上也是因为地理位置的需要。随着国际贸易的发展，许多跨国企业出于综合成本和物流安排的考虑，会在世界各地的物流中心（海外仓）将一些商品进行分拆、停留后，再发往最终目的国，而这些中转地很可能不在中瑞自贸区范围内，即第三方。由于瑞士是内陆国家，相当多的进出口货物需要通过第三方转运。此时，进口方海关出于监管方面的需要，往往会要求进口商提供中转地海关（或相关机构）出具的相关证明（全程联运提单或未加工证明等）来确认进口商品符合"直运规则"（原产资格并未发生改变），可以适用中瑞自贸协定税率。

目前为止，虽在实际操作中尚未发现因"直运规则"而引起进口方海关核查，但仍建议出口瑞士企业注意出口瑞士产品在转运过程中不进行加工，不脱离转运地海关的监管，同时出口企业应当注意留存相关证明材料至少三年。

而对于该协定"直接运输"规则第三项"就第一款而言，原产产品可以通过管道经非缔约方输送"中所涉及的管道是指输送化学状态稳定的液态或者气态产品的管道。受地理因素制约，出口至瑞士的原油、天然气以及石化精炼产品通常采用管道运输，因此本项规定上述原产产品可以通过管道经第三方输送。

三、主动申明并提交原产地证明文件

货物在入境报关时，收货人或者其代理人应当按照进口方国内法律、法规和行政规章办理货物的进口申报手续，其中就包括要主动向进口方海关申明适用中瑞自贸协定税率和提交有效的原产地证明文件（若货物的价格不超过600美元，则可免予提交原产地证明文件）。

四、海关手续和贸易便利化相关措施安排

中瑞自贸协定在货物贸易方面对"海关程序与贸易便利化"作出规定，其中包括透明度、合作、预裁定、国际贸易手续简化、海关估价、税则归类、风险管理、海关稽查、经认证经营者（AEO）制度、报关代理人、费用与规费、领事交易、货物的暂时进口、进口和出口加工和边境部门合作等。其目的是确保双方海关法实施的可预见性、一致性和透明性，尽可能简化和协调各方海关程序，促进各方海关当局合作，推动海关程序高效、经济实施以及货物快速通关，创造良好的区域贸易环境。下面将着重对进出口企业最为关注的几个方面进行介绍。

（一）预裁定

预裁定是指在货物实际进出口之前，海关根据申请人[①]（进出口商、生产商）的申请，对相关的海关事务作出书面裁定的行为。

海关预裁定包括：

1. 归类预裁定（进出口货物的商品归类）。

2. 原产地预裁定（进出口货物的原产地或原产资格）。

3. 价格预裁定（进口货物完税价格相关要素、估价方法）。

4. 海关总署规定的其他海关事务。

其中，归类预裁定、原产地预裁定和价格预裁定被称为"三预"工作，是海关解决部分税收要素（商品归类、原产地以及价格）确定难题、提高通关便

[①] 向中国海关提出预裁定的申请人须在中国海关登记注册。

利化水平的利器。

企业（尤其是从事进口业务的企业）可在货物拟进出口3个月前向企业注册地直属海关提出预裁定申请，通过办理海关预裁定，将价格、商品归类和原产地三个专业性较强的申报要素进行前置确认，以使在货物实际进出口之前消除申报疑虑，准确预知申报规则，实现合规申报。

对进出口企业而言，预裁定是理解海关规则，降低通关风险，提升通关效率的重要途径；对海关而言，预裁定是提升监管效率，统一执法标准，消除关企之间可能发生争议的重要手段，而且通过规定申请人的"（海关）企业分类等级"，有利于营造良好的经营环境，促使企业守法自律，保障进出口贸易的安全与便利。

（二）"经认证的经营者"（AEO）制度

AEO 是 Authorised Economic Operator 的简称，即"经认证的经营者"。[1]按照国际通行规则，海关对信用状况、守法程度和安全管理良好的企业进行认证认可，对通过认证的企业给予优惠通关便利的一项制度。两国海关实现AEO 互认后，本国企业出口货物到 AEO 互认的国家时，可同时享受到本国海关和对方海关提供的进出口通关便利，从而显著降低高信用企业的通关及物流成本，提升国际市场竞争力，并显著提升国际供应链安全便利化水平。

截至2021年5月，中国已与中国香港地区、新加坡、韩国、欧盟、瑞士、以色列、新西兰、澳大利亚、日本、哈萨克斯坦、蒙古、白俄罗斯、乌拉圭、阿联酋、巴西、塞尔维亚、智利、伊朗、乌干达等20个经济体的46个国家或地区实现了 AEO 互认。

2017年1月，中国政府与瑞士联邦委员会签署了《中华人民共和国政府和瑞士联邦委员会关于中华人民共和国海关企业信用管理制度和瑞士联邦海关"经认证的经营者"制度互认的协定》，[2]决定自2017年9月1日起正式实施。

---

① 源于：中国新闻网。
② 引用：海关总署公告2017年第40号［关于实施中国—瑞士海关"经认证的经营者"（AEO）互认的公告］。

AEO互认实施后，中瑞双方海关将同时给予两国AEO企业以下5项便利措施：减少货物查验；评估为安全贸易伙伴；优先处置保证快速通关；指定海关联络员；贸易中断恢复时优先通关。此外，根据中瑞自贸协定，中国生产型的高级认证企业（AEO）还自动获得"经核准出口商"资格，在向瑞士出口货物时还可享受"原产地自主声明"优惠措施。

温馨提示： 中国AEO企业向瑞士出口货物时，应当将AEO认证编码（CN+在中国海关注册的10位企业编码）通报给瑞士进口商，由瑞士进口商按照瑞士海关规定填写申报，瑞士海关在确认中国AEO企业身份后，将会给予相关便利。中国企业从瑞士AEO企业进口货物申报时，需要在报关单"备注栏"处填入该企业的瑞士AEO编码。填写方式为："AEO"（英文半角大写）+"<"（英文半角）+"瑞士AEO编码"（国别代码CHE加8位数字代码加1位识别码）+">"（英文半角）。如瑞士AEO编码为CHE12345678P，则填注："AEO<CHE12345678P>"。中国海关在确认瑞士AEO企业身份后，将会给予相关便利。

需要注意的是，中国AEO企业类型分为海关高级认证企业（ACE）和一般认证企业（GCE）。仅有"高级认证企业"才可以享受中国及AEO互认国家（或地区）海关的通关便利措施，以及国家有关部门实施的守信联合激励措施。随着AEO制度在全球范围持续推进，AEO认证企业必将成为商业活动中被优先选择的合作伙伴，ACE高级认证也将成为优质企业与普通企业的分水岭。

（三）货物的暂时进口

暂时进口是按照本国立法和国际公约的规定，准许暂时免纳关税及其他税费进口，并保证在限期内复运出口的特定货物。其特点是：（1）货物进口须向海关申报，经海关批准，暂予免纳进口关税及其他税费；（2）货物所有权不发生转移；（3）期满后要按原状复出口。

由于中国和瑞士均已加入暂准进口国际海关公约（ATA公约和伊斯坦布尔公约，企业可向中国国际贸易促进委员会及其地方机构申请办理ATA单证册，作为货物暂时进出口的海关报关文件）。

五、优惠原产地证书"微小差错"处理及核查应对

进口商在使用自贸协定项下原产地证书进行报关时或报关后，可能遇到一些问题，处理不当可能影响货物正常通关享惠。下文将对可能遇到的问题和应对办法进行说明。

（一）原产地核查

优惠原产地证书退证查询，也叫原产地核查，是指货物进口国主管当局对我国签证机构所签发的优惠原产地证书（如中瑞自贸协定项下原产地证书）的真实性、准确性，或证书项下产品是否符合原产地规则等问题，向我国签证机构提出核查，也可以随机进行核查，甚至可以进行追溯核查。进口方海关发起退证查询是较为常见的影响原产货物顺利清关、享受关税优惠的情况。退证查询的同时，进口方海关将对所涉及货物暂缓给予关税优惠待遇，或采取先行扣押、收取保证金等措施。此举严重影响了正常通关，降低了我国出口产品在国外市场的竞争力，给相关企业带来了直接经济损失。

1. 常规流程概述

进口方海关会在原产地证明文件签发后36个月内向出口方提出核查请求。出口方对在此期限之后收到的核查请求不承担核查义务。核查请求随附相关的原产地证明文件复印件，并在必要时提供其他能够说明原产地证明文件无效的文件或信息，并注明核查原因。

在核查程序完成前，进口方海关或根据其国内法律、法规及行政规章要求，暂缓给予关税优惠，或要求出口方支付该原产地证明文件涉及产品全额关税的等值保证金。

需要特别注意的是，此类核查都有时间限制，中瑞自贸协定要求出口方海关或签发机构在收到核查请求之日起6个月内予以回复，除非中瑞双方有合理理由可另行商定新的反馈期限。在此期间证书签发机构和出口企业甚至货物生产商需要密切配合，根据核查函上进口方海关的质疑点收集相关佐证

材料，签发机构对相关材料进行审核确认（必要时可开展实地核查），出具核查结果回复进口方海关。倘若未能在核查时限内回复进口方海关，或者答复结果中未清晰说明原产地证书是否有效或者产品是否具备原产资格，相关货物将无法享受中瑞自贸协定的优惠关税待遇，因此出口企业需要高度重视并积极配合签发机构的原产地核查工作。

2. 对企业商业文件的保密

中瑞自贸协定明确规定在核查过程中必须对信息提供方提出需保密或经秘密提供的信息予以保密。除非信息提供方明确允许，否则上述信息不得公开。

3. 瑞士海关对原产地证书核查的主要内容

素有"纸黄金"之称的优惠原产地证书是决定货物能否享受特定关税待遇的重要依据。近年来，伴随着我国外贸企业优惠原产地证书利用率的不断提升，优惠原产地证书出门受阻，遭遇"退证查询"等问题逐步凸显。虽然退证查询是进口国海关对我国出口企业的优惠原产地证书真实性、有效性的一种调查方式，但频繁地提出退证查询意味着我国出口货物在进口国清关受阻。对于退证查询的货物国外海关采取暂缓给予关税优惠待遇、暂缓放行、收取保证金或直接征税等措施，增加了进出口企业仓储、物流等方面的费用。

为进一步提升签证质量，减少申报差错，降低退证查询率，下面将结合日常工作中的真实案例重点介绍瑞士海关核查的主要内容。

（1）证书的有效性

主要核实收货人（进口商）或者其代理人提交的优惠原产地证书是否真实、有效及准确。

> In accordance with Article 3.20 of the Free Trade Agreement between Switzerland and China it would be appreciated if you verified whether the origin requirements specified in the agreement are satisfied.
>
> The certificate in question could not be found in the Internet Authentication Center. Therefore, we doubt whether it was truly issued by China Council for the Promotion of International Trade.

图3-8　需核实原产地证书有效性的核查函截图

如图 3-8 所示，瑞士海关要求核实该份原产地证书的有效性，原因是在核查网站①上查不到此份证书的相关数据。

建议企业在打印完原产地证书后，主动登录核查网站进行查验。若无法查验到证书信息，请及时联系相关签证机构工作人员进行处理。

（2）货物的原产地标准

主要核实优惠原产地证书所列货物是否符合相关的原产地标准；货物的原材料、零部件来源情况，非原产材料是否发生相应的税则归类改变等。

In accordance with Article 3.20 of the Free Trade Agreement between Switzerland and China it would be appreciated if you verified whether the origin requirements specified in the agreement are satisfied.

The goods were declared under H.S. 6114.30 and 4202.22. The indicated origin criterions are "WP". Therefore we would like to know if the origin criterions "WP" are fulfilled or alternate if the product-specific rules for H.S. chapter 42 and 61 is fulfilled.

图 3-9　因原产地标准而引起的核查函截图

如图 3-9 所示，该案例是由于企业授权人员在涉及来源复杂的原材料原产地判定时处理过于简单，认为在国内购买的原材料、零部件即是中国原产，国外进口的则认为是非原产的。事实是国内购买的某些原材料也可能是国内某些贸易企业从国外进口后在国内销售，人为导致进口原料"国产化"。

原产地标准的填写因专业性较强，建议企业授权人员在日常申办原产地证书过程中咨询签发机构专业人员获取准确的原产地标准代码，同时企业授权人员也应掌握基本的填写规则。

（3）证书内容与实际货物不符

主要是由优惠原产地证书中涉及的货物与实际进口清关时的货物不一致而引起的，进口国海关对证书是否真实和相关货物是否符合原产地规则的核查。

---

① 中国国际贸易促进委员会网上认证中心：http://check.ccpiteco.net/。

> In accordance with Article 3.20 of the Free Trade Agreement between Switzerland and China it would be appreciated if you verified whether the origin requirements specified in the agreement are satisfied.
>
> According the certificate of origin the shipment consists of giftboxes (HS Code 4819). Upon verification of the goods it turned out that the mentioned giftboxes are actually boxes for watches (HS Code 4202) and scale models of cars packed in boxes for watches (HS 9503). Because of the different tariff classification, we doubt whether the goods qualify as of Chinese preferential origin.

图3-10　因证书中货物信息与实际进口货物不一致而被拒绝享惠的核查函截图

如图3-10所示，该案例是出口企业对原产地证书合规重视程度不够，认识不足，应进口方客户要求被动地申办原产地证书，而且在申报过程中，一味迎合客户，以至于出现了一些不符合原产地签证规范的操作。

> In accordance with Article 3.20 of the Free Trade Agreement between Switzerland and China it would be appreciated if you verified whether the origin requirements specified in the agreement are satisfied.
> Some of the shoes were packed in boxes marked with "Made in Indonesia" or "Made in Vietnam". The inlay labels of the shoes were stating the same origin (see enclosed pictures). Therefore we have strong doubts concerning the accuracy of the Certificates of Origin in question.
> Furthermore, we would like to know if the stamps and signatures affixed in box 12 are authentic and accurate.

图3-11　因货物原产标识与申请证书不符而被拒绝享惠的核查函截图

如图3-11所示，该案例是被核查的货物中的同一类型产品，部分标注完全国产，部分标注国外制造字样，但原产地证书上却是完全中国原产，出现信息不一致。

建议企业在申请优惠原产地证书时，做到充分了解货物的实际情况，坚决抵制客户故意瞒报、虚报等无理要求，做到如实申报、诚信申领，从源头上确保申报信息和证书内容真实有效、精准合规。

（4）其他（包括随机核查）

其他核查主要围绕质疑原产地标准、税则归类、商品描述的准确性等问题开展。

> In accordance with Article 3.20 of the Free Trade Agreement between Switzerland and China it would be appreciated if you verified whether the origin requirements specified in the agreement are satisfied.
>
> This is a random verification. Furthermore in our view, the goods have to be classified under H.S. heading 6212.10. Therefore we would like to know if the rule of origin set out in the Single list ex chapter 62 is fulfilled anyway.

图3-12　因货物税则归类问题而被随机核查的核查函截图

如图3-12所示，该核查函中提及"本次为随机核查"，主要是针对货物的税则归类问题。HS编码是商品享受优惠税率的基础，只有商品的HS编码落入给惠国所列降税清单，企业方能享受到关税减免优惠，而许多企业对于商品归类原则不熟悉，造成归类错误，从而被进口方海关拒绝给予协定税率，无法享受关税减免待遇。

建议企业认真分析商品归类错误的原因，提高商品归类的正确率，规范申报，不抱侥幸心理。

4.签发机构对退证查询的处理程序

（1）签发机构建档并进行初步核验

证书签发机构收到瑞士海关的核查函后，会进行建档、登记，并调阅备查证书档案，核实该证书是否伪造，证书内容是否被篡改等。

（2）联系企业进行书面调查

向相关企业出具《核查通知函》，企业需及时按照《核查通知函》要求整理并提交相关佐证材料。所需材料将根据瑞士海关核查的内容有所增减，如（货物）生产商的营业执照；物料清单（BOM表）；所涉商品的所有原材料的来源证明。如进口原材料可提供相关的进口报关单；国内（中国境内）采购的原材料，可提供进料发票证明或商品最终制造商所作的自我声明；产品成本明细单（包含完整、详细的加工工序）；出口商申请优惠原产地证书时提交给签发机构的商业发票；其他签发机构认为需要提供的材料。

（3）实地调查（下厂核查）

当书面调查结果无法满足瑞士海关的核查要求时，签发机构将针对出口商或生产商开展实地调查。调查的内容主要包括原材料来源、生产工序、是否符合原产地规则等瑞士海关关注的问题。

（4）复函

签发机构需要在收到瑞士海关核查请求后的6个月内或者缔约双方商定的期限内回复核查及认定结果。

（二）其他问题

当收货人（进口商）或者其代理人在瑞士海关发生其他通关不畅、无法正常享受关税优惠待遇情况时，出口商可与证书签发机构联系并说明具体情况，此类问题将通过进口方和出口方的海关联络点协商解决。

第四节　建立企业原产地合规管理体系

随着国际分工愈加细化，尤其是工业制成品领域，货物生产和加工制造工序日益复杂化，加之中国签署的自贸协定数量不断增加，不同协定原产地规则要求也不相同，对货物原产地的判定更加困难，不少企业在申办和使用自贸协定项下原产地证书时出现问题，影响到正常享惠。为降低原产地核查风险，确保企业切实享受到优惠关税待遇，助力企业开拓国际市场，建议企业建立配套的原产地合规管理体系。

一、企业管理层重视

要在企业管理层、各部门间形成共识，充分认识原产地合规的重要性，有条件的企业可建立独立的原产地合规管理部门，中小企业可设立原产地合规管理小组，由专人进行货物原产地管理，负责从原材料的采购、自贸协定项下原产地证书的申办、使用，到与货物原产地相关材料的全流程档案管理。

二、原产地合规管理系统的运用

为保证从货物原材料采购、商品税则归类、优惠原产地证书申领及使用和商业单证档案管理一系列管理流程的合规性和准确性，企业可尝试开发和应用原产地智能管理系统，嵌入中国已签署的自贸协定的原产地规则、协定税率及降税安排等内容，对货物的原材料、零部件来源和价格等信息进行动态管理。随时跟踪相关货物是否具备中国原产资格，及时申办自贸协定项下优惠原产地证书以获得关税减免。还可将原产地合规（生产）管理纳入企业资源计划，即 ERP（Enterprise Resource Planning）系统中。未建立 ERP 系统的企业，也可通过信息化管理手段，建立一套涵盖货物生产制造及销售的全流程单据档案管理系统。

三、加强企业原产地知识的培训

面对复杂的产品原产地规则和原材料供应链情况，为更好地享受中瑞自贸协定关税优惠，降低原产地核查风险，帮助企业更好地融入亚太生产网络和供应链，推动企业在更高水平上参与区域内经济协作，企业应加强对各协定原产地规则的了解，并充分加以运用。

1. 建立多部门参与的原产地管理体系。随着中国签署自贸协定的增多，与协定缔约国（地区）贸易往来日益密切，原产地合规管理已不仅仅是单证部门的业务范畴，更是企业降低成本、开拓国际市场的重要手段。这就要求单证人员，企业的市场、销售、物流和财务等部门均积极参与到货物原产地管理工作中。市场和销售部门应及时掌握进出口货物可享受的自贸协定关税优惠信息，推动企业节约进口成本或提高出口产品竞争力，更好开拓海外市场；物流部门在安排货物运输时，应注意遵守协定规定的直接运输标准，在货物转运时，应按要求及时办理和提交相关运输单据或未再加工证明；财务部门应了解涉及区域价值成分计算的会计原则，辅助单证人员准备申报货物原产地信息。

2. 加强对企业原产地工作人员的业务培训与合规教育。企业应建立围绕货物原产地管理的培训体系，围绕中国签订的自贸协定，定期进行内部培训或交流学习；应积极参加由签证机构组织的各类原产地业务培训。涉及自贸协定项下原产地证书申领的培训，由企业单证人员参加；涉及利用原产地规则作关税筹划或企业供应链管理等培训，建议企业相关部门中高层参加。

四、建立原产地相关文档管理制度

中瑞自贸协定对出口商、生产商、签证机构或主管部门以及进口商，涉及证明货物原产资格、享受优惠关税待遇等相关文件材料的保管作了具体要求。

出口商、生产商、签证机构应自原产地证书签发之日起3年或其国内相关法律法规规定的更长期限内，保存能够证明货物原产资格的所有必要记录；进口商应自货物进口之日起3年内或国内相关法律法规规定的更长期限内，保存能够证明享受优惠关税待遇的货物原产资格的所有必要记录。

第五节　企业享惠策略

一、出口享惠

2014年7月1日，中国与瑞士的自由贸易协定正式生效。瑞方对中方99.7%的出口立即实施零关税，中方将对瑞方84.2%的出口最终实施零关税，加上部分降税的产品，瑞士参与降税的产品比例是99.99%，中方是96.5%，这大大超过一般自贸协定中90%的降税水平，为中国与瑞士双边贸易发展创造了巨大机遇。2016年，瑞士进口额最高的大宗产品为化工和制药产品、机床和电子产品、汽车。其中化工和制药产品进口额为436亿瑞郎，机床和电子产品进口额为286亿瑞郎。2018年，中瑞两国的贸易额提升至450.8亿美元，占瑞士贸易总额的7.64%，贸易额和占比均创下历史新高。2020年，受全球新冠肺炎疫情影响，中瑞两国的贸易额降至224.2亿美元，但仍占瑞士贸易总额的9.2%。总之，中国与瑞士两国的贸易互补性将持续存在，中瑞两国间贸易发展前景广阔。统计数据显示，借助中瑞自贸协定，每年创造的双边贸易效应超过10亿瑞郎。中国企业应主动利用协定优惠政策开展出口贸易，享受进口国给予的关税减让，降低进入目标市场的成本，从而提升自身商品在目标市场的竞争力。

案例：中瑞自贸协定提升日用品出口的国际竞争力

中瑞自贸协定生效之前，中国日用品出口企业的最惠国待遇税率为14%，远高于中瑞自贸协定生效后接近"零"的税率，该类出口企业可以此为契机，拉近与瑞士客户的关系，提升出口竞争力。中国某帐篷、睡袋、车铃铛等户外用品的出口企业，在得知中瑞自贸协定生效消息后第一时间到签证机构办理了优惠原产地证书。2016年1—6月，该企业办理中瑞自贸协定项下原产地证书27份，涉及金额超过200万美元，帮助瑞士客户享受了可观的关税减免，中瑞自贸协定项下原产地证书成为该企业站稳瑞士市场甚至是欧盟市场的敲门砖。

案例：中瑞自贸协定惠及中国钟表配件业，出口额实现翻倍增长

中瑞自贸协定为中瑞两国的钟表产业合作提供了平台。瑞士中高端零配件大部分采购自中国的深圳、东莞、中山等珠三角地区。中瑞自贸协定签署之前，人工等成本逐年增加，钟表配件业利润空间越来越小，压力不断增加，很多加工企业只好通过不断投入智能化制造增强竞争力。随着中瑞自贸协定项下原产地证书的签发，中国企业可以通过扩大销量实现利润回升。中国某企业受惠于中瑞自贸协定，仅2018年上半年就为瑞士客户节省220多万美元的关税成本，间接促进了企业和客户的互利合作。瑞士客户反映，自中瑞自贸协定实施后，从中国采购钟表配件，一年就可以省下几百万美元的税负成本。据统计，中国钟表配件业出口额因中瑞自贸协定实现了翻倍增长。

二、进口享惠

中国对来自瑞士的原产商品，将实施关税减让和通关便利政策，从瑞士采购进口原材料、中间产品和制成品的企业，在海关清关时，可获取相应的关税优惠，享受高效清关，从而降低了贸易、生产和经营成本，提高了企业利润率。

案例：进口冲压机等机械设备享减免税负优惠

瑞士的机械电子产业十分发达，对外出口大量的医疗仪器、设备以及电子配件等产品，其中大量冲压生产线中自动化传输设备出口至中国。2019年中国某企业从瑞士进口了价值1500多万美元的该产品，由于使用了中瑞自贸协定项下原产地证书，为企业减免关税80多万美元。从2014年7月1日开始，该产品税率逐年下降，2021年降到1%，该企业也充分享受到自贸协定带来的关税优惠，6年来共节省了250多万美元的税负支出，为企业赢得了更大的利润空间。

第四章

《中国—瑞士自由贸易协定》的
服务贸易

中瑞自贸协定对服务贸易设立了专章，涵盖最惠国待遇、国民待遇、市场准入、国内法规等服务贸易核心条款，保障了双方服务贸易的开放性和公平性，而且在该章附件中对中医服务进行了特别规定，为中国传统医疗服务提供了更广阔的市场。

自2013年中瑞自贸协定签署以来，中瑞双方的服务贸易进出口总额呈现波动上升的趋势，到2018年达到峰值，为74.28亿美元，相较2013年增幅达30%，但2019年有所回落。同时，中方对瑞方一直处于贸易逆差且逆差不断扩大，直到2019年才有所减小。由于中瑞双方要素禀赋不同，存在很强的贸易互补性。中国出口以运输为主的劳动密集型服务，瑞士出口以知识产权为代表的技术密集型服务。中瑞自贸协定的签订给中国企业带来了机遇和挑战。中国企业应利用服务贸易自由化条款挖掘和瑞士之间的贸易潜力以更好地"走出去"，并将瑞士高端服务业"引进来"，从而实现中国服务业的优化升级。

通过对本章的阅读，企业可以了解和掌握以下内容：

1. 服务贸易的定义和范围；

2. 服务贸易的四种提供方式及内涵；

3. 服务贸易规则解读；

4. 如何读懂服务贸易具体承诺减让表；

5. 中瑞两国具体部门开放安排及其可能给企业带来的机会；

6. 如何利用中瑞自贸协定服务贸易规则拓展两国服务贸易。

第一节 服务贸易的范围与定义

对服务贸易的范围和定义进行讲解是为了更加准确地界定服务贸易各项条款的适用范围，明晰服务贸易条款中的各类专业名词，提高对服务贸易规则的理解。

一、服务贸易的范围

本章规定适用于双方的中央、地区或地方政府和主管机关，或者由中央、地区、地方政府或主管机关授权行使权力的非政府机构所采取的影响服务贸易的措施。

本章规定不适用于影响航空运输权的措施，也不适用于影响与航空运输权直接相关的服务的措施。《服务贸易总协定》（GATS）关于航空运输服务附件中规定的例外。①

本章中的最惠国待遇、市场准入、国民待遇条款不适用于管理由政府机构为政府目的而采购服务的法律、法规或要求，但该种采购不得用于进行商业转售或为商业销售而提供的服务。

二、服务贸易相关定义的解释说明

（一）缔约一方自然人

对于中国，是指居住在任一缔约方领土内的自然人，且根据中国的法律属于中国的国民；对于瑞士，是指根据瑞士的法律属于瑞士国民，或瑞士的

---

① 对航空运输服务部门的承诺，中方允许瑞士服务提供者在中国设立合资航空器维修企业，中方应在合资企业中绝对控股。瑞士除对由计算机订座系统母公司提供的航空预订服务的分销不作承诺外，没有限制。

永久居民。

（二）服务贸易

包括四种方式：

1. 自一方领土内向另一方领土内提供服务（"跨境提供模式"）。

2. 在一方领土内向另一方的服务消费者提供服务（"境外消费模式"）。

3. 一方的服务提供者通过在另一方领土内的商业存在提供服务（"商业存在模式"）。

4. 一方的服务提供者通过在另一方领土内的自然人存在提供服务（"自然人存在模式"或"自然人移动模式"）。

（三）服务的提供

包括服务的生产、分销、营销、销售和交付。

（四）措施

指一方的任何措施，无论是以法律、法规、规则、程序、决定、行政行为的形式还是以其他任何形式，包括中央、地区或地方政府和主管机关所采取的措施，以及由中央、地区或地方政府或主管机关授权行使权力的非政府机构所采取的措施。

（五）商业存在

指设立的所有类型的商业或专业机构，包括为提供服务而在一方领土内组建、收购或维持一法人，或者创建或维持一分支机构或代表处。

（六）法人

指根据适用法律适当组建或组织的任何法人实体，无论是否以营利为目的，无论是私营所有还是政府所有，包括任何公司、基金、合伙企业、合资企业、独资企业或协会，是根据一方的法律组建或组织的，并在该方领土内从事实质性业务活动的法人；通过商业存在提供服务的情况包括由一方的自然人拥有或控制的法人，或者该法人拥有或控制的法人。一般来说，"拥有"指法人实际拥有的股本超50%；"控制"是此类人拥有任命其大多数董事或以其他方式合法指导其活动的权力。

第二节　服务贸易规则解读

中瑞自贸协定服务贸易规则涉及的核心条款主要包括最惠国待遇、市场准入、国民待遇、承认、国内规制、透明度、支付和转移等，涉及双方市场的准入条件、进入市场后可享受的待遇、相关措施的实施以及商务人员的资格认证等方面。

一、市场准入（见表4-1）

表4-1　市场准入的定义、说明及效用

规则定义	一国允许外国的货物、劳务与资本参与国内市场的程度
规则说明	对于作出市场准入承诺的部门，除非已在承诺减让表中另有列明，否则，原则上禁止以下6种对市场准入的限制： 1. 限制服务提供者的数量 2. 限制服务交易或资产总值 3. 限制服务业务总数或服务产出总量 4. 限制雇用自然人总数 5. 限制特定类型法律实体 6. 限制外国股权比例
规则效用	1. 促进公平竞争。确保了中瑞双方服务贸易提供者能够依照承诺表中列明的条件进入另一方的市场，并且另一方不得以限制服务提供者数量、服务总产量以及投资总额等形式来限制服务和服务提供者，保障一方的服务和服务提供者能够按照已达成的承诺顺利进入另一方的市场 2. 部分行业由于具有战略意义，市场准入存在限制。如有一些稀有金属具有战略意义，开采利用需要进行控制。这些行业暂缓引入具有逐利性的民营资本

二、国民待遇（见表4-2）

表4-2　国民待遇的定义、说明及效用

规则定义	国外服务提供者享有和本国服务提供者相同的待遇
规则说明	中国和瑞士如果针对某一服务部门作出了承诺，那么，他们给予对方服务和服务提供者的待遇，不得低于给予本国同类服务和服务提供者的待遇。此外，该项条款还规定了本项条款承担的具体承诺不得解释为要求任一缔约方对由于有关服务或服务提供者的外国特性而产生的任何固有的竞争劣势作出补偿，在一定程度上保障了开放市场一方的利益
规则效用	促进公平竞争；保障服务提供者享有和本国服务提供者相同的待遇，不因其国别而受到歧视待遇或产生歧视性效果，保障了市场竞争的公平性

三、国内规制（见表4-3）

表4-3　国内规制的定义、说明及效用

规则定义	一般指的是国内的法律、法规及管理办法
规则说明	1.国内法规条款规定在已作出具体承诺的部门中，双方应保证所有影响服务贸易的普遍适用的措施以合理、客观和公正的方式实施 2.双方应维持或尽快设立司法、仲裁或行政庭程序，在一方受国内相关法规影响的服务提供者请求下，对影响服务贸易的行政决定或政策法规迅速进行审查，并在请求被证明合理的情况下提供适当的补救。如此类程序并不独立于作出有关行政决定的机构，则该方应保证此类程序在实际中提供客观和公正的审查 3.双方应保证有关资格要求和程序、技术标准，许可要求和程序的各项措施依据客观的和透明的标准，例如提供服务的能力和资格，不得比为保证服务质量所必需的限度更难以负担 4.双方应保证许可程序本身不成为对服务提供的限制 5.在确定一方是否符合第三款的义务时，应考虑该缔约方所实施的有关国际组织的国际标准 6.在已就专业服务作出具体承诺的部门，双方应规定适当程序，以核验彼此专业人员的能力
规则效用	1.保障措施以合理、客观和公正的方式实施 2.消除不必要的服务贸易壁垒；保证有关资格要求和程序、技术标准和许可要求的各项措施不致构成不必要的服务贸易壁垒

四、承认（见表4-4）

表4-4 承认的定义、说明及效用

规则定义	一方可承认在另一方已获得的教育或经历、已满足的要求或已给予的许可或证明
规则说明	1. 承认条款是为了确保一方服务提供者获得授权、许可或证书的标准或准则能够全部实施或部分实施而进行的相关规定。其规定为使服务提供者获得授权、许可或证明的标准或准则得以实施，双方承认在其境内获得的教育或经历、满足的要求或被授予的许可或证明的要求。此类承认可依据双方间的协议或安排，或自动给予 2. 如果一方通过协定和安排承认在非缔约方已获得的教育或经历、已满足的要求或已给予的许可或证明，无论此类协定或安排是现有的还是在将来订立，该方应向另一方提供充分的机会，以谈判加入此类协定或安排，或与其谈判类似的协定或安排 3. 如一方自动给予承认，则应向另一方提供充分的机会，以证明在另一方获得的教育、经历、许可或证明以及满足的要求应得到承认 4. 任何此类协议或安排或自动给予的承认都要符合世贸组织协议的相关条款，特别是《服务贸易总协定》第七条第三款
规则效用	1. 降低歧视可能性 2. 制定和采用关于承认的共同国际标准和准则

五、最惠国待遇（见表4-5）

表4-5 最惠国待遇的定义、说明及效用

规则定义	平等对待不同自贸协定缔约方的服务和服务提供者
规则说明	在不损害其法律法规的情况下，任一方给予另一方服务或服务提供者的待遇不低于该方给予任何第三国服务或服务提供者的待遇。但不包括在自由贸易区等框架下给予第三国的优惠待遇，以及对相邻国家授予或给予的优惠，以便利仅限于毗连边境地区的当地生产和消费的服务的交换。比如，中国威海与邻国韩国的"韩国人落地签证"特殊政策，不适用于瑞士
规则效用	保障协议缔约方能享受到与非该协议缔约方相等的待遇

六、透明度（见表4-6）

表4-6 透明度的定义、说明及效用

规则定义	每一缔约方应迅速公布所有有关或影响本章执行的普遍使用的措施，除紧急情况外，最迟应在此类措施生效之时公布。缔约一方为签署方的有关或影响服务贸易的国际协定也应予以公布

规则说明	1. 如上述所指的公布不可行，则应以其他方式使此类信息可公开获得 2. 本章不要求任一缔约方提供会阻碍法律执行或有损公共利益，或会损害特定企业合法商业利益的公开或私有的机密信息
规则效用	为深度合作提供保障机制

七、支付和转移（见表4-7）

表4-7　支付和转移的定义、说明及效用

规则定义	除缔约一方按照《服务贸易总协定》规定对保障国际收支采取或维持限制设定的情况外，缔约一方不得对与其具体承诺有关的服务贸易的经常项目交易的国际转移和支付实施限制
规则说明	1. 本协议的任何规定不得影响国际货币基金组织成员在《基金组织协定》项下的权利和义务，包括采取符合《基金组织协定》的汇兑行动 2. 除缔约一方按照《服务贸易总协定》规定，或在国际货币基金组织请求下对保障国际收支采取或维持限制设定的情况外，缔约一方不得对任何资本交易设置与其有关此类交易的具体承诺不一致的限制
规则效用	为服务贸易的发展提供金融保障

八、垄断和专营服务提供者（见表4-8）

表4-8　垄断和专营服务提供者的定义、说明及效用

规则定义	缔约方应保证在其领土内的垄断服务提供者在有关市场提供垄断服务时，不能违反协定具体承诺的义务
规则说明	1. 缔约一方的垄断提供者在直接或通过附属公司参与垄断范围之外的服务竞争时，缔约方保证其不得滥用市场地位实施与承诺不一致的行为 2. 如果缔约一方在形式上或事实上授权或设立少数几个服务提供者，或者实质性阻止这些服务提供者在其领土内相互竞争，此类专营服务提供者适用上述规则
规则效用	保障公平贸易、公平竞争；开放意志的重要体现

综上，中国企业在与瑞士进行国际服务贸易时，要对国民待遇、市场准入、附加承诺、国内规制、承认、透明度以及支付和转移等方面给予重视和消化，以避免不必要的损失。

第三节　服务贸易部门和服务模式

一、服务部门说明

按照 GNS（一般国家标准）服务贸易分类法，服务部门分为大、中、小三类，具体包含 12 项大类、46 项中类，近 160 项小类。大类包含中类，中类又包含小类（见表 4-9）。12 大类分别是商业服务、通信服务、建筑服务、分销服务、教育服务、环境服务、金融服务、健康和社会服务、与旅游有关的服务、文体及娱乐服务、运输服务、其他服务。

表 4-9　服务部门与分部门

1. 商业服务 A. 专业服务 B. 计算机及其相关服务 C. 研发服务 D. 房地产服务 E. 无操作人员的租赁服务 F. 其他商业服务	2. 通信服务 A. 邮政服务 B. 速递服务 C. 电信服务 D. 视听服务 E. 其他
3. 建筑服务 A. 建筑物的总体建筑工作 B. 民用工程的总体建筑工作 C. 安装和组装工作 D. 建筑物的装修工作 E. 其他	4. 分销服务 A. 佣金代理服务 B. 批发服务 C. 零售服务 D. 特许经营 E. 其他服务
5. 教育服务 A. 初等教育服务 B. 中等教育服务 C. 高等教育服务 D. 成人教育服务 E. 其他教育服务	6. 环境服务 A. 排污服务 B. 固体废物处理服务 C. 废气清理服务 D. 降低噪声服务 E. 自然和风景保护服务 F. 其他环境保护服务 G. 卫生服务
7. 金融服务 A. 所有保险及相关服务 B. 银行及其他金融服务（不包括保险和证券） C. 其他	8. 健康和社会服务 A. 医院服务 B. 其他人类健康服务 C. 社会服务 D. 其他

9. 与旅游有关的服务 A. 旅馆（包括公寓楼）和餐馆 B. 旅行社和旅游经营者 C. 导游服务 D. 其他	10. 文体及娱乐服务（视听服务除外） A. 文化娱乐服务 B. 新闻出版服务 C. 图书馆、档案馆、博物馆和其他文化服务 D. 体育和其他娱乐服务 E. 其他
11. 运输服务 A. 海运服务 B. 内水运输服务 C. 航空运输服务 D. 航天运输服务 E. 铁路运输服务 F. 公路运输服务 G. 管道运输服务 H. 所有运输方式的辅助服务 I. 其他运输服务	12. 其他服务

　　中国和瑞士服务贸易承诺减让表中，服务部门均是按照以上分类划分的。企业可以根据这一标准，确定其所属行业和部门，以便更有针对性地利用自由贸易区的开放政策。

　　对于中、小类的划分，以商业服务为例，商业服务项下包含专业服务、计算机及其相关服务、研发服务、房地产服务、无操作人员的租赁服务、其他商业服务六个中类；中类专业服务项下又包含法律服务，会计、审计和簿记服务，税收服务，建筑服务，工程服务，综合工程服务，城市规划与风景建筑物服务，医疗与牙医服务，兽医服务，助产士、护士、理疗医生、护理人员提供的服务，其他服务共11个小类。其余大类均按此结构进行开放承诺。当然，国家对服务贸易部门的开放，并非完全按照以上分类进行，需要结合各部门发展的实际情况进行选择性开放，较为弱势的部门暂缓开放或有限度开放。

二、服务贸易模式说明

（一）服务贸易的四种模式

服务贸易模式，即服务贸易的提供方式，是指一国的法人或自然人在其境内或进入他国境内提供服务的贸易行为。服务的无形性、不可分割性、差异性和不可存储性决定了服务贸易提供方式的特殊性。按照《服务贸易总协定》，服务贸易的提供方式可分为以下四种（见图4-1）。

1. 跨境交付：指服务的提供者在一成员方的领土内，向另一成员方领土内的消费者提供服务的方式，如在中国境内通过电信、邮政、计算机网络等手段对境外的消费者提供服务。

2. 境外消费：指服务提供者在一成员方的领土内，向来自另一成员方的消费者提供服务的方式，如中国公民在其他国家短期居留期间，享受国外的医疗服务。

3. 商业存在：指一成员方的服务提供者在另一成员方领土内设立商业机构，在后者领土内为消费者提供服务的方式，如外国服务类企业在中国设立公司为中国企业或个人提供服务。

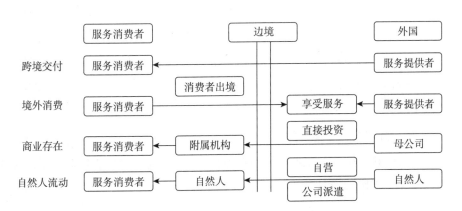

图4-1　服务贸易四种模式的服务提供流程

资料来源：贾怀勤.服务贸易四种提供方式与服务贸易统计二元构架的协调方案——《国际服务贸易统计手册》"简化方法"评述 [J].统计研究，2003（3）：9-13.

4. 自然人流动：指一成员方的服务提供者以自然人的身份进入另一成员方的领土内提供服务的方式，如某外国律师作为外国律师事务所的驻华代表到中国境内为消费者提供服务。

例如，一个日本人到瑞士一家由美国人开的医院做心脏手术，主治医生是一位德国人，在手术过程中，该医生又通过在线诊疗系统向一位加拿大专家咨询了手术意见。在以上案例中，日本人的行为属于境外消费，美国人的行为属于商业存在，德国人的行为属于自然人流动，加拿大专家的行为则属于跨境交付。

（二）服务贸易模式说明

不同的服务贸易模式在服务贸易中的占比也不相同，2002年推出的《国际服务贸易统计手册》（*International Trade Statistics*，2005）显示，提供的四种模式中，跨境交付、境外消费、商业存在和自然人流动分别占35%、10% ～ 15%、50% 和1% ～ 2%。由于服务贸易的不可分割性和不可存储性，部分服务必须通过商业存在来提供。但随着互联网革命和数字技术的兴起，部分服务也可以用跨境交付来进行。境外消费和自然人流动受制于人员流动的不方便以及国家对自然人流动的限制，比例偏低。尤其是自然人流动，涉及入境和居留等敏感性问题，诸多国家对此持谨慎态度。

各国在对服务贸易具体承诺减让表进行谈判时，不仅会就承诺开放的部门进行谈判，还会就所开放部门的四种服务贸易模式的开放度进行承诺。通常对跨境交付和境外消费的限制最少。对商业存在一般有一定限制，如限制股权比例、持资方式、高管资格、注册资金等。自然人流动限制，一般要参考自然人流动附件，目前来看各国对自然人流动的总体限制颇多，不同类别的自然人有不同的限制规定。

第四节　如何读懂服务贸易承诺减让表

中瑞服务贸易具体承诺减让表以正面清单方式呈现。所谓正面清单是指谈判双方就服务贸易所允许的市场准入主体、范围、领域及限制措施等以清单的方式列明，而且只有清单中列出的部门才可以参与开放的服务贸易，未在正面清单中列明的部门视为不予开放。示例可见表4-10。

表4-10　服务贸易具体承诺减让表（正面清单）示例

服务提供方式：（1）跨境交付；（2）境外消费①；（3）商业存在；（4）自然人流动			
部门	市场准入限制	国民待遇限制	其他承诺
水平承诺	（3）在中国，外商投资企业包括外资企业（也称为外商独资企业）和合资企业，合资企业有两种类型：股权式合资企业和契约式合资企业。股权式合资企业中的外资比例不得少于该合资企业注册资本的25%。 由于关于外国企业分支机构的法律和法规正在制定中，因此对于外国企业在中国设立分支机构不作承诺，除非在具体分部门中另有标明。 允许在中国设立外国企业的代表处，但代表处不得从事任何营利性活动，在CPC861、862、863、865下部门具体承诺中的代表处除外。 中华人民共和国的土地归国家所有。企业和个人使用土地需遵守下列最长期限限制：（a）居住目的为70年；（b）工业目的为50年；（c）教育、科学、文化、公共卫生和体育目的为50年；（d）商业、旅游、娱乐目的为40年；（e）综合利用目的为5年。 （4）除与属下列类别的自然人的入境和临时居留有关的措施外，不作承诺： （a）商务访问者应允许入境最多6个月。 （b）瑞士公司的经理、高级管理人员和专家等高级雇员，作为公司内部的调任人员临时调动，应允许其入境首期停留3年。（c）合同服务提供者，根据有关合同条款规定应被授予居留许可，或首期居留不超过1年；合同服务提供者提供的服务仅限于以下部门：医疗和牙医服务；建筑设计服务；工程服务；城市规划服务（城市总体规划服务除外）；计算机及其	（3）除中国加入世界贸易组织后作出的承诺外，对于给予国内服务提供者的所有补贴不作承诺。 （4）除与市场准入栏中所指类别的自然人入境和临时居留有关的措施外，不作承诺	

① 中瑞自贸协定中，中国未对第（1）、（2）项作出承诺，故正面清单的水平承诺从第（3）项商业存在开始。

服务提供方式：（1）跨境交付；（2）境外消费；（3）商业存在；（4）自然人流动			
部门	市场准入限制	国民待遇限制	其他承诺
水平承诺	相关服务；建筑及相关工程服务；教育服务：合同服务提供者应具有学士或以上学位；有相应的专业职称或证书，且具有两年专业工作经验；与其雇主签订合同的中方合同主体应为具有教育服务职能的法人机构；旅游服务。（d）维修和安装人员：维修和安装人员入境停留时间以合同规定期限为准，但最长不得超过6个月		
具体承诺 1. 商业服务 A. 专业服务 B. 会计、簿记和审计服务	没有限制 没有限制 合伙或有限责任会计师事务所只限于中国主管机关批准的注册会计师 除水平承诺中内容外，不作承诺	（1）没有限制 （2）没有限制 （3）没有限制 （4）除水平承诺中内容外，不作承诺	允许瑞士会计师事务所与中国会计师事务所结成联合所，并与其在其他世界贸易组织成员中的联合所订立合作合同。 在对通过中国国家注册会计师资格考试的外国人发放执业许可方面，应给予国民待遇。 申请人将在不迟于提出申请后30天以书面形式被告知结果。 提供 CPC862 中所列服务的会计师事务所可以从事税收和管理咨询服务。它们不受在 CPC865 和 8630 中关于设立形式的要求的约束

资料来源：根据中瑞自贸协定服务贸易具体承诺减让表整理。

如表4-10所示，服务贸易具体承诺减让表的正面清单首先分为水平承诺和具体承诺，水平承诺是一种总体性承诺，其中所承诺的限制措施会对减让表中所有的具体承诺进行框架规范，因此企业在阅读具体承诺减让表时不仅要关注自身所在部门的限制措施，也要关注水平承诺中的限制措施；具体承诺中所承诺的限制仅针对具体的部门或分部门。

限制措施又分为市场准入限制和国民待遇限制。市场准入限制是指一国对外国的服务、劳务与资本参与国内市场采取的限制措施，在服务贸易中通常表现为股比、高管等限制。国民待遇是指东道国对在本国境内从事社会经济活动的外国的自然人、法人提供不低于本国自然人、法人所享有的民事权利。市场准入限制代表进入某缔约方服务贸易市场的门槛条件，决定了服务贸易开放的范围和程度，是服务贸易开放的第一道门。而国民待遇是在服务进入缔约国市场后所享受的国民待遇，代表着外国服务提供商与本国服务提供商开展公平竞争的外部环境，是服务贸易开放的第二道门。其他承诺是针对某具体行业的行业规则或发展情况作出的补充性规定。

市场准入限制和国民待遇限制下，又分为对各具体服务部门四种服务提供方式的限制。第（1）、（2）、（3）、（4）项分别代表对跨境交付、境外消费、商业存在、自然人流动所采取的限制措施。按开放度的高低通常分为不作限制、一定程度的限制、不作承诺等。其中不作承诺不意味着完全不开放，而是承诺国可根据自身情况自行决定开放程度；不作限制意味着开放部门可根据自身需要灵活开放，除水平承诺中对其统一要求外，不另做限制。一定程度的限制是根据承诺表中具体的限制水平而定。

第五节　中国对瑞士服务贸易具体承诺解读

本节将分为三个方面对中国的服务贸易具体承诺进行解读，首先是对中国服务贸易具体承诺减让表中涉及部门以及各部门的具体开放承诺进行解读；其次是中国服务贸易具体承诺给中瑞服务贸易企业带来的优惠及启示；最后介绍中瑞之间进行服务贸易开放的成功案例。

一、中国对瑞士服务贸易具体承诺减让表所涉及的部门和产业

中瑞自贸协定提交的服务贸易具体承诺减让表中，中方共对10个服务贸易大类部门、41个中类服务部门、72个小类服务部门作出了开放承诺；而在《服务贸易总协定》（GATS）中，中方对9个大类服务部门、36个中类服务部门以及64个小类服务部门作出了开放承诺。可见相对而言，中瑞自贸协定的

开放范围进一步扩大，对之前未作开放承诺的部门进行了开放。另外相对于
GATS，中瑞自贸协定对49个中小类部门进行了开放承诺的进一步加深。因
此，中瑞自贸协定无论在服务贸易开放的广度和深度上都超越了当时GATS
的标准，也反映了中国的开放态度和开放理念：中国一直致力于推动全球化
和贸易自由化，中国对外开放的大门只会越开越大。

本部分将分水平承诺和部门承诺对中国的服务贸易具体承诺减让表进行
解读。

（一）水平承诺

水平承诺是服务贸易具体承诺减让表的统领性承诺，适用于承诺减让表中涉
及的所有部门。也就是说各部门不仅要遵循本部门的具体承诺还要遵循水平承
诺，受水平承诺和部门具体承诺的双重约束。在中瑞自贸协定中，中国对跨境
交付和境外消费未作承诺，对商业存在和自然人流动作出的水平承诺见表4-11。

表4-11　中瑞自贸协定中方服务贸易具体承诺减让表水平承诺

水平承诺	市场准入限制	国民待遇限制
商业存在	在中国，外商投资企业包括外资企业（也称为外商独资企业）和合资企业，合资企业有两种类型：股权式合资企业和契约式合资企业。股权式合资企业中的外资比例不得少于该合资企业注册资本的25%。由于关于外国企业分支机构的法律和法规正在制定中，因此对于外国企业在中国设立分支机构不作承诺，除非在具体分部门中另有标明。允许在中国设立外国企业的代表处，但代表处不得从事任何营利性活动，在CPC861、862、863、865下部门具体承诺中的代表处除外。中华人民共和国的土地归国家所有。 企业和个人使用土地需遵守下列最长期限限制： （a）居住目的为70年； （b）工业目的为50年； （c）教育、科学、文化、公共卫生和体育目的为50年； （d）商业、旅游、娱乐目的为40年； （e）综合利用或者奇特目的为5年	除中国加入世界贸易组织后作出的承诺外，对于给予国内服务提供者的所有补贴不作承诺
自然人流动	（a）商务访问者应允许入境最多6个月。（b）瑞士公司的经理、高级管理人员和专家等高级雇员，作为公司内部的调任人员临时调动，应允许其入境首期停留3年。（c）合同服务提供者，根据有关合同条款规定应被授予居留许可，或首期居留不超过1年。合同服务提供者提供的服务仅限于以下部门：（1）医疗和牙医服务；（2）建筑设计服务；（3）工程服务；（4）城市规划服务（城市总体规划服务除外）；（5）计算机及其相关服务；（6）建筑及相关工程服务；	除与市场准入栏中所指类别的自然人入境和临时居留有关的措施外，不作承诺

水平承诺	市场准入限制	国民待遇限制
自然人流动	（7）教育服务：合同服务提供者应具有学士或以上学位；有相应的专业职称或证书，且具有两年专业工作经验；与其雇主签订合同的中方合同主体应为具有教育服务职能的法人机构；（8）旅游服务。（d）维修和安装人员入境停留时间以合同规定期限为准，但最长不得超过6个月	

资料来源：中瑞自贸协定附件7-1中方贸易具体承诺减让表。

（二）分部门承诺

1. 商业服务

（1）中瑞自贸协定与GATS中国商业服务开放部门具体对比

中瑞自贸协定的商业服务部门的开放水平要高于GATS。承诺开放的部门进一步增多。相对于GATS，中瑞自贸协定中，中国新开放了7个小类部门，同时也取消了对租赁服务5个小类部门的开放，但总体来看开放的范围变广了。另外8个部门在GATS承诺的基础上进行了进一步的加深，承诺加深的主要举措表现为取消对外商设立独资企业的时间限制、取消外商企业提供服务的地域限制，这给予了外商企业更充分的发展空间，开放加深。具体见表4-12。

表4-12　中瑞自贸协定与GATS中国商业服务开放部门具体承诺对比

大类	中类	小类	是否新增承诺	是否承诺加深	承诺加深内容
商业服务	A. 专业服务	a. 法律服务（CPC861，不含中国法律业务）		是	市场准入限制取消了对律师事务所代表处的地域限制
		b. 会计、审计和簿记服务（CPC862）			
		c. 税收服务（CPC8630）		是	市场准入限制取消了对外商设立独资子公司的时间限制
		d. 建筑服务（CPC8671）			
		e. 工程服务（CPC8672）			
		f. 综合工程服务（CPC8673）			
		g. 城市规划与风景建筑物服务（CPC8674城市总体规划服务除外）			
		h. 医疗和牙医服务（CPC9312）			

续　表

大类	中类	小类	是否新增承诺	是否承诺加深	承诺加深内容
商业服务	B.计算机及相关服务	a.与计算机硬件安装有关的咨询服务（CPC841）			
		b.软件实施服务（CPC842）			
		c.数据处理服务（CPC843）			
		– 输入准备服务（CPC8431）			
		– 数据处理和制表服务（CPC8432）			
		– 分时服务（CPC8433）			
	C.研发服务	自然科学和工程学的研发服务（CPC8510 不包括中国政府发布的《外商投资产业指导目录》中禁止外商投资的产业）	是		
	D.房地产服务	a.涉及自有或租赁资产的房地产服务（CPC821）		是	市场准入限制取消了对外商设立独资企业的限制条件
		b.以收费或合同为基础的房地产服务（CPC822）		是	市场准入限制由 GATS 中的仅允许外商设立合资企业加深为允许设立外商独资子公司
	E.租赁服务	a.与船舶相关的租赁服务	否（GATS 开放但中瑞自贸协定未开放）		
		b.与飞机有关的租赁服务			
		c.其他运输设备的租赁服务			
		d.其他机械设备的租赁服务			
		e.其他服务			
	F.其他商业服务	a.广告服务（CPC871）		是	市场准入限制取消了对外商设立独资子公司的时间限制
		b.市场调研服务（CPC86401，仅限于设计用来获取一组织产品在市场上前景和表现的信息的调查服务）	是		
		c.管理咨询服务（CPC865）		是	市场准入限制取消了对外商设立独资子公司的时间限制
		d.与管理咨询相关的服务（仅限于除建筑物外的项目管理服务）	是		
		e.技术测试和分析服务（CPC8676 以及 CPC749 涵盖的货物检验服务，但不包括其法定检验）		是	市场准入限制取消了对外商设立独资子公司的时间限制

大类	中类	小类	是否新增承诺	是否承诺加深	承诺加深内容
商业服务	F.其他商业服务	f. 与农业、林业、狩猎和渔业有关的服务（CPC881、CPC882）			
		h. 与采矿相关的服务（CPC883，只包括石油和天然气）	是		
		k. 人员安置服务（CPC872，但不包含CPC87209）	是		
		m.与科技相关的咨询服务（CPC8675、CPC86751、CPC86752）			
		– 陆上石油服务			
		o. 建筑物清洁服务（CPC874）	是		
		p. 摄影服务（CPC875）			
		q. 包装服务（CPC876）		是	市场准入限制取消了对外商设立独资子公司的时间限制
		r. 在费用或合同基础上的包装材料印刷服务（仅限包装装潢印刷）	是		
		s. 会议服务（CPC87909）			
		t. 笔译和口译服务（CPC87905）			
		– 维修服务（CPC63、CPC6112、CPC6122）			
		– 办公机械设备（包括计算机）维修（CPC845、CPC886）			
		– 租赁服务（CPC831、CPC832，但不包括CPC83202）			

资料来源：中瑞自贸协定附件7-1中方贸易具体承诺减让表、GATS中方服务贸易具体承诺减让表。

（2）中瑞自贸协定中国商业服务具体承诺解读

商业服务部门下，中方对跨境交付和境外消费两种提供方式的开放度很高，除表4-13所列部门外，其余部门对跨境交付和境外消费均没有限制。

表4-13　　中瑞自贸协定中方对跨境交付和境外消费采取限制的部门

承诺部门	开放承诺
建筑设计服务	市场准入限制境外交付要求与中国专业机构进行合作，方案设计除外
工程服务	
集中工程服务	
城市规划服务	
广告服务	市场准入限制跨境交付和境外消费要求仅限于通过在中国注册的、有权提供外国广告服务的广告代理
市场调研服务	市场准入和国民待遇限制对跨境交付和境外消费不作承诺
与采矿业相关的服务	由于不具备技术支持，开放条件不成熟。市场准入和国民待遇限制对跨境交付不作承诺
建筑物清洁服务	
摄影服务	
印刷和打印服务	
自然科学和工程学的研究和实验开发服务	

资料来源：中瑞自贸协定附件7-1中方贸易具体承诺减让表。

　　商业服务部门下，中国的部门开放限制主要集中在对商业存在提供方式的限制，限制的措施主要表现为是否允许外商设立独资子公司，是否要求外商企业必须与中国企业合资或者必须与中国企业合作开展工作以及对服务企业和服务提供者的资质要求。但律师服务与陆上石油服务由于其服务性质对开放的要求更多。对商业存在作出限制性开放承诺的部门以及部门具体承诺如表4-14所示。

表4-14　中瑞自贸协定中方仅允许合资或与中国企业合作的部门

承诺部门	开放承诺
会计、簿记和审计服务	市场准入限制要求合伙或有限责任会计师事务所只限于中国主管机关批准的注册会计师
医疗和牙医服务	国民待遇限制要求合资医院和诊所的大多数医生应该具有中国国籍
市场调研服务	市场准入限制仅允许合资企业形式，允许外资拥有多数股权，需进行经济需求测试
与管理咨询相关的服务	市场准入限制仅允许合资企业形式，允许外资拥有多数股权，需进行经济需求测试

续 表

承诺部门	开放承诺
与农业、林业、狩猎和渔业有关的服务	市场准入限制仅允许合资企业形式，允许外资拥有多数股权
与采矿业相关的服务	市场准入限制仅允许与中国合资伙伴合作开采石油和天然气的形式
铁、铜、锰的现场维护和支持服务地质、地球物理和其他科学勘探服务	市场准入限制仅允许以与中国合资伙伴合作勘探铁、铜、锰的方式
近海石油服务	市场准入限制仅允许以与中国合资伙伴合作开采石油的方式
摄影服务	市场准入限制仅允许合资企业形式，允许外资拥有多数股权
会议服务	市场准入限制仅允许合资企业形式，允许外资拥有多数股权

资料来源：中瑞自贸协定附件7-1中方贸易具体承诺减让表。

中方对自然人流动的限制一般体现在服务贸易具体承诺减让表的水平承诺中，各部门的自然人流动如无特别说明均须遵从水平承诺的要求，但商业服务中有的部门在水平承诺的基础上作出了额外承诺，详情见表4-15。

表4-15 中瑞自贸协定中方对商业存在作出其他承诺的部门

承诺部门	开放承诺
法律服务	市场准入限制要求： 瑞士律师事务所仅能以代表处的形式提供法律服务。代表处可从事营利性活动。瑞士代表处的业务范围仅限于以下内容： （a）就律师事务所律师允许从事律师业务的国家／地区的法律及就国际公约和惯例向客户提供咨询； （b）应客户或中国律师事务所的委托，处理该律师事务所律师允许从事律师业务的国家／地区的法律事务； （c）代表外国客户，委托中国律师事务所处理中国法律事务； （d）订立合同以保持与中国律师事务所有关法律事务的长期委托关系； （e）提供有关中国法律环境影响的信息。 按双方议定，委托允许瑞士代表处直接指示受委托的中国律师事务所的律师。瑞士律师事务所的代表应为执业律师，为任一世界贸易组织成员的律师协会的会员，且在中国境外执业不少于2年。首席代表应为瑞士律师事务所的合伙人或相同职位人员（如一有限责任公司律师事务所的成员），且在中国境外执业不少于3年。 国民待遇要求： 所有代表均应每年在中国居住不少于6个月。代表处不得雇用中国国家注册律师

续　表

承诺部门	开放承诺
陆上石油服务	市场准入要求： 仅限于以与中国石油天然气总公司（CNPC）或中国石化（SINOPEC）合作在经中国政府批准的指定区域内开采石油的方式。为执行石油合同，瑞士服务提供者应在中华人民共和国领土内设立一分公司、子公司或代表处，并依法完成注册手续。所述机构的设立地点应通过与中国石油天然气总公司或中国石化协商确定。瑞士服务提供者应在经中国政府批准在中国领土内从事外汇业务的银行开设银行账户 国民待遇要求： 瑞士服务提供者应准确并迅速地向中国石油天然气总公司或中国石化提供关于石油经营的报告，并应向中国石油天然气总公司或中国石化提交与石油经营有关的所有数据和样品以及各种技术、经济、会计和管理报告。中国石油天然气总公司或中国石化应对在实施石油经营过程中获得的数据记录、样品、凭证及其他原始信息拥有所有权。瑞士服务提供者的投资应以美元或其他硬通货支付

资料来源：中瑞自贸协定附件 7-1 中方贸易具体承诺减让表。

　　总体来看，商业服务承诺覆盖度较高，[①] 承诺部门开放度也较高。对专业服务、计算机及相关服务、研发服务、房地产服务、其他商业服务五个中类作出了开放承诺。对商业服务的开放限制主要集中在商业存在和自然人流动两种方式上，对商业存在的限制主要表现为对合资方式以及外资持股比例的限制、服务企业资质和服务提供形式的限制，对自然人流动进行限制的主要措施为限制其入境停留时间或要求其具有某种资质。跨境交付和境外消费除因不具备开放条件不作承诺外鲜有限制。自然人流动限制参照水平承诺。国民待遇限制相对于市场准入限制要宽松。

　　2. 通信服务

　　（1）中瑞自贸协定与 GATS 中国通信服务开放部门具体承诺对比

　　对于通信服务，中瑞自贸协定虽未在《服务贸易总协定》的基础上新增开放的部门，但是对 1 个中类部门和 2 个小类部门进行了开放承诺的提高，取消了对外商拥有多数股权和设立独资企业的时间限制。相对 GATS 而言，中方在中瑞自贸协定中对通信服务的开放度进一步提高，具体情况见表 4-16。

---

① 承诺覆盖度即服务贸易具体承诺减让表中各服务大类下作出承诺的中类部门数与国际服务贸易分类表中中类部门数的相对比例。

表4-16 中瑞自贸协定与GATS中国通信服务开放部门具体承诺对比

大类	中类	小类	是否新增承诺	是否承诺加深	承诺加深内容
通信服务	B. 速递服务			是	取消了对外商拥有多数股权和设立独资企业的时间限制
	C. 电信服务	h. 电子邮件		是	取消了外商拥有股权比例的过渡期
		i. 语音邮件			
		j. 在线信息和数据检索			
		k. 电子数据交换			
		l. 增值传真服务			
		m. 编码和规程转换			
		n. 在线信息或数据处理服务			
		– 寻呼服务			
		– 模拟/数据/蜂窝服务			
		– 个人通信服务			
		– 语音服务			
		b. 分组交换数据传输			
		c. 电路交换数据传输			
		f. 传真服务			
		g. 国内专线电路租用服务			
	D. 视听服务	– 录像、娱乐软件的分销服务		是	取消了对外商投资伙伴只能是外资股权比例在49%以下的公司的限制
		– 录音制品分销服务			
		– 电影院服务			

资料来源：中瑞自贸协定附件7-1中方贸易具体承诺减让表、GATS中方服务贸易具体承诺减让表。

表4-17　除水平承诺外对自然人流动作出额外承诺的部门

承诺部门	承诺内容
医疗和牙医服务	市场准入限制要求：允许持有瑞士颁发的专业证书的外国医师，在获得国家卫生计生委的许可后，在中国提供短期医疗服务。服务期限为6个月，并可延长至1年
与计算机硬件安装相关的咨询服务	国民待遇限制承诺：自然人需为注册工程师或具备学士及以上学位并在该领域有3年工作经验
软件实施服务	
数据处理服务	
市场调研服务	市场准入限制承诺：自然人流动要求有商业存在
与管理咨询相关的服务	
笔译和口译服务	国民待遇限制承诺：需有在口译或笔译领域的3年工作经验，并且熟练掌握了该工作语言

资料来源：中瑞自贸协定附件7-1中方贸易具体承诺减让表。

（2）中瑞自贸协定中国通信服务具体承诺解读

中瑞自贸协定中方的通信服务承诺覆盖度高，包括速递服务、电信服务和视听服务三个中类，但承诺部门开放度相对较低。通信服务对四种提供方式的限制主要集中在商业存在与自然人流动两个方面，限制形式同样表现为对合资方式与外资持股比例的限制。但对电信服务，不仅对商业存在与自然人流动作出了限制，同时也对跨境交付作出了与商业存在同样的限制，其要求瑞士的外商企业只能设立合资企业且股权比例不得超过49%或50%，开放度较低。对国民待遇的限制要比对市场准入的限制宽松。

3.建筑服务

（1）中瑞自贸协定与GATS中国建筑服务开放部门具体承诺对比

相对于GATS，中方在中瑞自贸协定中对建筑及相关工程服务进行了深化开放，该大类部门下所有承诺开放的部门均取消了对外商企业拥有多数股权的时间限制，开放水平提高。具体情况见表4-18。

表4-18 中瑞自贸协定与 GATS 中国建筑服务开放部门具体承诺对比

大类	中类	是否新增承诺	是否承诺加深	承诺加深内容
建筑及相关工程服务	A. 建筑物的总体建筑工作（CPC512）		是	取消了对外商企业拥有多数股权的时间限制
	B. 民用工程的总体建筑工作（CPC5131 ~ 5137）			
	C. 安装和组装工作（CPC514、CPC516）			
	D. 建筑物竣工和修复工作（CPC517）			
	E. 其他工作（CPC511、CPC515、CPC518）			

资料来源：中瑞自贸协定附件7-1中方贸易具体承诺减让表、GATS 中方服务贸易具体承诺减让表。

（2）中瑞自贸协定中国建筑服务具体承诺解读

建筑服务承诺覆盖度高，但承诺部门开放度较低。市场准入与国民待遇限制中跨境交付由于缺乏技术可行性均不作承诺。市场准入限制中对外资可从事的建筑类服务作出了限制性规定，外资企业只能从事以下四类服务：

（a）全部由外国投资和 / 或赠款资助的建设项目。

（b）由国际金融机构资助并通过根据贷款条款进行的国际招标授予的建设项目。

（c）外资等于或超过50%的中外联合建设项目；及外资少于50%但因技术困难而不能由中国建筑企业独立实施的中外联合建设项目。

（d）由中国投资，但中国建筑企业难以独立实施的建设项目，经省政府批准，可由中外建筑企业联合承揽。另外市场准入和国民待遇对自然人流动的限制均参照自然人流动附件。

4. 分销服务

（1）中瑞自贸协定与 GATS 中国分销服务开放部门具体承诺对比

对于分销服务，中瑞自贸协定相对于 GATS 在开放水平上有了很大提升，对四个中类部门进行了开放承诺的加深，取消了其对外商企业的数量限制或者地域限制。具体情况见表4-19。

表4-19 中瑞自贸协定与GATS中国分销服务开放部门具体承诺对比

大类	中类 （不包括盐和烟草）	是否新 增承诺	是否承 诺加深	承诺加深内容
分销服务	佣金代理服务		是	取消了对外商拥有多数股权、设立独资企业、可销售商品的限制
	批发服务		是	取消了对外商拥有多数股权、设立独资企业、可销售商品的限制
	零售服务		是	取消了对合资零售企业的地域限制
	特许经营		是	取消了本部门开放的时间限制
	无固定地点的批发或零售服务			

资料来源：中瑞自贸协定附件7-1中方贸易具体承诺减让表、GATS中方服务贸易具体承诺减让表。

（2）中瑞自贸协定中国分销服务具体承诺解读

中瑞自贸协定中中方的分销服务承诺覆盖度高，但承诺部门开放度较低。对佣金代理服务、批发服务的市场准入限制中跨境交付不作承诺，零售服务市场准入和国民待遇的跨境交付对除邮购外均不作承诺；另外佣金代理服务、批发服务、零售服务在市场准入限制中作出了对外商设立独资企业的限制，但同时又在附加承诺中给予了一些优惠，允许外商投资企业分销其在中国生产的产品，包括在市场准入或部门或分部门栏中所列产品。对自然人流动的限制遵从水平承诺。

5. 教育服务

对于教育服务，中瑞自贸协定与GATS中方的开放部门以及部门开放承诺完全一致，开放程度不变（见表4-20）。

表4-20 中瑞自贸协定与GATS中国教育服务开放部门具体承诺对比

大类	中类
教育服务	A. 初等教育服务（CPC921，不包括CPC92190中的国家义务教育）
	B. 中等教育服务（CPC922，不包括CPC92210中的国家义务教育）
	C. 高等教育服务（CPC923）
	D. 成人教育服务（CPC924）
	E. 其他教育服务（CPC929，包括德语、法语和意大利语语言培训）

资料来源：中瑞自贸协定附件7-1中方贸易具体承诺减让表、GATS中方服务贸易具体承诺减让表。

中瑞自贸协定中，中国教育服务承诺覆盖度高。市场准入和国民待遇中对跨境交付均不作承诺，对自然人流动除水平承诺中的限制外，还增加了一些限制，市场准入限制中除水平承诺中内容和下列内容外不作承诺：瑞士个人教育服务提供者受中国学校和其他教育机构邀请或雇用，可入境提供教育服务。国民待遇限制中规定提供服务的自然人须具备以下资格：具有学士或以上学位，具有相应的专业职称或证书，具有2年专业工作经验。与大多数服务部门不同，教育服务对商业存在国民待遇的限制要比对市场准入的限制严格，市场准入限制允许中外合作办学，外方可获得多数拥有权，但国民待遇限制中对此不作承诺。对自然人流动的限制遵从水平承诺。

6. 环境服务

（1）中瑞自贸协定与 GATS 中国环境服务开放部门具体承诺对比

相对于 GATS，中瑞自贸协定的开放水平更高。不仅新开放了废气清理服务、降低噪声服务、自然和风景保护服务、其他环境保护服务四个中类部门，而且对排污服务、固体废物处理服务、卫生服务均进行了开放承诺的深化，取消了外国服务商只能以合资企业形式存在的限制。具体情况见表4-21。

表4-21 中瑞自贸协定与 GATS 中国环境服务开放部门具体承诺对比

大类	中类	是否新增承诺	是否承诺加深	承诺加深内容
环境服务（不包括环境监测和污染源检查）	A. 排污服务（CPC9401）		是	取消了外国服务商只能以合资企业形式存在的限制
	B. 固体废物处理服务（CPC9402）		是	取消了外国服务商只能以合资企业形式存在的限制
	C. 废气清理服务（CPC9404）	是		
	D. 降低噪声服务（CPC9405）	是		
	E. 自然和风景保护服务（CPC9406，但不包括自然保护区和国家湿地的建设）	是		
	F. 其他环境保护服务（CPC9409）	是		
	G. 卫生服务（CPC9403）		是	取消了外国服务商只能以合资企业形式存在的限制

资料来源：中瑞自贸协定附件7-1中方贸易具体承诺减让表、GATS 中方服务贸易具体承诺减让表。

（2）中瑞自贸协定中国环境服务具体承诺解读

环境服务承诺覆盖度高，承诺部门的开放度也较高。环境服务各部门的国民待遇中除对自然人流动作出限制外，其余三种提供方式均没有限制；但市场准入中不仅规定跨境交付除环境咨询服务外不作承诺，同时还对商业存在作出了限制，主要表现为对外资企业持资方式的限制，是否允许独资以及对持股比例的限制。对自然人流动的限制参照水平承诺。

7. 金融服务

（1）中瑞自贸协定与 GATS 中国金融服务开放部门具体承诺对比

关于金融服务，中方在中瑞自贸协定中的开放水平相较于 GATS 有了很大提升。不仅对超过半数的部门加深了开放承诺，取消了对外商企业开展本币业务以及拥有多数股权的时间限制，而且新开放了非银行金融机构从事的汽车消费信贷服务。展现出了中国对金融服务渐进开放的态度和决心。具体情况见表4-22。

表4-22　中瑞自贸协定与 GATS 中国金融服务开放部门具体承诺对比

大类	中类	小类	是否新增承诺	是否承诺加深	承诺加深内容
金融服务	所有保险及其相关服务	寿险、健康险、养老金 / 年金险		是	取消了在 3 年内对外国服务提供商提供服务的地域限制
		非寿险			
		再保险			
		保险附属服务			
	银行及其附属服务	接受公众存款及其他应收公众资金		是	取消了 5 年内外国金融机构提供本币业务的地理限制，取消了外国金融机构对中国企业提供服务的时间限制
		所有类型的贷款		是	取消了 5 年内外国金融机构提供本币业务的地理限制，取消了外国金融机构对中国企业提供服务的时间限制
		金融租赁		是	取消了 5 年内外国金融机构提供本币业务的地理限制，取消了外国金融机构对中国企业提供服务的时间限制

大类	中类	小类	是否新增承诺	是否承诺加深	承诺加深内容
金融服务	银行及其附属服务	所有支付和汇划服务		是	取消了5年内外国金融机构提供本币业务的地理限制，取消了外国金融机构对中国企业提供服务的时间限制
		担保和承诺		是	取消了5年内外国金融机构提供本币业务的地理限制，取消了外国金融机构对中国企业提供服务的时间限制
		自行或者代客外汇交易			
		提供和转让金融信息、金融信息处理			
		咨询服务			
		证券服务		是	取消了对外商拥有多数股权的时间限制
		非银行金融机构从事的汽车消费信贷	是		

资料来源：中瑞自贸协定附件7-1中方贸易具体承诺减让表、GATS中方服务贸易具体承诺减让表。

（2）中瑞自贸协定中国金融服务具体承诺解读

金融服务作为敏感部门，对市场准入的把控严格，限制较多。保险服务的市场准入对于跨境交付，除再保险，国际海运、空运和运输保险，大型商业险经纪，国际海运、空运和运输外不作承诺；境外消费对保险经纪不作承诺；商业存在对企业形式、业务范围、经营许可三方面进行了限制；国民待遇限制中对商业存在规定，外国保险机构不得从事法定保险业务，对跨境交付和境外支付没有限制。银行及其他金融服务：市场准入对于跨境交付规定，除提供和转让金融信息、金融数据处理以及与其他金融服务提供者有关的软件，作出承诺部门的所有活动进行咨询、中介和其他附属服务，包括资信调查和分析、投资和证券的研究和建议、关于收购的建议和关于公司重组和战略制定的建议外不作承诺；对于境外消费没有限制，商业存在对地域、客户以及经营许可作出了限制；国民待遇中对跨境交付和境外消费没有限制，商业存在除审核措施外没有限制。自然人流动参照水平承诺。

8. 旅游及与旅游有关的服务

中国在中瑞自贸协定与 GATS 中均只对饭店和餐馆、旅行社和旅游经营者两个部门作出了开放承诺。但中瑞自贸协定相对于 GATS 进行了一定的承诺加深，分别取消了饭店和餐馆部门中对外商设立独资企业的时间限制以及旅行社和旅游经营者部门中对商业存在的限制。开放水平有一定提高。具体情况见表4-23。

表4-23   中瑞自贸协定与 GATS 中国旅游及相关服务开放部门具体承诺对比

大类	中类	是否新增承诺	是否承诺加深	承诺加深内容
旅游及与旅游有关的服务	A. 旅馆和餐馆（CPC641～643）		是	取消了对外商设立独资企业的时间限制
	B. 旅行社和旅游经营者（CPC7471）		是	取消了市场准入限制中对商业存在的限制

资料来源：中瑞自贸协定、GATS 中方服务贸易具体承诺减让表。

对于中瑞自贸协定，中方对饭店和餐馆、旅行社和旅游经营者两个中类作出了承诺，承诺部门开放度较高。对于饭店和餐馆，商业存在市场准入规定瑞士服务提供者可以合资企业形式在中国建设、改造和经营饭店、餐馆设施，允许设立外商独资子公司；旅行社和旅游经营者商业存在的国民待遇限制规定合资或独资旅行社和旅游经营者不允许从事中国公民出境及赴中国香港、中国澳门和中国台北的旅游业务，除此之外没有限制。其余除自然人流动参照水平承诺外均没有限制。

9. 文体和娱乐服务

GATS 中中国未对文体及娱乐服务作出开放承诺，在中瑞自贸协定中对该大类的体育和其他娱乐服务中类作出了开放承诺，开放程度提高。该部门除对自然人流动采取了水平承诺中的限制外，其他提供方式均没有限制，单部门开放程度高。具体情况见表4-24。

表4-24 中瑞自贸协定与 GATS 中国文体和娱乐服务开放部门具体承诺对比

大类	中类	是否为中瑞自贸协定新增	是否承诺加深	承诺加深内容
文体及娱乐服务	D 体育和其他娱乐服务（仅限 CPC96411、96412、96413，不包括高尔夫和电竞）	是		

资料来源：中瑞自贸协定附件7-1 中方贸易具体承诺减让表、GATS 中方服务贸易具体承诺减让表。

10. 运输服务

（1）中瑞自贸协定与 GATS 中国运输服务开放部门具体承诺对比

从 GATS 到中瑞自贸协定，中方对运输服务的开放水平有了很大的提升，不仅新开放了5个小类服务部门；还对4个小类服务部门进行了开放承诺的加深，取消了其中两个部门对外商拥有多数股权和成立独资企业的时间限制，还有两个部门对跨境交付模式进行了开放。无论从开放的广度还是深度上都有很大提升。具体情况见表4-25。

表4-25 中瑞自贸协定与 GATS 中国运输服务开放部门具体承诺对比

大类	中类	小类	是否新增承诺	是否承诺加深	承诺加深内容
运输服务	海运服务	国际运输（CPC7211、CPC7212，不包括沿海和内水）			
		海运理货服务（CPC741）	是		
		集装箱堆场服务	是		
		海运报关服务	是		
		海运代理服务	是		
	内水运输服务	货运（CPC7222）	是		
	航空运输服务	航空器的维修服务（CPC8868）			
		计算机订座			
		机场地面服务	是		
	铁路运输服务	铁路货物运输（CPC7112）		是	取消了对外商拥有多数股权和成立独资子公司的时间限制

大类	中类	小类	是否新增承诺	是否承诺加深	承诺加深内容
运输服务	公路运输服务	公路卡车或汽车货物运输（CPC7123）		是	取消了对外商拥有多数股权和成立独资子公司的时间限制
	所有运输方式的辅助服务	储存和仓储服务（CPC742）		是	新增了对跨境交付的开放承诺
		货物运输代理服务（CPC748、CPC749，不包括货物检疫）		是	新增了对跨境交付的开放承诺

资料来源：中瑞自贸协定附件7-1中方贸易具体承诺减让表、GATS中方服务贸易具体承诺减让表。

（2）中瑞自贸协定中国运输服务具体承诺解读

中瑞自贸协定中中方运输服务的承诺覆盖度较高。对跨境交付和境外消费限制较少，对跨境交付不作承诺的部门大多是由于缺乏技术可行性这一不可抗因素，除此之外只有两小类部门对跨境交付不作承诺。市场准入中多对商业存在作出了限制，包括限制持股比例、限制企业持资形式等。其余限制较少。具体作出限制的部门以及部门限制的具体措施见表4-26、表4-27。

表4-26　中瑞自贸协定运输服务对跨境交付不作承诺的部门

部门	说明
海运理货服务	缺乏技术可行性
海运报关服务	
集装箱堆场服务	缺乏技术可行性
航空器的维修服务	缺乏技术可行性
机场地面服务	缺乏技术可行性
仓储服务	

资料来源：中瑞自贸协定附件7-1中方贸易具体承诺减让表。

表4-27 运输服务对商业存在作出限制的部门

部门	具体承诺
海运服务	市场准入限制： 设立注册公司，以经营悬挂中华人民共和国国旗的船队： – 允许外国服务提供者设立合资船运公司 – 外资不得超过合资企业注册资本的49% – 合资企业的董事会主席和总经理应由中方任命 　b）提供国际海运服务的其他商业存在形式：不作承诺 国民待遇限制：对散货、不定期和其他国际船运（包括客运）不作承诺
海运理货服务	市场准入限制：仅限于合资企业形式，允许外资拥有多数股权
集装箱堆场服务	市场准入限制：仅限于合资企业形式，允许外资拥有多数股权
海运代理服务	市场准入限制：仅限于合资企业形式，外资股比不超过49%
内水货运	市场准入和国民待遇均不作承诺
航空器的维修	市场准入限制：允许瑞士服务提供者在中国设立合资航空器维修企业。中方应在合资企业中绝对控股
计算机订座系统服务	市场准入和国民待遇均不作承诺
机场地面服务	市场准入限制：允许瑞士服务提供者设立合资企业提供机场地面服务
铁路货运	
公路卡车和汽车货运	允许设立外商独资子公司
仓储服务	
货物运输代理服务	市场准入限制：允许有至少连续3年经验的瑞士货运代理机构在中国设立合资货运代理。允许设立外资独资子公司。合资企业的经营期限不得超过20年。在中国经营1年以后，合资企业可设立分支机构。瑞士货运代理机构在其第一家合资企业经营2年后，可设立第二家合资企业

资料来源：中瑞自贸协定附件7-1中方贸易具体承诺减让表。

二、对企业的启示

中瑞自贸协定几乎涵盖了服务贸易相关的所有核心条款。最惠国待遇条款、市场准入条款、国民待遇条款、国内法规条款的规定充分保障了中瑞之间服务贸易的公平性。条款的程序性规则比较完善、协议执行力较高，充分降低了中瑞之间进行服务贸易的不确定性，降低了贸易成本。但是协定也设立了严格的服务贸易监督机制，因此双方需要严格按照规定办事，否则违规成本较大。

（一）整体承诺水平高，有助于挖掘中国服务贸易市场和空间

从承诺整体水平而言，中瑞自贸协定不仅在服务贸易的标准和自由度上比 GATS 有所提升，而且在实施力以及实施效果上都要强于 GATS。尽管中瑞自贸协定服务贸易的整体承诺水平高，但与传统的货物贸易相比，中瑞两国之间的服务贸易体量明显不足。2019 年瑞士与中国双边货物进出口额为367.1 亿美元，而 2019 年中瑞两国服务贸易总额仅为 72.42 亿美元，服务贸易仅为货物贸易的 19.73%。可见双方对服务贸易规则所带来的福利仍有很大的挖掘空间，尤其是中国作为世界消费大国，有助于吸引瑞士企业，扩展对于中国市场的布局和谋划以获得更多的贸易利润。

（二）中国高开放部门吸引瑞士优势产业对中国的投资

从承诺开放结构来看，中国对瑞士在商业服务、通信服务、与旅游有关的服务、文体及娱乐服务四个部门开放度较高，在建筑服务、教育服务、分销服务、环境服务、金融服务、运输服务六个部门开放度相对较低。通信服务、旅游服务作为中国的高开放部门同时也是瑞士的竞争优势部门，瑞方可进一步加大对中国的投资力度；而且现阶段中国正在大力加强对知识产权的保护，瑞士相对先进和完善的知识产权保护体系也可以作为未来两国进一步加深服务贸易的方向。

（三）瑞士企业进入中国市场获得公平竞争环境

从中国服务贸易具体承诺减让表可以看出，中国对服务贸易国民待遇限制的开放水平要高于市场准入限制的开放水平，这也体现出中国对服务贸易更加注重边境前的准入门槛，而边境后的准入门槛相对较低，这就给达到市场准入标准进入中国市场的瑞士企业更多的自主权，保证其享受更公平的竞争环境。

（四）中国服务贸易具体承诺减让表中对四种自然人类型作出了开放承诺

商务访问者允许入境最多 6 个月，公司经理和高级管理人员允许入境首

期停留3年，医疗和牙医服务、建筑设计服务、工程服务、城市规划服务、计算机及相关服务、建筑及相关工程服务、教育服务的合同提供者根据合同规定授予居留许可或者首期居留一年，维修和安装人员停留时间以合同规定为准但最多不得超过6个月。因此瑞士服务提供者在进入中国市场之前应充分了解中国对自然人流动停留的时间限制，另外瑞士跨国企业在派遣管理者和服务者时应参照中国的自然人流动规定合理安排，以期发挥更大效率。

（五）中方企业应充分学习和借鉴瑞士先进的服务经验

中方给予瑞方服务企业的优惠政策同时也给中国本土的服务业带来了竞争压力，可能会挤压中国本土服务企业的市场份额，提高企业的生存成本。但外部冲击不失为中国企业实现改革升级的一个契机。一方面中方企业可以积极学习和借鉴瑞方先进的服务理念和服务模式，不断充实和提升自身的服务内容和服务水平；另一方面竞争压力也给企业带来了改革和创新的动力，中方企业应该迎难而上，积极创新，实现服务产业的优化升级，提升企业竞争力。

三、实务应用案例解析

案例：瑞士德科对中国人力资源行业的投资

瑞士德科集团成立于1996年，是全球最大的人力资源服务公司，在全球60多个国家拥有5200家分支机构。2000年，德科集团收购 Olsten Staffing，成为美国最大的招聘公司，总收入达到116亿欧元。FESCO（北京外企人力资源服务有限公司）成立于1979年，是中国第一家人力资源服务企业，发展至今，FESCO 服务超过3万家客户、300万名中外人才，建立了190多家投资公司及分公司，已成为中国体量最大的人力资源综合解决方案提供商。2003年，FESCO 在上海首次建立分公司，如今，FESCO 在全国已有230余家投资公司及分公司，服务覆盖全国400多个城市。

2010年12月3日，瑞士德科与 FESCO 合资建立外企德科（FESCO

Adecco），为企业及个人提供业务外包、人事服务、招聘猎头和员工福利等人力资源解决方案，为客户打开通向国际市场及创新型人力资源服务模式的大门，推动中国乃至全球的人力资源外包产业的健康发展。目前，外企德科在浙江、陕西、重庆、深圳、苏州都设有分支机构，截至2020年底，在全国服务人数超过200万名，服务客户超2万家。

目前，中国人力资源服务业从业人员已超过60万人，全年营业总收入1.77万亿元，人力资源服务业已成为现代服务业和生产性服务业的重要组成部分。在中瑞签订的自由贸易协定中涉及的人力资源服务为管理咨询服务，其中，中国对跨境交付和境外消费的服务提供方式没有限制，允许设立外商独资子公司，在国民待遇上仅对自然人流动有限制；瑞士的开放程度相对更大一些，市场准入限制和国民待遇都仅对自然人移动有限制。

案例：瑞士洛桑酒店管理学院集团咨询公司进入中国

瑞士的旅游服务发达，受惠于中瑞自贸协定在中国开展旅游服务可以享受服务贸易条款所带来的更加公平的竞争环境和更加优惠的开放环境。

伴随着中国旅游业的蓬勃发展，近年来，酒店业成为最炙手可热的投资领域。来自瑞士的洛桑酒店管理学院集团咨询公司（以下简称"洛桑酒店"）自进入中国以来投入巨资，致力于将欧洲的酒店教育和咨询解决方案引入中国市场，使其在文化上适合中国市场，目前中国已经成为该集团在全球最重要的单一大市场，并对东亚和东南亚未来的发展起着重要的互补作用。

当下，中国酒店及泛服务业市场仍处于较快上升阶段，越来越多的投资人将目光投向服务行业，对卓越服务的需求和关注也日益提升；在加强职业教育专业性的同时，中国酒店、旅游及泛服务业教育行业也在不断向学位教育及高等教育推进。因此洛桑酒店作为酒店管理教育领域的先驱者和开拓者，正在致力于帮助中国同行开发一流的解决方案，将国际专业知识带到中国市场。这其中就包括酒店及泛服务业职业培训和高等认证教育、为各行各业提供服务基因提升全套解决方案等。

中国的酒店应充分学习瑞士酒店先进的管理理念和经营理念，尽快提高酒店行业的服务水平，提升酒店服务的国际竞争力。

第六节 瑞士对中国服务贸易具体承诺解读

瑞士对中国服务贸易具体承诺的解读主要分为三个方面，一是解读瑞士对中国服务贸易具体承诺减让表涉及的部门和产业；二是通过解读瑞士服务贸易具体承诺减让表给中国的服务贸易企业予以一定的启示；三是中国与瑞士之间开展服务贸易的成功案例。

一、瑞士对中国服务贸易具体承诺减让表所涉及的部门和产业

GATS 中瑞方对 10 个大类部门、38 个中类部门、73 个小类部门作出了开放承诺，中瑞自贸协定中瑞方对 10 个大类部门、41 个中类部门、93 个小类部门作出了开放承诺，开放范围进一步扩大；同时中瑞自贸协定在 GATS 的基础上对 9 个部门进行了承诺加深，提高了部门开放水平，开放深度进一步加大。可见从 GATS 到中瑞自贸协定，瑞士的服务贸易开放也在不断加大加深，开放的部门更多，部门的开放度更高，给中国服务企业提供了充分的市场空间。

本部分将分为水平承诺和部门承诺两部分对瑞士的服务贸易具体承诺减让表进行解读。

（一）水平承诺

水平承诺是服务贸易具体承诺减让表的统领性承诺，适用于承诺减让表中涉及的所有部门。也就是说各部门不仅要遵循本部门的具体承诺，还要遵循水平承诺，受水平承诺和部门具体承诺的双重约束。

瑞士服务贸易具体承诺减让表对市场准入限制的水平承诺为：对跨境交付、境外消费和商业存在均没有限制。对自然人流动的限制为，临时自然人流动对四类人员作了限制：公司内部流动的管理人员和高级管理人员以及专家，该类人员停留瑞士的时间为 3 年，最多可延长至 5 年，负责建立商业存在的商务访客和服务销售人员，建筑设计服务、工程服务、综合工程服务、城市规划服务、计算机硬件安装的咨询服务、软件施工服务、管理咨询服务、技术测试分析服务、汉语相关的笔译和口译服务的合同提供者，安装和维护

人员停留瑞士的期限为每年90天，如果申请次年续期，申请人必须在期限结束后在国外居住至少2个月。

对于国民待遇限制的水平承诺为，对跨境交付和境外消费没有限制，且除补贴、税收鼓励和税收抵免外不作承诺；对商业存在的限制见表4-28。

表4-28 国民待遇限制下对商业存在的水平承诺

条件	国民待遇限制
理事组成	"股份制公司"或"无限合伙股份公司"：董事会多数成员必须居住在瑞士。但实际居住地要求可能会低于该标准 "有限责任公司"：至少有一名经理必须居住在瑞士 "合作社"：大部分管理人员必须居住在瑞士
股东组成	"股份制公司"可在公司章程中作出如下规定：如果某人成为记名股票所有者后可能会导致公司无法提供瑞士联邦法律规定的股东构成证明，则公司可以拒绝该人成为记名股票所有者
分公司	公司正式授权的分公司全权代表（自然人）必须在瑞士居住
无法人资格的商业存在	自然人成立商业存在或根据瑞士法律不具备法人资格的商业存在（即"股份制公司""有限责任公司"和"合作社"以外的形式），需按照州法律要求持有永久居留证
补贴条件	补贴、税收优惠和税收抵免仅限于瑞士特定地区的居民
房地产购置	非瑞士常住居民的外国人或总部位于国外或受外国控制的企业购置房地产需经授权。下列情况除外： （a）购置的房地产限于专业用途和经营活动 （b）购置的房地产主要用于满足住在瑞士的外国人的个人住房需求。购置度假所和第二居所是为满足个人住房需求的，经核实目的后，可获得授权。禁止属于纯粹金融投资和住宅交易的房地产购置，但以下情况除外： （1）外国人可以不经允许投资拥有房地产并进行交易的法人的金融项目（即股票），只要上述项目是在瑞士证券交易所交易的 （2）外国和外资控股的银行和保险公司可以购置房地产，用于破产或清算时偿付按揭贷款 （3）外国和外资控股的保险公司购置的房地产总值不超过该公司在瑞士经营所需的资金储备

资料来源：中瑞自贸协定附件7-2瑞方贸易具体承诺减让表。

对自然人流动在市场准入限制的基础上新增了以下约束措施：（a）法律和/或集体协议（关于薪酬、工作时间等）规定的分公司的工作环境和活动场所；（b）限制瑞士境内员工地域流动的措施；（c）涉及社会保障和公共退休计划（资格时限、居住要求等）的法规制度；（d）所有其他有关移民、入境、居留和工作的法律规定。雇用这类人的企业应当根据要求，配合这些措施的主管当局展开工作。补贴、税收优惠和税收抵免仅限于瑞士特定区域的居民。

（二）分部门承诺

1. 商业服务

（1）中瑞自贸协定与 GATS 瑞士商业服务开放部门具体承诺对比

从 GATS 到中瑞自贸协定，瑞士对商业服务的开放水平有一定的提高。主要体现在开放范围的扩大上，相对于 GATS，中瑞自贸协定中瑞士新开放了 8 个服务贸易小类部门。但原有部门的开放深度变化不大，只是对建筑设计服务进行了一定的开放升级，取消了对在卢塞恩州提供服务需要三年实习时间的限制。但这并不表示，瑞士对部门的开放深化止步不前，而是在 GATS 时期，瑞士的商业服务开放已经达到了很高的水平。具体情况见表 4-29。

表 4-29　中瑞自贸协定与 GATS 瑞士商业服务开放部门具体承诺对比

大类	中类	小类	是否新增承诺	是否承诺加深	开放承诺加深内容
商业服务	A. 专业服务	a. 法律服务（CPC861 中的国际商事仲裁、法律咨询、中介和法外调解、专利代理人以及商标服务）			
		b. 会计、簿记和审计服务（CPC862）			
		c. 税收服务（CPC863）			
		d. 建筑设计服务（CPC8671）		是	取消了对在卢塞恩州提供服务需要三年实习时间的限制
		e. 工程服务（CPC8672）			
		f. 集中工程服务（CPC8673）			
		g. 城市规划和景观建筑服务（CPC8674）			
		h. 医疗和牙医服务（CPC9312）			
		i. 兽医服务（CPC932）			
	B. 计算机及相关服务	a. 与计算机硬件安装有关的咨询服务（CPC841）			
		b. 软件实施服务（CPC842）			
		c. 数据处理服务（CPC843）			
		d. 数据库服务（CPC844）			
		e. 其他（CPC845 包括计算机在内的办公设备的维修、CPC8491 数据准备、CPC8499 客户员工培训）			

续　表

大类	中类	小类	是否新增承诺	是否承诺加深	开放承诺加深内容
商业服务	C.研发服务	a. 自然科学研发服务（CPC851）			
		b. 社会科学研发服务（CPC852）			
		c. 跨学科研发（CPC853）			
	D.房地产服务	a. 涉及自有或租赁房地产的服务（CPC821）	是		
		b. 基于收费或合同的房地产服务（CPC822）	是		
	E.无经营者租赁服务	a. 船舶租赁（CPC83103）			
		b. 飞机租赁（CPC83104）			
		d. 与其他运输设备相关（CPC83101～83109，不包括CPC83104）			
		e. 其他——个人及家庭商品租赁服务，不包括任何类型的色情或暴力内容的商品（CPC832部分）			
	F.其他商业服务	a. 广告服务（CPC871，不包括CPC8711、CPC8712、CPC8719）			
		b. 市场调研和民意调查服务（CPC864）			
		c. 管理咨询服务（CPC865）			
		d. 项目管理服务（CPC86601）			
		e. 技术测试和分析服务（CPC8676）			
		f. 与农业狩猎和林业相关的咨询服务（CPC881）——与林业和伐木相关的服务，不包括飞机消毒和消防（CPC8814）			
		g. 与渔业有关的服务（CPC882）			
		h. 与采矿相关的服务（CPC883，不包括勘探、测量和开采）			
		i. 与制造业相关的服务（CPC884、CPC885，不包括CPC88442）			
		m. 与科技相关的咨询服务（CPC8675）			
		n. 设备保养和维护（CPC633、CPC8861、CPC8862、CPC8863、CPC8864、CPC8865、CPC8866）			
		o. 建筑物清洁服务（CPC874，不包括CPC87409）			
		p. 摄影服务（CPC875）			
		q. 包装服务（CPC876）			
		r. 印刷出版服务（CPC88442）			

续 表

大类	中类	小类	是否新增承诺	是否承诺加深	开放承诺加深内容
商业服务	F. 其他商业服务	s. 会议服务（CPC87909）			
		t. 笔译和口译服务（CPC87905）	是		
		u. 电话应答服务（CPC87903）	是		
		v. 复制服务（CPC87904）	是		
		w. 邮件列表的编制和邮寄服务（CPC87906）	是		
		x. 专业设计服务（CPC87907）	是		
		个人表演代理服务	是		
		工作场所功能划分设计服务	是		
		其他商业资讯服务	是		

资料来源：中瑞自贸协定附件7-2瑞方贸易具体承诺减让表。

（2）中瑞自贸协定瑞士商业服务具体承诺解读

瑞士的商业服务开放度很高。瑞士的商业服务共对专业服务、计算机及其相关服务、研发服务、房地产服务、无操作人员的租赁服务、其他商业服务6个中类作出了承诺，承诺部门覆盖了商业服务大类下的所有中部门，而且承诺部门的开放度都很高，仅对9个小类部门作出了开放限制且限制程度低。具体情况见表4-30。

表4-30 瑞士商业服务有开放限制的部门

部门	具体承诺
审计服务	国民待遇限制的四种提供方式均承诺：除要求股份有限公司须至少配有一名审计员或者必须在瑞士设有办公地点、总办事处或注册的分公司外，没有限制
工程服务	国民待遇限制的跨境交付、商业存在和自然人流动承诺：当通过考试后交付给合格测量员的瑞士许可证在以官方公共目的的调查活动中是必须的，除此之外，没有限制
医疗和牙医服务	国民待遇限制商业存在和自然人流动承诺：除独立执业时必须是瑞士国籍外，没有限制
兽医服务	
与船舶相关的租赁服务	市场准入限制商业存在承诺：除悬挂瑞士国旗航行的船舶必须100%由瑞士公民持有或控制，其中3/4的公民需在瑞士居住外没有限制。国民待遇限制的商业存在承诺：除根据《曼海姆公约》及相关协议，包括沿海航行权在内的航权是受限的，船舶的所有者必须在瑞士拥有适当的管理机构外没有限制

续　表

部门	具体承诺
户外广告服务	市场准入限制和国民待遇限制由于技术原因对跨境交付不作承诺；市场准入限制对商业存在承诺：除公共场地的户外广告服务只有在州和市政府的长期独家供应商合同的外包下才被允许外，没有限制
建筑物清洁服务	市场准入限制和国民待遇限制由于技术原因对跨境交付不作承诺；市场准入限制对商业存在承诺：除公共场地的户外广告服务只有在州和市政府的长期独家供应商合同的外包下才被允许外，没有限制
包装服务	
笔译和口译服务	国民待遇限制的四种提供方式均承诺：除苏黎世州和日内瓦州要求为官方提供翻译服务需有居住要求外，没有限制

资料来源：中瑞自贸协定附件7-2瑞方贸易具体承诺减让表。

2. 通信服务

对于通信服务，瑞士在中瑞自贸协定中的开放部门以及部门开放承诺与GATS相差无几，只是相对于GATS新开放了快递服务一个小类服务部门。具体情况见表4-31。

表4-31　中瑞自贸协定与GATS瑞士分销服务开放部门对比

大类	中类	小类	是否新增承诺	是否承诺加深	承诺加深内容
通信服务	A/B. 邮政／速递服务（CPC7511、CPC7512）		是		
	电信服务	a. 电话服务			
		b. 分组交换数据传输			
		c. 电路交换数据传输			
		d. 电传业务			
		e. 电报业务			
		f. 传真业务			
		g. 私人租用电路服务			
		– 连接到公共交换电话网的互联网语音服务			
		h. 电子邮件			
		i. 语音邮件			
		j. 在线信息和数据检索			
		k. 电子数据交换			

大类	中类	小类	是否新增承诺	是否承诺加深	承诺加深内容
通信服务	电信服务	l. 增值传真服务			
		m. 编码和规程转换			
		n. 在线信息和数据处理			
		o. 其他服务			
		– 图文信息			
		– 增值服务，基于包括增值传呼服务在内的授权无线网络			

资料来源：中瑞自贸协定瑞方服务贸易具体承诺减让表。

中瑞自贸协定中通信服务涵盖了速递服务、邮政服务、电信服务三个种类，承诺覆盖度相对较高，承诺部门开放度极高，无论是市场准入还是国民待遇都对跨境交付、境外消费、商业存在没有限制。自然人流动限制遵从水平承诺。

3. 建筑服务

瑞士在中瑞自贸协定中的开放承诺与 GATS 中完全一致，都展现出了对商业服务极高的开放水平。具体情况见表4–32。

表4–32　中瑞自贸协定与 GATS 瑞士分销服务开放部门对比

大类	中类
建筑服务	A. 建筑物的总体建筑工作（CPC512）
	B. 民用工程的总体建筑工作（CPC5131～5137）
	C. 安装和组装工作（CPC514、CPC516）
	D. 建筑物的装修工作（CPC517）
	E. 其他工作（CPC511、CPC515、CPC518）

资料来源：中瑞自贸协定附件7–2瑞方贸易具体承诺减让表。

建筑服务覆盖了大类下的所有中类，承诺部门的开放度也很高，无论是市场准入还是国民待遇，除由于缺乏技术可行性对跨境交付不作承诺外，境外消费和商业存在则没有限制，自然人流动参照水平承诺。

4. 分销服务

从 GATS 到中瑞自贸协定，瑞士对分销服务的开放变化不大，仅仅是对佣金代理服务取消了一些州对销售地域的限制。具体情况见表4–33。

表4–33　中瑞自贸协定与 GATS 瑞士分销服务开放部门对比

大类	中类（不包括进口许可、药品、有毒物质、爆炸物、武器和弹药以及贵金属的代理服务）	是否新增承诺	是否承诺加深	承诺加深内容
分销服务	A. 佣金代理服务（CPC621）		是	取消了一些州对销售区域的限制
	B. 批发服务（CPC622）			
	C. 零售服务（CPC631、CPC632、CPC6111、CPC6113和 CPC6121）			
	D. 特许经营（CPC8929）			

资料来源：中瑞自贸协定附件7–2瑞方贸易具体承诺减让表。

而且中瑞自贸协定中分销服务覆盖了大类下的所有中类，承诺部门的开放度相对较高。除零售服务和批发服务对商业存在规定遵循州和 / 或市级审批程序，但仍可能会导致授权拒绝的大型分销设施外，没有限制；零售服务的国民待遇限制除自然人流动要求在瑞士有商业存在的形式外没有其他限制。其余自然人流动参照水平承诺。

5. 教育服务

中瑞自贸协定与 GATS 相比，教育服务的开放变动也不大，仅是新开放了包括烹饪和汉语在内的其他教育服务，开放水平稍有提升。具体情况见表4–34。

表4–34　中瑞自贸协定与 GATS 瑞士教育服务开放部门对比

大类	中类	是否新增承诺	是否承诺加深	承诺加深内容
教育服务	A. 初等教育服务（小学和中学Ⅰ阶段）（CPC921 和 CPC922）			
	B. 中等教育服务（中学Ⅱ阶段）（CPC922 部分）			
	C. 高等教育服务（CPC923）			
	D. 成人教育服务（CPC924）			
	E. 其他教育服务（CPC929 包括汉语和烹饪）	是		

资料来源：中瑞自贸协定附件7–2瑞方贸易具体承诺减让表。

中瑞自贸协定中教育服务覆盖了全部中类，且承诺部门的开放度高。除对初等教育服务在市场准入限制和国民待遇限制下对跨境交付和境外消费以及自然人流动不作承诺外，其余部门跨境交付、境外消费、商业存在均没有限制，自然人流动参照水平承诺。

6. 环境服务

相对于GATS中瑞自贸协定并未开放新的服务部门，但是对固体废物处理服务、卫生服务进行了开放承诺的加深：固体废物处理服务的市场准入限制中新开放了垃圾堆处理服务，卫生服务新增了对跨境交付模式的开放。详情见表4-35。

表4-35　中瑞自贸协定与GATS瑞士环境服务开放部门对比

大类	中类		是否新增承诺	是否承诺加深	承诺加深内容
环境服务（不包括环境监测和污染源检查）	A. 排污服务（CPC9401）				
	B. 固体废物处理服务（CPC9402）			是	市场准入中新开放了垃圾堆处理服务
	C. 卫生服务（CPC9403）			是	新增了对跨境交付模式的开放
	D. 其他环境保护服务	废气清理服务（CPC9404）			
		降低噪声服务（CPC9405）			
		自然和风景保护服务（CPC9406）			
		其他环境及配套服务，不包括和毒素或放射性相关的强制性环境影响力评估和服务（CPC9409）			

资料来源：中瑞自贸协定附件7-2瑞方贸易具体承诺减让表。

中瑞自贸协定中环境服务覆盖度较高，但承诺部门的总体开放度不高。污水处理服务和垃圾处理服务的跨境交付由于缺乏技术可行性不作承诺，且垃圾处理服务的自然人流动在瑞士要求有商业存在。其余部门除自然人流动外均没有限制。

7. 金融服务

与GATS相比，中瑞自贸协定瑞士的金融服务承诺变化较大，主要体现在：首先是取消了对小类部门的分类具体承诺，对金融服务的保险及其相关服务、银行及其他金融服务两个中类部门进行了开放承诺，但总体来看中瑞自贸协定金融服务的开放水平还是要高于GATS。详情见表4-36。

表4-36　中瑞自贸协定与GATS瑞士金融服务开放部门对比

大类	中类	是否新增承诺	是否承诺加深	承诺加深内容
金融服务	所有保险及其相关服务		是	跨境交付和境外消费都新增了开放承诺
	银行及其他金融服务		是	中瑞自贸协定中瑞士对银行及其他金融服务并未细分小类服务部门，而是对中类部门的总体承诺，但总的来看，开放承诺加深

注：中瑞自贸协定中瑞士对金融服务的承诺是针对全部中类，并未分小类进行具体承诺。
资料来源：中瑞自贸协定附件7-2瑞方贸易具体承诺减让表。

中瑞自贸协定中金融服务对银行及保险两大部门作出了承诺，承诺开放度较低，具体按市场准入限制和国民待遇限制进行分析。

市场准入限制：保险服务对跨境交付和境外消费没有限制，但是对商业存在要求代表处不能开展业务或者担任代理人；在瑞士注册成立的保险公司，要求采取"股份有限公司"或"合作社"的公司形式；对于外资保险公司的分支机构，其总部所在国的公司形式必须同瑞士的"股份有限公司"或者"合作社"等同；健康险提供商参与基本医疗保险计划时，要求以协会、合作社、基金会或者股份有限公司形式组织参与；养老基金参与法定养老基金计划时要求以"合作社"或者基金会的形式组织参与。自然人流动参照水平承诺。

国民待遇限制：保险服务对跨境交付和境外消费没有限制，对商业存在要求在总部所在国的直接保险业务领域有至少三年的从业经验。对自然人流动的限制参照水平承诺。银行服务对于跨境交付要求外国投资基金只能通过居住在瑞士的授权代理人进行销售或者分销，对境外消费没有限制，对于商业存在，如果金融服务提供者的最终股东或者受益人是非缔约方的人，其商业存在方式可能被拒绝；办事处既不能处理业务也不能担任代理人。国民待遇限制中对跨境交付要求外国集体投资基金缴纳印花税，对境外消费没有限制，对商业存在规定国外金融服务提供者的商业存在受有关该公司名称以及原产国金融机构法规的具体要求限制。自然人流动参照水平承诺。

8. 与旅游有关的服务

中瑞自贸协定和 GATS 的与旅游有关的服务均只开放了旅馆和餐馆服务、旅行社和旅游经营者服务、导游服务三个服务部门，中瑞自贸协定对旅馆和餐馆服务以及旅行社和旅游经营者服务进行了开放承诺的加深，旅馆和餐馆服务取消了对餐馆和旅馆需取得营业资质和从业人员需取得从业资格的限制，导游服务取消了对登山类导游的限制。详情见表4-37。

表4-37 中瑞自贸协定与 GATS 瑞士旅游及相关服务开放部门对比

大类	中类	是否新增承诺	是否承诺加深	承诺加深内容
与旅游有关的服务	A. 旅馆和餐馆（CPC641～643）		是	取消了对餐馆和旅馆需取得营业资质和从业人员需取得从业资格的限制
	B. 旅行社和旅游经营者（CPC7471）			
	C. 导游服务（CPC7472）		是	减少了对登山类导游的限制

资料来源：中瑞自贸协定附件7-2瑞方贸易具体承诺减让表。

总体来看，中瑞自贸协定对瑞士的与旅游有关的服务承诺覆盖度相对较高，承诺部门开放度较高。除旅馆和餐馆服务的跨境交付由于缺乏技术可行性不作承诺外，其余没有限制。自然人流动参照水平承诺。

9. 文体及娱乐服务

瑞士在 GATS 和中瑞自贸协定中对文体及娱乐服务均只开放了新闻出版服务、体育和其他娱乐服务两个中类部门，其部门开放承诺没有变化。总体来看，文体及娱乐服务承诺覆盖度不高，承诺部门开放度高，除自然人流动外均没有限制（见表4-38）。

表4-38　中瑞自贸协定与GATS瑞士文体和娱乐服务开放部门对比

大类	中类	是否新增承诺	是否承诺加深	承诺加深内容
文体及娱乐服务	B. 新闻出版服务（CPC962）			
	D.体育和其他娱乐服务（CPC9641）			

资料来源：中瑞自贸协定附件7-2瑞方贸易具体承诺减让表。

10.运输服务

从GATS到中瑞自贸协定，瑞士运输服务的开放度有很大的提升。主要体现在开放部门的增多，相比于GATS，中瑞自贸协定中瑞士新开放了7个小类部门以及6个小类部门附属部门；同时还对航空器的保养和修理进行了开放承诺的加深，新增了对跨境交付提供方式开放。具体情况见表4-39。

表4-39　中瑞自贸协定与GATS瑞士运输服务开放部门对比

大类	中类	小类	是否新增承诺	是否承诺加深	承诺加深内容
运输服务	A. 海运服务	a. 客运（CPC7211）	是		
		b. 货运（CPC7212）	是		
		d. 航海船只的保养和维修（CPC8868）	是		
		– 海运理货服务（CPC741）	是		
		– 港口储存服务（CPC742）	是		
		– 通关服务（CPC748）	是		
		– 集装箱堆场服务（CPC742）	是		
		– 海运代理服务（CPC748、749）	是		
		– 海上货运代理（CPC748、749）	是		
	B. 内水运输	a. 客运（CPC7221）			
		b. 货运（CPC7222）			
		c. 配备船员的船只租赁（CPC7233）			
		d. 船只的保养和维修（CPC8868）			
		e. 拖吊服务（CPC7224）			
		f. 内水运输配套服务（CPC745）			

续　表

大类	中类	小类	是否新增承诺	是否承诺加深	承诺加深内容
运输服务	C.空运服务	– 航空器的保养和修理		是	新增了对跨境交付的开放承诺
		– 计算机订座	是		
		– 航空运输服务的销售和市场营销	是		
		– 机场地面服务（CPC7461）	是		
		– 机场管理服务（CPC7461）	是		
	D.空间运输				
	E.铁路运输	a.货物运输（CPC7112）			
		b.铁路客运（CPC7111）			
		c.拖吊服务（CPC7113）			
		d.铁路运输设备的保养和维修（CPC8868）			
	F.公路运输	a.客运（CPC7121/CPC7122）			
		b.货运（CPC7123）			
		c.租用有操作员的商业运输工具（CPC7124）			
		d.公路运输设备的保养和维修（CPC6112、CPC8867）			
		e.其他支持服务（CPC7449）			
	H.所有运输方式的辅助服务	a.货物装卸服务（CPC741）			
		b.仓储服务（CPC742）			
		c.货运代理服务（CPC748）			
		d.其他运输辅助服务（CPC749）			

资料来源：中瑞自贸协定附件7-2瑞方贸易具体承诺减让表。

中瑞自贸协定瑞士的运输服务覆盖度较高，除个别部门的跨境交付缺乏技术可行性不作承诺外，其余大多没有限制。自然人流动参照水平承诺（见表4-40）。

表4-40　瑞士运输服务中对跨境交付不作承诺的部门

部门	备注
海洋客运	缺乏技术可行性
海洋货运	缺乏技术可行性

续　表

部门	备注
航海船只的保养和维修	缺乏技术可行性
海洋货物装卸服务	缺乏技术可行性
海洋仓储和存储服务	缺乏技术可行性
通关服务	缺乏技术可行性
集装箱堆场服务	缺乏技术可行性
内水旅客运输	
内水货物运输	
配备船员的船只租赁	
船只的保养和维修	缺乏技术可行性
拖吊服务	缺乏技术可行性
机场地面服务	缺乏技术可行性
机场管理服务	缺乏技术可行性
空间服务	缺乏技术可行性
铁路客运	
铁路货运	
铁路拖吊服务	
铁路运输设备的维修和保养服务	缺乏技术可行性
所有运输方式的仓储服务	缺乏技术可行性

资料来源：中瑞自贸协定附件7-2瑞方贸易具体承诺减让表。

二、对企业的启示

（一）充分利用瑞士对服务贸易开放多的机会，加强合作

瑞方的服务贸易具体承诺减让表中，所开放的服务项目要多于中国，为中国服务开放提供了更大的市场和可选择性，而且瑞方对所开放服务项目的限制也相对较少，进一步降低了中方对瑞方进行服务贸易的门槛。中方企业完全可以参照瑞方的具体承诺减让表选择服务项目进行经营以获得更多收益。

（二）利用中国比较优势和瑞士的部门开放差异精准突破

从瑞方的承诺开放结构来看，瑞方的商业服务、通信服务、分销服务、

文体及娱乐服务四个部门开放度较高，建筑服务、教育服务、环境服务、金融服务、与旅游有关的服务、运输服务六个部门开放度较低。中方企业应充分参照中瑞双方的服务贸易结构和承诺开放结构，找准开放方向，精准突破，开辟更大市场，获取更多贸易利得，如目前中国在商业服务、通信服务、分销服务都有着不错的竞争力，可以进一步开发利用瑞方该领域高水平开放带来的机遇，扩大市场。

（三）充分了解市场准入和国民待遇限制的差异

瑞方的服务贸易具体承诺减让表同样表现出市场准入限制壁垒高于国民待遇限制壁垒，充分给予了已经通过市场准入的中国企业更高的自主权和发展空间，保障了中国企业与瑞士本土企业竞争的公平性。因此中国在进行服务贸易开放时要重点关注边境的市场准入限制标准，同时也要充分了解国民待遇限制，以防仅参照市场准入限制标准而局限了发展空间。

（四）合理利用自然人停留期限，提高对跨国公司的管理效率

瑞方服务贸易具体承诺减让表中对自然人流动的要求严格，开放度不高，临时自然人流动仅对四类人员作出了限制：公司内部流动的管理人员和高级管理人员以及专家，该类人员停留瑞士的时间为3年，最多可延长至5年，负责建立商业存在的商务访客和服务销售人员，建筑设计服务、工程服务、综合工程服务、城市规划服务、计算机硬件安装的咨询服务、软件施工服务、管理咨询服务、技术测试分析服务、汉语相关的笔译和口译服务的合同提供者，安装和维护人员停留瑞士的期限为每年90天，如果申请次年续期，申请人必须在期限结束后在国外居住至少2个月。但是瑞士对有商业存在的公司内部流动的限制相对中国较低，允许停留的时间上限更高，这相对有利于中国对跨国公司的管理。

（五）进一步拓展中医服务在瑞士的市场

中瑞自贸协定除设立了国民待遇、市场准入、最惠国待遇、国内法规等

核心条款保障了中瑞之间服务贸易的公平性、降低了不确定性外，服务章节的附件中还对中医服务进行了特别规定，规定缔约双方应该加强合作，推广传统中医服务的实践，中医服务人员可以申请工作许可以及短期或年度的许可，这更有利于中国传统服务的输出，在获得贸易利得的同时也能宣传中国的传统文化。

三、实务应用案例解析

案例：中国工商银行苏黎世分行落户瑞士

中瑞自贸协定中服务贸易章节金融服务条款规定，对于在具体承诺减让表中作出开放承诺的部门，中国的金融服务提供者可以享受服务贸易章节中市场准入、最惠国待遇以及国民待遇，进入瑞士市场时可以不被采取数量限制措施，进入市场后可以享受与瑞士本土企业或者服务提供者同等水平的国民待遇，这充分保障了中国服务开放企业和服务提供者的权益。

2017年12月中国工商银行苏黎世分行（以下简称"苏黎士分行"）落户瑞士。其业务内容包括公司贷款、贸易融资、存款、汇款、外汇交易、结算和清算等。苏黎世分行借助集团人民币第一大行和主要做市商的优势，为公司客户和金融机构客户提供优质的人民币存、贷、汇以及人民币外汇交易，人民币清算以及人民币流动性支持。为有意投资中国的瑞士投资者提供广泛的网络和便捷的服务，同时充分利用工商银行丰富的客户基础，服务于那些有意拓展瑞士市场的中国企业。值得欣喜的是，瑞士的其他金融机构对与中国合作也有浓厚的兴趣。曾牵头负责中国工商银行上市的瑞信银行，在2005年与中国工商银行成立了合资企业，促进了中瑞之间金融服务的合作交流，中国企业由此学习瑞士金融服务的先进经验，提升了自身金融服务水平。

案例：华为公司在瑞士开展5G市场的业务

中瑞双方均在服务贸易具体承诺减让表中对电信服务作出了较高水平的开放承诺，给双方的电信开放提供了制度支持。华为公司利用中瑞自贸协定带来的平台和贸易便利，在瑞士开展了电信相关业务，特别是5G市场的业务。

瑞士电信市场属于欧洲的高端市场，瑞士人民对通信服务有着严谨的质量要求。华为公司与瑞士第二大电信运营商 Sunrise 多年的成功合作，显示出华为公司在电信高端市场的重要作用。2012年 Sunrise 和华为公司在电信管理服务领域展开合作，2016年双方签署了5年的 ICT 管理服务合同，华为公司向 Sunrise 提供全方位的运维服务，包括 IT 基础设施运维、电信网络运维、一线维护和备件管理，而 Sunrise 则专注于新型业务的拓展，以及企业自身数字化的转型。2019年，华为公司延长了与 Sunrise 电信公司的合作关系，并将在瑞士建立欧洲首个5G联合创新中心；Sunrise 也将和华为公司共同研究和开发面向私营和商业领域的5G应用。联合创新中心将利用 Sunrise 位于 Opfikon 的总部启动即将商业化的实时5G应用场景，从而进一步帮助构建瑞士5G生态系统。

华为公司可以利用在瑞士的布局以及成功经验去突破其他处于摇摆或者是有意向与华为公司共建5G事业的国家市场。华为公司在欧洲市场的良好表现，不仅为瑞士提供了高质量的电信服务，也为中国其他电信企业提供了借鉴。

第五章

《中国—瑞士自由贸易协定》的
投资

中瑞自贸协定的投资规则由两部分构成，一是中瑞于1986年签署，2009年修订，并于2010年生效的《中华人民共和国政府和瑞士联邦政府关于相互促进和保护投资协定》；二是中瑞自贸协定中的投资章节，包括投资促进和审议条款。中瑞两国认可的投资规则，增强了投资环境的可预测性、安全性和稳定性，提高了市场准入的确定性。

通过对本章的阅读，企业可以了解以下内容：

1. 投资条款及相关定义解释；

2. 投资条款解读；

3. 中国与瑞士双边投资的发展状况；

4. 瑞士是如何开放投资准入的；

5. 瑞士的优惠政策及规则解读；

6. 中国企业对瑞士投资存在的风险及防范。

第一节 投资安排的规则解读

一、《中华人民共和国政府和瑞士联邦政府关于相互促进和保护投资协定》投资安排的规则解读

1986年中国与瑞典签订的《中华人民共和国政府和瑞士联邦政府关于相互促进和保护投资协定》是中国签署的第一份双边投资协议（Bilateral Investment Treaty，以下简称"BIT"），[①] 由此开始了中国BIT实践的探索与经验积累。中国—瑞士BIT从1986年的初定版到2010年生效的修订版，体现了中国从早期的"以投资保护"为主向"投资自由化"的转变。中瑞投资协定包括投资促进、投资保护、外汇转移、征收及补偿以及更优惠条款等，为促进中瑞两国企业双向投资确立了基本制度框架。基于此，本章针对修订版的协定进行解读。

（一）投资和投资者定义

2010年生效的修订版BIT列举了各种财产的投资：动产和不动产，以及其他各种物权，如使用权、抵押权、留置权、质押权和用益权；公司股票，股份或其他形式的参股；金钱请求权或其他具有经济价值的行为请求权；知识产权，工业产权（如专利、实用新型、工业设计或模型、贸易或服务商标、商号、原产地标志），专有技术和商誉；依照公用法律给予的商业特许，包括由法律、合同或者行政机关决定授予的勘探、提炼或开发自然资源或其他权利的特许。

---

① 双边投资协定（BIT）是投资者母国与东道国在制定关于外商投资规范方面的重要法律工具，以降低缔约一方投资者在另一缔约方境内的直接投资所面临的非商业风险，为投资及投资者创造一个更加稳定、开放、透明、安全和便利的投资环境。BIT促进了中国企业"引进来""走出去"，参与国际经济合作的进程。

投资者是指根据中瑞法律，具有国籍的自然人和依照两国法律设立或以其他适当的方式组建，且在其领土内有住所和实际经营活动的法律实体，包括公司、社团、商业团体和其他组织。

（二）投资待遇

协定保证投资者的投资和收益在双方领土内享受公正和公平的待遇，并享有完全的保护和安全。双方不得对投资的管理、维持、使用、享有、扩大或处置采取不合理或歧视性的措施，且在其领土内给予彼此投资者的投资或收益、管理、维持、使用、享有或处置其投资国民待遇，并从优适用。

如果中国或瑞士根据建立自由贸易区、关税同盟或者共同市场的协议或者根据避免双重征税协议给予任何第三国以特别优惠，则没有义务将上述优惠给予双方的投资者。如果一方的立法或国际法规则给予另一方投资者投资的待遇比本协定更优惠，则这种条款在其更优惠的范围内应比本协定优先适用。

（三）投资促进和保护

为促进两国经济增长和科学技术的发展，双方协定加大投资措施和投资法规方面的信息交流，通过积极交流共同探讨并建立有利于双方增加投资往来的投资法规、投资环境和政策环境，协助投资者了解双方的投资法规和投资环境。双方要按照协定促进投资者的投资，并依据其法律法规给予许可和批准，包括对实施技术或行政援助的许可协议和合同的许可，以及投资者选择职员所需要的批准。

1.投资转移

投资转移条款是保护投资者的资金转移自由和东道国维护金融秩序的重要工具，因此成为投资条约中最难达成一致的核心条款。

协定规定，一方应允许在其领土内进行投资的另一方投资者转移与该投资相关的款项，特别是收益；对因投资发生的贷款或其他合同义务的履行而进行的支付；用于支付投资管理费用的款项；源自投资定义中列举的知识产权及商业特许等权利的提成费和其他支付；与投资有关的对外籍职员的工资和其他报酬；维持或增加投资所需要的初始资本和追加资本；部分或全部的投资出售或清算收入，包括可能的投资增值。

2．征收、损害及补偿

中瑞双方不得对投资者的投资直接或间接采取征收、国有化或其他任何有相同实质或相同效果的措施，为了公共利益进行的措施除外，但应在非歧视的基础上，给予补偿。如果一方征收了在其领土的任一地区依据其有效法律设立或组建的公司财产，而另一方投资者在该公司中拥有股份，则该方应在必要的限度内依法保证对该投资者进行补偿。

一方投资者的投资如果在另一方的领土内因战争或其他武装冲突、革命、全国紧急状态、叛乱、内乱或者任何其他类似事件遭受损失，该投资者应享受归还、赔偿、补偿或其他可以收益的解决措施。

（四）争端解决

1．缔约双方之间的争端解决

首先尽可能通过外交途径协商解决。如争端在6个月内未能通过协商得到解决，应任何一方的请求，可将争端提交仲裁庭。具体仲裁庭的内容参见第七章贸易救济和争端解决章节。

2．投资者与缔约一方的争端解决

首先是协商友好解决，如未能通过协商解决，投资者可将争议提交国际仲裁。具体内容参见第七章贸易救济和争端解决章节。

二、中瑞自贸协定中的投资规则解读

由于中国—瑞士 BIT 早在1986年签署，双边投资协定中包含了部分投资的内容，因此中瑞自由贸易协定投资章节非常简洁，仅包括投资促进和审议条款。

（一）投资促进

中瑞双方认识到促进跨境投资和技术交流作为实现经济增长和发展的一种手段的重要性，双方在以下方面促进合作：确定投资机会；促进境外投资措施方面的信息交流；投资法规方面的信息交流；协助投资者了解中瑞双方的投资法规和投资环境；进一步发展有利于增加投资的法律环境。

（二）审议条款

应一方请求，另一方应当就影响投资的措施提供信息；本着投资条件逐步便利化的目标，中瑞双方承诺本协定生效后的 2 年内，审查投资法律框架、投资环境和缔约双方之间的投资流动。

本协定生效后，如果中瑞两国与任一第三国或国家集团签署的协定所包含的条款，在非服务部门的投资设立方面给任一第三国或国家集团的待遇优于给予对方的待遇，一方应根据另一方的要求与其开展谈判，以期在相互的基础上给予同等待遇。

第二节　瑞士外商投资法律体系及政策

中国企业对瑞士进行投资，除了应了解中瑞自贸协定和（BIT）框架下的投资规则，还应了解瑞士外商投资法律体系及政策，从而有针对性地开展投资和经营，取得事半功倍的成效。

一、外商投资法律体系

瑞士政府采取鼓励外国企业在本国投资的政策，管理海外资本在瑞士投资的主要法律有《义务法》（法律编号：220）、《弗里德利希或科勒所有权法》（法律编号：211.412.41）、《证券法》（法律编号：954.1）、《合并法》（法律编号：221.301）及各种行业性法律法规（法律编号 93 项下）。

（一）投资主管部门

瑞士贸易与投资促进署（S-GE）负责组织和协调相关活动以促进外国对瑞士的投资。S-GE 针对瑞士和列支敦士登公国的中小企业，发布国际商业投资的信息资讯并提供参考意见和指导。自2008年始，S-GE在全球范围内展开瑞士作为商业驻地的推广活动，同时促进增加从发展中国家和转型国家的进口。另外，S-GE在全球下设21家瑞士商务促进中心，该中心大部分设在目标国的瑞士使馆内。商务促进中心为瑞士出口商提供有关四大洲的市场资讯，贸易与投资促进署的官方中文网站提供丰富翔实的关于赴瑞士投资方面的信息。

瑞士驻华使馆商务促进中心为投资瑞士的中国企业提供如下服务：协助与瑞士各地区/州投资部门取得联系；帮助了解当地法律以及行政条例；提供瑞士税收体系资料；介绍瑞士主要的产业集群以及分布区域等。

（二）对投资行业的具体规定

瑞士对外国投资领域的限制只存在于铁路和邮政这些由国家垄断的部门，广播、电视业作为例外只允许瑞士公司经营，除此之外对外国人收购本国企业不设限制。没有对任何海外投资在安全和地理位置上的限制（除了涉及土地所有权和国家安全设施）。

近年来，瑞士国家议会层面的动议有收紧外国投资倾向，以保护瑞士国家战略部门及行业。此外，瑞士政府对外资投向给予引导，主要表现为：对在工业领域的外来投资采取某种程度的限制性措施，以保护民族工业在国民经济中的优势地位，防止他国控制其经济体系。

在股票投资方面，瑞士企业投放到市场上的股票分为两种，即控股股票和商业股票；控股股票只能在瑞士人之间交易，而商业股票的买卖不受购买者国籍的限制。

在制造业投资领域，瑞士对工业企业及其产品在环境保护及卫生安全标准方面有严格规定，在客观上对外国人在工业领域的投资构成一定限制。

在服务业投资方面，瑞士对外国投资第三产业提供较多优惠，限制较少。主要体现在税收相对于其他欧洲国家更为优惠。因此，很多欧洲企业都把总公司设在瑞士，作为清算结算中心，进行合理避税。瑞士对企业资金和利润的转移基本上无限制，外来投资者具有较大的自由。

在农业、林业投资领域机会较少。瑞士为多山国家，农林用地面积有限，农业发展以保障国民供应、保护自然资源、维持农村现状、农村分散定居为目标，并制定了《农业法》（法律编号：910.1）等众多具体的法律法规，严格实行农业保护。因此，瑞士农业及农产品竞争力有限，主要由政府通过多种补贴保证农业生产，满足国内消费。目前鲜有外资参与当地农业和林业的投资合作。

在禁止投资领域，在控制外来投资方面，无论是工业还是服务贸易领域，外商在瑞士投资建立合资企业或开设子公司，其董事会或管理层必须大部分由在瑞士居住的瑞士公民担任；在不动产的控制方面，国外个人和企业购买房产用于居住和生产经营必须得到有关部门的授权，任何纯粹的金融投资、房地产商业买卖都是禁止的；通过工作许可、居留许可等措施，对来瑞士的外国管理和务工人员人数和居留时间实行严格控制。

在限制投资领域，原则上，所有获得居住和工作许可的外国人都有权在瑞士进行商务活动、组建公司、向公司参股或设立分支机构。这一基本权利适用于所有瑞士联邦公民和外国人，这意味着新组建公司无须征得有关当局的批准。瑞士同许多国家签有投资保护协定和投资促进协定，所有经济领域都对外国投资者开放，企业资本的多数也不必掌握在瑞方手中。对外国投资领域的限制只存在于铁路和邮政这些由国家垄断的部门；广播、电视业作为例外只允许瑞士公司经营，除此之外对外国人收购本国企业不设限。

（三）外资企业获得土地的规定

瑞士土地为私有，土地可自由买卖。瑞士《联邦农村土地权利法》（法律编号：211.412.11）规定，任何人出于商业或使用目的收购土地均需获得许可证；《外国人收购土地管理法》（法律编号：211.412.41）进一步规定，外国人（不包括欧盟或欧洲自由贸易联盟成员国公民）收购瑞士土地需得到瑞士州政府许可。瑞士境内已无荒地，不存在开发的问题。改变现有土地的性质，特别是农业用地性质受到严格的法律限制。建筑物和已安装系统必须经相关机构同意方能建造或改建。建筑项目首先必须遵循市政府的区域使用规划，还必须符合规划法律和环境法规（水、空气、废物和噪声）方面的其他规定，或者符合有关公共健康和安全利益的规定。

外资企业可以不受限制地购买商业地产，但购买住宅受到一定限制。在瑞士居住的外国公民可以自由购买住宅地产或商业地产，用于开展专业活动、商业或工业活动。如确实出于必要的商业目的，可以"营业处所"的名义购买住宅地产。"海外人士"购买住宅地产、度假房等非商业地产需要获得许可证。所谓"海外人士"包括居住在瑞士以外的外国公民，在瑞士居住但未取得永久居留身份的非欧盟、非欧洲自由贸易协会（EFTA）成员国公民，总部未设在瑞士的公司，总部和注册地虽在瑞士但被居住在瑞士以外的非瑞士公民控制的公司等，未经许可不得直接投资住房市场，或进行涉及住宅地产的房地产交易。由于瑞士与欧盟签订了双边协议，欧盟成员国公民、欧洲自由贸易协会成员公民（EFTA）在瑞士购置房产的政策更为宽松（见表5-1）。

表5-1　在瑞士购置房产的相关规定

类别	在瑞士拥有合法住所		短期居住证	在瑞士无合法住所
	永久居住证	一年居住证		
未开发的土地（一年内开始建设）				
不超过3000平方米的居住区				
– 主要住所	是	是	否	否
– 非主要住所	是	否	否	否
商业区、工业区和服务区	是	是	是	是
住宅				
– 主要住所（不超过3000平方米）	是	是	否	否
– 多户居民住宅楼	是	否	否	否
商业房产				
– 自用				
– 投资				
度假公寓（暂时）	是	获得许可	获得许可	获得许可
在法人实体中所占股份				
– 商业区	是	是	是	是
– 住宅区	是	最多占公司资本的30%		

资料来源：中国驻瑞士大使馆经济商务处。

二、外商投资优惠政策

为鼓励和吸引投资，瑞士联邦政府和州政府都为投资者提供了一定的优惠政策和激励措施。投资者还可以享受科技园区和创业中心等园区优惠政策。所有这些优惠政策都同等适用于外国投资者。

（一）优惠政策框架

1. 联邦政府优惠政策

税收减免政策。联邦政府对在山区和农村等地区进行大规模投资、开展创新项目的投资者提供税收减免，包括部分或全部减免企业所得税，优惠期一般不超过 10 年。自 2016 年 7 月起，19 个州的 93 个地区适用此项税收减免政策，覆盖瑞士约 10% 的人口。

科技创新支持政策。联邦技术和创新委员会和联邦创新支持机构是瑞士联邦政府设立的专门机构，为科技创新企业与大学和研究机构在工业和服务领域开展创新研发项目、技术成果转移提供资金支持以及培训指导。资金支持额度最高可达研发成本的 50%。通常创新研发项目是否有资格获得资助取决于以下主要因素：项目的创新程度，即采用何种技术及研究方法；项目的价值和营利潜力，行业伙伴或合作方是否能给项目带来更多的附加值；对社会的贡献程度，即项目是否能产生利润、减少贫困、提高生活和教育质量、促进生物多样性等；研究方法的合理性和可操作性；项目合作伙伴是否具有实施项目所需的专业知识以保证项目的顺利实施。

2. 州政府激励措施

对于能够创造就业机会（一般不少于 10 个）、预期收益高的投资项目，大多数州政府会根据当地财政状况和投资项目具体情况给予投资者部分或全部减免州企业所得税优惠政策，优惠期一般不超过 10 年。企业设立初期、重组，或开展对该州具有重大及特殊经济意义的新项目、扩建项目可获得的税收减免优惠幅度更大。

除税收减免外，州政府还为企业设立提供支持，如豁免办理工作许可证，以及在企业入驻初期按投资总额的一定比例给予资金补贴等。以伯尔尼州为例，该州政府对投资项目的补贴比例一般为投资总额的5%～30%。此外，州政府为企业提供无息和贴息贷款或为企业贷款提供担保。

（二）特殊区域优惠政策

为鼓励创新和技术型企业的发展，瑞士设立了创新园区和孵化中心，为入园企业发展提供配套支持服务，帮助企业与大学及科研机构建立合作关系，促成科研成果产业转化。创新园区和孵化中心以优惠的价格为初创企业提供办公场所和共享公共基础设施，并提供咨询、培训等专业支持。洛桑联邦理工学院西部园区、苏黎世园区、巴塞尔园区、Innovaare 园区及比尔园区等5个瑞士创新园区集中研发五大方向的创新技术，包括健康与生命科学、移动及运输、能源、环境和自然资源、制造和生产以及计算机和信息技术。

瑞士科技园区分布在各地，形成不同特色：

Yverdon 科技园区（Y-Parc）：私人企业出资75%，政府出资25%，1988年起营运，1990年完成的新址占地面积为9000平方米。

小型科技园区（Techno-Pole Sierre SA）：由私人企业经营，Sierre 地方政府参与股份，并由联邦政府资助，1989年起营运，至1990年占地面积为2000平方米，1995年扩充为8000平方米。

Ecublens 科技园区（Wissenschaftlicher Park in Ecublens）：由瑞士联邦理工学院洛桑分校提供土地，并由一私人基金会出资营建，1992年完工，第一期占地面积为31000平方米。

苏黎世科技园区（Technopark Zürich）：由私人企业 Sulzer/Escher Wyss 基金会提供研究及商业用地，1993年正式营运。整个园区位于苏黎世近郊的工业区内，占地总面积为76000平方米。

Bern-Bumpliz 科技园区（Technopark Bern-Bumpliz）：由伯恩邦政府所资助的民间组织企划，1992年开始营运，占地面积为5000平方米。

瑞士的主要城市还设立了一些商务中心。这些中心作为短期初创基地为在瑞士开辟新业务的外国公司提供办公场所和培育企业所需的支持。

三、外商投资方式与注册程序

在投资主体的确定方面，瑞士联邦宪法保护贸易和企业活动自由，允许任何人（包括外国公民）在瑞士开办企业或参股。对于投资的方式，外商直接投资可采取股份有限公司、有限责任公司、合伙、有限合伙、合作、有限合伙法人投资等多种组织形式，其中股份有限公司和有限责任公司是最常见的形式。外商也可通过并购等方式进行投资。

外商在瑞士注册公司，从递交成立公司所需的文件到其被视作合法成立的公司，所需时间为2～4周，其间主要程序为：

1. 初步审查、注册和公司（名称）批准；

2. 准备成立公司所需的文件，如协议条款、章程、公证及申请等；

3. 资本的支付，在指定存托机构（银行）缴纳资本，出资人必须出示其身份证明，外国公民可出示瑞士合伙人的介绍信；

4. 公司成立及准备相关文件，包括公司规章制度或组织细则、法定审计机构的投标受理书；被认证存托机构（银行）确认关于股本已支付并可由公司自由支配；如公司在成立后还没有自己的办公室则需营业地接受声明；

5. 在所在州的官方公报上公布；

6. 在相关注册处（商业登记注册处，也可能是所有权登记处）注册负责人姓名；

7. 注册为纳税企业，注册地点的选择会对公司将来的业务开展和享受税收优惠产生影响，由于瑞士联邦政府给予各州在税收方面不同的自由空间，因此每个州都有不同的经济政策以吸引投资。

第三节　中国和瑞士企业的双边投资案例

中瑞两国都是吸引外资和对外投资的大国，两国互相投资发展迅速，企业并购的顺利发展在两国投资中发挥着重要作用，凸显两国企业对自贸协定的利用及协定对双边投资的有利影响。

一、中瑞双边投资状况

近年来，中瑞经贸关系始终保持"快速、紧密、稳定"的主旋律，合作成果丰硕。瑞士是中国在欧洲重要的经贸伙伴，两国经济结构高度互补，合作潜力巨大。中瑞自贸协定自2014年7月实施以来，极大地推动了各领域务实合作。瑞士具有独特的区位优势、开放包容的社会环境以及多样的语言文化，优势行业众多，集群化程度较高，其产业结构呈现跨国企业主导、中小企业协作的特点，是许多跨国企业地区总部和研发中心的所在地，也是中国企业登陆欧洲的理想平台。

瑞士企业在华投资涉及医药化工、机电、奢侈品、食品和金融等行业，地域分布从沿海逐步延伸到内陆；而中国对瑞士的投资则覆盖了医药化工、机械设备制造、服装、大宗贸易和酒店餐饮等领域。瑞士被誉为"钟表之国"，钟表业是其传统产业，也是第三大出口行业，中国是瑞士钟表出口扩张最快的市场，钟表业也成为中国企业对瑞投资的重点领域。

二、中瑞两国双边投资环境的比较优势

中瑞两国的双边投资都有各自的比较优势。中国庞大的国内市场对外资有极大的吸引力，且具有产业配套、人力资源、基础设施等方面的综合竞争优势。一方面，中国经济正在由量的增长转变为质的提升，对于节能、高科技、服务业等行业来说，产生了巨大的投资机会。另一方面，中国法制水平的提高，为企业的规范化运作及公平竞争提供了环境支持。

虽然瑞士国土面积小，资源贫乏，但地理位置优越，政治稳定，法律法规健全，经济基础雄厚，金融体系健全，劳动力素质高，税收较低。产业优势明显，在机电金属、化工医药、钟表制造等工业领域拥有众多国际领先的技术和产品，投资环境具有较强的比较优势。并且，瑞士建立了自由贸易协定的网络（见表5-2）。对于中国企业来说，在瑞士进行投资，不仅有助于"走出去"，更有利于拓展国际市场。

表5-2 瑞士的自由贸易伙伴总览

序列	国家和地区	生效日期
1	欧洲自由贸易联盟（冰岛、挪威、列支敦士登）	1960 年 05 月 03 日
2	欧盟（签约时为欧洲经济共同体）	1973 年 01 月 01 日
3	土耳其	1992 年 04 月 01 日
4	以色列	1993 年 07 月 01 日
5	法罗群岛（丹麦海外领地）（瑞士双边）	1995 年 03 月 01 日
6	巴勒斯坦当局	1999 年 07 月 01 日
7	摩洛哥	1999 年 12 月 01 日
8	墨西哥	2001 年 07 月 01 日
9	北马其顿	2002 年 05 月 01 日
10	约旦	2002 年 09 月 01 日
11	新加坡	2003 年 01 月 01 日
12	智利	2004 年 12 月 01 日
13	突尼斯	2006 年 06 月 01 日
14	韩国	2006 年 09 月 01 日
15	黎巴嫩	2007 年 01 月 01 日
16	南部非洲海关联盟（南非、博兹瓦纳、莱索托、纳米比、斯威士兰）	2008 年 05 月 01 日
17	埃及	2008 年 09 月 01 日
18	加拿大	2009 年 07 月 01 日
19	日本	2009 年 09 月 01 日
20	塞尔维亚	2010 年 10 月 01 日
21	阿尔巴尼亚	2010 年 11 月 01 日
22	哥伦比亚	2011 年 07 月 01 日
23	秘鲁	2011 年 07 月 01 日
24	乌克兰	2012 年 06 月 01 日
25	黑山共和国	2012 年 09 月 01 日
26	中国香港	2012 年 10 月 01 日
27	中国	2014 年 07 月 01 日
28	海湾合作委员会（沙特、巴林、卡塔尔、科威特、阿曼、阿联酋）	2014 年 07 月 01 日
29	中美洲四国区域（哥斯达黎加、危地马拉、洪都拉斯、巴拿马）	2014 年 08 月 29 日
30	波黑	2015 年 01 月 01 日

序列	国家和地区	生效日期
31	格鲁吉亚	2018 年 05 月 01 日
32	菲律宾	2018 年 06 月 01 日
33	厄瓜多尔（瑞士政府 – 国家经济事务秘书处）	2020 年 11 月 01 日
34	印度尼西亚	2018 年 12 月 16 日签署
35	英国	2021 年 01 月 01 日

资料来源：根据瑞士联邦经济部瑞士国家经济事务局资料整理，https://www.seco.admin.ch/
seco/en/home/Aussenwirtschaftspolitik_Wirtschaftliche_Zusammenarbeit/Wirtschaftsbeziehungen/
Freihandelsabkommen/partner_fha.html.

世界经济论坛《2019年全球竞争力报告》显示，瑞士在全球较具竞争力的141个国家和地区中，排第5位。根据美国传统基金会发布的2019年经济自由度指数，瑞士的经济自由度在世界180个经济体中居第4位。世界银行发布的《2020年全球营商环境报告》显示，瑞士的营商便利度在全球190个国家和地区中排第36位。

目前，中国是瑞士在亚洲第一大贸易伙伴，瑞士是中国在欧洲第六大贸易伙伴，中瑞经贸合作的扩大促进了双边投资的发展。

三、瑞士企业对中国的投资

瑞士著名企业中有半数以上在20世纪80年代就已进入中国，目前有1000多家瑞士企业在中国投资，在华投资项目超过2000个，投资总额超过80亿美元，涉及医药化工、机电、奢侈品、食品、金融、物流等优势行业，地域分布也从过去的以沿海为主逐步向内陆延伸。

（一）雀巢公司对中国食品饮料行业的投资

雀巢公司是全球较大的食品饮料公司之一，中国是雀巢集团全球第二大市场，经过近30年的投资布局，雀巢公司在中国设有28个工厂、4个创新中心、3个研发中心，拥有超过3.6万名员工。截至2020年3季度，在华投资金额总计已经超过11亿元。即使新冠肺炎疫情给全球带来重大挑战，但雀巢公司相信中国经济表现出的"高度韧性"对全球经济复苏是一大助力。因此，雀巢公司"一直在积极投资中国市场，没有任何犹豫"。

雀巢公司对中国的投资始于1987年在黑龙江双城建厂。2001年对当地鲜奶的年收购量达到近30万吨，使双城雀巢公司成为中国最大的奶制品工厂。2010年雀巢公司中国区的销售额约合204亿元。因为在双城投资建设的收获较好，2020年雀巢公司宣布在双城增资4亿元。

2011年8月26日，雀巢集团启动收购中国银鹭公司，在通过了中国商务部反垄断审查后，于2011年和2017年分别收购银鹭60%和20%的股权。2020年，雀巢公司剥离了中国银鹭花生奶和八宝粥业务，银鹭公司创始人陈清水接盘，银鹭公司将保留其雀巢咖啡即饮咖啡业务，并在大中华区大部分区域进行分销。同时，银鹭公司将继续为雀巢公司加工生产雀巢咖啡即饮咖啡产品。

2017年，雀巢集团在江苏泰州投资建立了中国第一条全封闭无菌罐装特医食品生产线，生产注册特医食品产品。同时，在江苏泰州中国医药城投资兴建其在中国的第33家工厂，项目一期投资超10亿元，包含雀巢健康科学和高德美两大板块，分别生产特殊医学用途产品和皮肤健康产品。2019年11月，雀巢健康科学中国产品创新中心在江苏泰州落成。该中心作为雀巢健康科学旗下的全球第三个产品创新中心，将与美国、瑞士产品创新中心平行运营，共享全球先进核心研发技术，针对中国国标和消费者需求，进行本土化创新。雀巢在特医食品研发和生产使用方面的经验，为中国消费者提供了更多新的特医食品选择。

雀巢公司也是较早投资天津的外企之一，从1994年至今先后在天津经济技术开发区设立了2家工厂、1个质量保证中心和1个产品创新中心，员工超千人。2020年雀巢宣布在天津增资7.3亿元，增设公司在亚洲的首条植物基产品生产线，扩大天津现有宠物食品工厂的产能，升级"呈真"威化生产线，并进一步推进天津雀巢质量保证中心发展。雀巢天津质量保证中心实验室项目在服务雀巢大中华区工厂的同时，还为天津科技大学提供创新实践基地。

（二）罗氏制药对中国医药行业的投资

瑞士罗氏制药成立于1896年，1926年即进入中国。罗氏是全球最大的生物技术公司，在抗肿瘤、移植等关键领域居于领导地位。在大型跨国药企中，罗氏率先在中国建成了包括研究、开发、生产、营销等环节的完整医药价值产业链，在华拥有17个产品，覆盖8个治疗领域。目前，罗氏中国正向着成为瑞士罗氏制药全球第三个战略中心的目标迈进。

1994年，上海罗氏制药有限公司在上海张江正式成立，成为首家入驻张江高科技园区的跨国企业。2004年，罗氏研发（中国）有限公司成立，成为罗氏制药在新兴市场设立的第一个研发中心，也是跨国药企在上海独资建立的第一个研发中心。2007年，罗氏制药全球药品开发上海中心成立，并于2009年加入罗氏全球药品开发中心，名列全球五大药品开发中心。2019年，追加投资8.63亿元的研发中心升级为全新的罗氏上海创新中心。罗氏制药中国全价值产业链在上海张江总部园区齐集，上海成为罗氏制药继旧金山和巴塞尔之后的第三大全球战略中心。

四、中国企业对瑞士的投资

根据商务部发布的《中国对外投资合作发展报告2020》，2019年瑞士为中国在欧洲的第六大直接投资流量国，仅次于荷兰、瑞典、德国、英国以及卢森堡。中国企业对瑞投资发展迅速，覆盖医药化工、机械设备制造、服装、大宗贸易、酒店餐饮等多个领域。2020年末中国对瑞士直接投资存量为67.6亿美元。

（一）中国化工集团公司并购瑞士先正达公司

2017年6月8日，中国化工集团历时14个月，经过了多国政府监管部门的批准，完成了收购瑞士先正达公司的项目交割，中国化工集团拥有先正达公司94.7%的股份，这成为中国企业最大规模的海外收购。

瑞士先正达公司是全球第一大农药、第三大种子农化高科技公司，有259

年历史，拥有农药、种子、草坪和园艺三大业务板块，是全球最具价值的农化品牌。中国化工集团自2015年上半年对先正达公司提出并购谈判，2016年2月签署收购协议，并通过了多个政府监管机构的审批。由于并购双方的业务遍布全球，在两个企业达成收购协议后，还需要各个国家政府机构的监管部门进行审批。2016年8月通过了美国投资委员会的审查，2017年4月5日中国化工集团以剥离三类杀虫剂为代价通过了美国联邦贸易委员会的反垄断审查；4月6日欧盟委员会反垄断审查机构也通过了此项交易，条件是中国化工集团同意剥离子公司安道麦在欧洲的部分农药资产；4月10日，墨西哥联邦经济竞争委员会同意了该项交易；4月13日该项交易获得了中国商务部的批准，并购之后进行交割，根据并购合同中的约定，中国化工集团要向ADC持有人和那些持有先正达公司股票的公共股东发起收购要约，正式的交割完成后，先正达股票根据有关法律的规定退市，中国化工集团尽最大的可能保持先正达公司的独立运营，并且其总部依然留在瑞士。

中国化工集团对先正达公司的收购是迄今为止中国企业最大规模的海外并购，其要约收购总价值430亿美元，同时也是世界农业企业并购史上最大的一笔交易。中国化工集团对先正达公司的并购能够填补专利农药和种子领域空白，使其能够提供覆盖专利农药、非专利农药、大田种子和蔬菜种子以及农技服务等的"农业一体化解决方案"，从而打造全球规模最大、技术最领先的农业科技公司。中国化工集团背后巨大的中国市场，以及巨大的农业需求，尊重对方"和而不同"的谈判方式，中瑞自贸协定的市场准入条款，是这次并购发生并成功的重要保障。

（二）晶科能源成立瑞士分公司

中国晶科能源公司成立于2006年，是全球为数不多的拥有垂直一体化产业链的光伏制造商，业务涵盖了优质的硅锭、硅片、电池片生产以及高效单多晶光伏组件制造，拥有全球15000名员工，超过10亿美元出口额，在中国赴美上市光伏企业中市值排名前列。

2011年8月24日，中国晶科能源公司在瑞士楚格市建立分支机构。2020

年2月11日，晶科能源瑞士公司荣获"2020欧洲顶尖光伏品牌"奖项。晶科能源获得了德国、奥地利、瑞士、西班牙、法国等重要欧洲市场安装客户的一致认可。

楚格市商业环境优越，拥有技术过硬的国际人才、世界领先的产业集群以及竞争力和创新能力。晶科能源瑞士公司将助其进一步拓展在欧洲太阳能市场的业务，并给不断增长的客户群体带来更快捷优质的本土化服务。

（三）中国恒天集团收购瑞士欧瑞康

2011年8月8日，中国恒天集团有限公司收购瑞士欧瑞康股份有限公司非织造布机械梳理业务单元项目。恒天集团通过其控股的恒天重工股份有限公司下属企业郑州恒天非织造工程技术有限公司，在奥地利设立恒天纺织控股有限公司，收购隶属于瑞士欧瑞康股份有限公司位于德国的 Autefa Automation GmbH 的资产、负债和合同，位于奥地利的 Oerlikon Neumag Austria GmbH 的股权等项目。项目收购涉及的主要产品包括自动控制系统、短纤打包机、非织造布短纤梳理成网及针刺法加固生产线成套技术设备、毛梳理成套设备和相关专利。

中国恒天集团有限公司成立于1998年，是国内唯一以纺织装备为核心业务的中央企业，拥有二级全资及控股子公司24家，境内外控股上市公司3家，员工4.6万余人，成员企业分布在国内20多个省、市、自治区，及境外近20个国家和地区；现已经成为资产规模稳定在900亿元、利润规模在30亿元左右的大型企业集团。瑞士欧瑞康股份有限公司是全球著名的高科技公司，致力于太阳能、机器设备和系统工程，代表着领先的工业解决方案、纺织生产的顶级技术、薄膜涂层、传动系统、精密和真空技术，为世界知名企业提供领先的系统、服务以及解决方案。

恒天集团并购欧瑞康公司后，通过业务、人员以及组织结构的整合使公司生产效率、管理效率大大提高。经过调整，目前恒天奥地利公司拥有六家子公司，分别位于德国、奥地利、意大利、美国、中国和瑞士。虽然恒天奥地利公司在并购后如预期一样仍然亏损，但经组织结构、产品业务以及战略方向的调整后，公司销售额从2012年的6464.6万欧元增长到2018年的10569.4万欧元，利润自2016年管理人员结构调整后也扭亏为盈，资产负债率也降到了78%。可以看出，恒天集团这次跨国并购整体上是成功的。

（四）中国海淀集团收购瑞士昆仑表

2013年4月23日，中国海淀集团与生产奢华珠宝表和金表著称的瑞士昆仑表（Corum）公司签署收购协议，以8600万瑞郎收购瑞士昆仑表公司全部股份，并继续保留现有经营团队，成为中国在瑞士钟表业最大的收购项目。

成立于2005年的中国海淀集团（现"冠城钟表珠宝有限公司"）是在香港上市的国际专业制表集团，是中国集设计研发制造、销售为一体的龙头企业，其品牌"依波"及"罗西尼"被列入中国四大手表品牌，是中国500家较具价值品牌企业之一。海淀集团于2009年在瑞士成立了瑞士精密时计有限公司，2012年在瑞士成立了瑞士EMC机芯制造公司，专攻复杂机械机芯研发设计和制造，这种从研发设计到生产制造的产业链结构确保了海淀集团旗下品牌持续发展的后劲和市场活力。

始创于1955年的Corum属于瑞士主流奢华表，是国外顶级的钟表品牌。海淀集团收购瑞士昆仑表公司，不仅巩固了中国海淀集团腕表世家的地位，也激发瑞士老品牌焕发出了新的生机和活力。

五、中国企业对瑞士投资的风险防范

瑞士区位优势明显，金融制度先进，专业性人力资本突出，营商环境优越，吸引了越来越多的中国企业进行投资。但是，瑞士是个多民族多语言的国家，法律、习俗、文化等与中国不同，与对其他任何国家或地区进行投资一样，中国企业在瑞士也发生过不少投资和贸易纠纷，特别是中方企业被骗或因质量问题等引起的案件较多，给中方企业造成了一定的经济损失。为此，企业要特别注意事前调查、分析、评估相关风险，事中做好风险规避和管理工作，切实保障自身利益。

（一）做好市场环境调查，提高投资效率

瑞士联邦、地方政府和议会通常对中小企业经济事务干涉甚少，而对于关系到国计民生的大型企业监管相对严格。近年来，中国企业赴瑞士并购增多，除瑞士本国监管之外，企业还可能面对其他国际反垄断机构的审查。因此，企业在赴瑞士投资前要深入了解与瑞士投资相关的法律法规，对当地的投资环境、市场状况、法规、政策、商业习惯做法等进行全面充分的调研和了解。必要时可聘请专业咨询机构或律所等参与项目全流程管理，以确保企业在瑞士的经营稳健合规。

（二）重视可行性研究，合理选择投资领域

瑞士的劳动力等生产要素成本较高，生产用原料和能源的60%需要进口，在瑞士投资大规模生产型企业的成本会较高。相比之下，瑞士服务业发达，劳动力素质高，在瑞士设立高附加值企业、服务型企业、大型跨国企业的总部，成本优势更为明显。因此，企业在赴瑞士投资前，应深入分析自身产业竞争力、优势和短板、现有客户资源及渠道等，做好可行性研究，充分考虑可能发生的成本和存在的风险，精准定位投资方向。

（三）重视环境保护，提前咨询专业人士

一百多年来，瑞士联邦和各级州政府制定了全面的环境保护法律和法规，而工商企业和民众积极投身环保事业并从中受益，进而成为环保的积极支持者和参加者。瑞士环保法律和法规体系以预防、污染者承担、国际合作及全面治理为主要原则。政府非常重视通过经济手段来促进环境保护的发展。经济手段包括增加能源消费税、颁发消费许可证和补贴等方式，各种税种，包括对挥发性有机化合物和含硫的取暖燃油征收税，提前征收垃圾处理税，对含铅和无铅汽油采用不同税率，机场噪声税，等等，体现了"谁污染，谁治理""污染大，花钱多"的原则。中国企业投资瑞士，需要了解瑞士的环境保护法规，在制定投资战略时将环境保护置于其成本中。

（四）尊重当地文化风俗，加强文化和思想交流

瑞士是多种语言的国家，德语、法语、意大利语及拉丁罗曼语4种语言均为官方语言，居民中讲德语的约占62.8%，讲法语的占22.9%，讲意大利语的占8.2%，讲拉丁罗曼语的占0.5%，讲其他语言的占5.6%。信奉天主教的居民占37.2%，信奉新教的占25.0%，信奉其他宗教的占7.4%，无宗教信仰的占24.0%。政府和企业人员基本能使用英语交流。在瑞士投资的企业，拥有掌握瑞士官方语言、了解文化、业务熟练且交往沟通能力较强的人才至关重要。瑞士国际化程度较高，瑞士居民虽已习惯与众多的外国企业和居民在瑞士共同发展，但由于中瑞两国历史文化发展差异，在体制机制等方面存在差异，中国企业赴瑞士投资前，应充分了解当地习俗，避免文化冲突。企业管理层应给予当地雇员充分信任，尊重当地风俗习惯，可以通过组织各类员工活动，促进两国雇员之间的交流与融合，增强文化认同感；严格遵守当地的法律法规，重视社会责任感，努力在发展经济的同时，实现文化交流和思想沟通。

案例：浙江某家具企业并购了瑞士最大的一家家具企业，中方管理人员注重与原公司员工和谐相处，共谋发展，在保留原有瑞士员工的同时，维持其管理制度，尊重瑞士员工意见，而且不改变经营风格，并购一年后企业效益翻番，成为瑞士同行业中的佼佼者。

（五）重视劳动标准，构建和谐劳动关系

瑞士工会在稳定社会安全系统方面起着重要作用，工会不仅关心健康、事故和失业保险，还重视职工培训和进修，认为所有员工都有接受培训的权利。在瑞士的政治体制下，各种利益组织，包括工会都被邀请参与新政策的讨论。这些组织还可以提出倡议，由全国人民进行投票表决。每个员工都有权利决定是否加入工会。工会的资金由工会成员缴纳的会费提供。大约25%的瑞士雇员属于某个工会。瑞士的劳工整体素质较高，对其工作条件比较满意，工作和家庭的协调良好，瑞士几乎从未发生过大规模罢工。

在瑞士，合同法、债权法及集体劳动协议共同调解雇用双方的关系。集

体雇用协议是由雇主或雇主协会与工会经过谈判达成的，集体雇用协议的规定只有在相关行业成立了工会的情况下才具有约束力。雇主和雇员有权选择是否加入协会或工会。中国企业要全面了解瑞士的《劳动法》等法律规章，严格遵守瑞士法律关于员工雇用、解聘、社会保障等方面的规定，依法签订雇用合同，按时足额发放员工工资，缴纳养老保险、失业保险等社会保险。在问题解决方面，重视雇用双方间的磋商以及各阶层相关利益者的意见。

中瑞自贸协定涉及劳动标准，是中国已签署自贸协定中较少的包含劳动标准条款的国家之一。双方一致认同，通过弱化或者减少瑞士和中国国内劳动法律、法规、政策和实践所提供的保护以促进贸易和投资是不适当的，出于贸易保护主义的目的，制定法律、法规、政策和实践提供保护也是不适当的。

近年来，针对中国劳工标准问题的贸易争端频频出现，劳工标准问题正成为中国与发达国家贸易摩擦和贸易争端的潜在诱因。中国企业应利用在瑞士投资经营的机会，学习瑞士劳工高标准的先进经验，促进中国工会与瑞士工会开展劳动和就业领域的合作，包括行政和技术合作及能力建设，合作活动在《瑞士联邦经济事务部与中华人民共和国人力资源和社会保障部在劳动和就业领域合作谅解备忘录》框架下开展，包括劳动检验、工作安全、工作场所的健康防护及劳工政策等双方共同关心的问题。提高国内的劳动标准，在与贸易强相关的产业里先行先试高标准的劳工条款，探索中国劳工标准与对外贸易平衡发展的模式。

第六章

《中国—瑞士自由贸易协定》的
其他领域合作

中瑞自贸协定其他领域合作的规则，包括海关手续与贸易便利化、卫生与植物卫生措施（SPS）、技术性贸易壁垒（TBT）、知识产权规则、环境与贸易、经济技术合作等条款，为两国在更多领域的合作提供了公共政策框架。通过对本章的阅读，企业可以了解和掌握以下内容：

1. 中瑞自贸协定中海关手续和贸易便利化相关条款，尤其是 AEO 互认带来的优惠措施；

2. 企业如何应对中瑞自贸协定中与 SPS 相关措施，尤其是食品、农产品、动物源性产品出口企业如何对标、接轨高标准；

3. 中瑞自贸协定中 TBT 相关规则的诠释以及常见的技术性贸易壁垒；

4. 中瑞自贸协定知识产权保护对促进企业创新的意义；

5. 中瑞在产业、卫生、服务业等领域的合作状况及对企业的启示。

第一节　海关手续和贸易便利化规则解读

在经济全球化大背景下，各国通过多、双边自贸协定谈判和政策安排，不断简化和协调贸易程序，加速人流、物流、资金流、信息流等要素跨境高效便捷流动，为企业开展国际贸易提供更多便利，目前全球商品贸易主要存在着程序和手续烦琐、边境延误、单证要求重复等问题，企业为此所负担的费用有时甚至超过所负担的关税和其他费用的总和。中瑞自贸协定第四章"海关手续和贸易便利化"包含23项条款，涵盖范围和目标、贸易便利化、通关便利化等内容，尤其是 AEO 制度，为相关企业进出口带来了便利。

一、规则解读

（一）范围与目标

中瑞双方依据各自的国际义务，以及国内的海关法，制定和管理贸易便利化措施的基础：贸易程序的透明、高效、简化、协调及一致；国际标准的推广使用；与多边协议保持一致；信息技术的最大应用；高标准的公共服务；以风险管理为基础的政府管制措施；双方海关与其他边境部门的合作；两国之间以及与各自企业界的沟通；保障贸易安全。

（二）贸易便利化

贸易便利化几乎涵盖贸易过程的所有环节，旨在为双方贸易活动创造一个简化的、协调的、透明的、可预见的环境。

1. 透明度

中瑞两国应迅速在互联网上公布普遍适用的，所有与双方货物贸易有关的法律、法规和规章，尽量使用英文公布。双方应设立此章节项下海关及其他事务咨询点，尽可能使用英文通过互联网进行联络。

中瑞两国应在促进和实施贸易化便利措施中考虑各自企业界的需求，特别是应当关注中小企业的利益。双方应提前特别是在互联网上公开与国际贸易有关的所有普遍适用的法律法规的草案，以便给予公众特别是利益相关人发表意见的机会。双方应确保有关国际货物贸易的普遍适用的法律法规在公布与生效之间留出合理的时间。双方应按统一、公平、合理的方式执行其普遍适用的与国际货物贸易有关的法律、法规和规章。

2. 合作

对为了便利贸易采取的措施，中瑞双方可以确认并提交联合委员会考虑。双方应在相关多边论坛的场合加强贸易便利化的国际合作，并评估相关贸易便利化的国际倡议，以便进一步确认联合行动对双方共同目标有帮助的领域，提交联合委员会考虑。

3. 预裁定

中瑞两国海关当局应在货物入境前，在合理的时间内，向提出包含所有必要信息的书面请求的进出口商、生产商作出有约束力的书面预裁定，预裁定包括商品的税则归类、成交价格方法的适用性、原产地规则，以及双方同意的其他类似事项。一方如拒绝作出预裁定应及时书面通知申请人，并阐明拒绝作出预裁定决定的依据。在作出的裁定基于事实或条件保持不变的情况下，预裁定自公布之日起生效，或自裁定中指定的日期起生效。双方可以根据各自国内法规限定预裁定的有效期。

（三）通关便利化

1. 国际贸易手续简化

两国确认双方海关监管和国际贸易有关的手续应简化、合理、客观以及公平。应限制相互间货物贸易过程中的检查、手续以及所需文件的数量，采用必要的、适当的方式来确保符合法律要求，从而最大限度地简化相关手续。进口方不应要求进口商提供出口报关单的原件及其复印件。双方约定使用基于适当国际标准的高效贸易手续，尤其是世界海关组织的标准与推荐做法，包括经修订的简化和协调海关制度的国际公约（经修订的《京都公约》），以减少在双方贸易往来中的贸易成本和不必要的延误。双方应采用或保持以下手续：允许在货物实际进口前进行电子申报并做信息处理以加快通关；允许进口商在提供足够、有效担保，同时海关认定不需进一步检查、查验，并满足法律规定的其他条件的情况下，货物可以在满足进口全部要求之前放行；当不再需要担保时及时办理担保退还手续。

2. 海关估价和税则归类

中瑞双方执行 GATT 1994 第七条及《海关估价协定》确定对双边贸易货物的完税价格。中瑞双边货物贸易税则归类应当适用《商品名称及编码协调制度国际公约》。

3. 风险管理

在风险管理的基础上，中瑞双方确定被查验的人员、货物和运输工具以及查验程度。在鉴别和注明一方和另一方关境间移动的与进口、出口、转运、转关或使用终结有关货物的风险，或不在自由流通中货物的情况时，各方应系统地采用客观的风险管理制度与做法。为减少风险影响，各国包括单证检查、人工查验或稽查在内的与海关监管和国际贸易有关的手续不应过于烦琐。

4. 海关稽查

中瑞两国海关应实施透明的稽查方式，将检查的结论、权利与义务、结论的理由和证据等通报相对人，并在可能的情况下，将海关稽查的结果运用到风险管理以及经认证的经营者的确定等方面。

5. 货物的暂时进口、进口和出口加工

中瑞双方对暂时进口的货物给予便利：进入一方关境内在有条件的情况下免于支付关税的海关手续。该类货物需同时具备三个条件：有明确进口目的，在一定时间内复运出口，且除了使用的正常损耗货物没有发生改变。双方允许货物的进口和出口加工。进口加工是指货物可有条件地免纳进口税进入关境，条件是该货物拟用于制造、加工或修理并随后出口。出口加工是指在一方关境内自由流通的特定货物可暂时出口进行制造、加工或修理，而后全部或部分免除进口税费复进口。

6. 经认证的经营者制度

2017年8月31日，中国海关总署发布了《海关总署关于实施中国—瑞士海关"经认证的经营者（AEO）互认的公告"》（2017年第40号公告），对有关事项进行了公告，具体包括中瑞双方相互认可对方海关的"经认证的经营者"（简称"AEO企业"），为进口自对方AEO企业的货物提供通关便利。其中，瑞士海关认可中国海关的高级认证企业为中国的AEO企业；中国海关认可瑞士海关的"经认证的经营者"为瑞士的AEO企业，同时规定了中瑞双方海关在AEO企业货物通关时，相互给予对方AEO企业相关的通关便利措施，具体包括：

（1）对于AEO企业的货物，将其资质作为有利因素纳入减少查验或监管的风险评估，并在其他相关安全管理措施中予以考虑；

（2）在对AEO企业的商业伙伴进行评估时，将已获AEO企业资质的商业伙伴视为安全的贸易伙伴；

（3）对AEO企业的货物给予优先对待、加速处理、快速放行；

（4）指定海关联络员，负责沟通解决AEO企业在通关中遇到的问题；

（5）对因安全警报级别提高、边境关闭、自然灾害、紧急情况或其他重大事故或不可抗力因素导致贸易中断，在贸易恢复后海关将给予AEO企业货物优先和快速通关的便利待遇。同时规定中国AEO企业向瑞士出口货物时，应当将AEO认证编码（CN+在中国海关注册的10位企业编码）通报给瑞士进口商，由瑞士进口商按照瑞士海关规定填写申报，瑞士海关在确认中国AEO企业身份后，将会给予相关便利措施。①

---

①《海关总署关于实施中国—瑞士海关"经认证的经营者（AEO）互认的公告"》（2017年第40号公告），据中华人民共和国海关总署企业管理和稽查司网：2020-06-05.

（四）边境机构合作与磋商

1. 主管的海关办公机构

中瑞双方应指定办理物品申报或办理通关手续的海关办公机构。在确定这些海关办公机构的职权、地点以及工作时间时，应将贸易需求作为主要考虑因素。经贸易商请求并且申请理由合理，双方应在允许的资源内，延长工作时间或在海关机构之外进行海关监管。海关所收取的任何费用应大致以海关所提供劳务的成本为限。

2. 边境部门合作

为便利贸易，中瑞双方应保证其涉及边境和其他进出口监管的机构和部门的合作与沟通。

3. 磋商

任一方可要求就在本章执行或实施中发生的问题进行磋商。此类磋商应通过双方各自海关当局的相关联系人进行。联系人的有关信息及该信息的变更应及时向对方通报。

（五）海关手续与贸易便利化事务分委会

在联合委员会框架下成立由中瑞双方代表组成的海关手续与贸易便利化事务分委会（以下简称"分委会"）。分委会应负责以下事务：

1. 监督、评估采取的措施及条款的实施情况；

2. 交换信息以及评估进展情况；

3. 预做准备并协调缔约双方立场；

4. 为技术性修订预做准备并协助联合委员会事务；

5. 便利缔约双方间货物贸易的包括国内及国际标准的海关实践；

6. 对本章内容的解释、应用以及执行情况；

7. 与税则归类和海关估价有关的事务；

8. 可能对快速通关有影响的、双方采取的与程序和做法有关的其他事务；

9. 其他双方可同意的事务；

10. 其他由联合委员会指派给分委会的事务；

11. 必要时向联合委员会提出建议并进行报告的事务。

分委会应当由中瑞双方海关当局代表做主席。经双方同意，可以邀请来自产业和商业协会或其他相关组织的人员参加分委会有关案件的讨论。分委会应当由双方共同主持，共同指定一个会议主席，分委会每次会议的日程由会议主席负责准备，并与另一方商议后于会前发至另一方。分委会应当按需举行会议。分委会会议应由联合委员会、分委会主席召集或应一方请求召开。会议应在中国和瑞士轮流召开，或由双方商议决定。分委会每次会议应当准备会议讨论情况的报告，应要求，分委会主席应当在联合委员会上进行报告。

二、案例解析

（一）案例概况

案例：河北企业享受中瑞海关 AEO 互认协定带来的贸易便利化

AEO 互认实施为河北企业带来通关便利，其中，长城汽车公司积极"走出去"布局海外。中瑞自贸协定生效，给长城汽车出口瑞士带来了重大发展契机，2017年以来该公司对瑞士进出口额已达2501.19万美元，将企业的海关一般认证资格提升为高级认证后，公司进一步享受到了中瑞海关 AEO 互认协定带来的贸易便利化措施。

案例：河南企业享受中瑞海关 AEO 互认的贸易便利化措施

2017年，河南省共有 AEO 企业402家，其中高级认证企业62家，一般认证企业340家。2017年上半年，全省企业对瑞士进出口总量为1.5亿元，中瑞产业合作典型——西继迅达电梯有限公司是瑞士迅达集团在中国的零部件配套生产基地，每年为瑞士迅达集团生产电梯主机超2万台，控制系统超1万套。中瑞海关 AEO 互认的措施使企业平均查验比例和通关时间下降30%～50%，有效降低了企业港口、保险、物流等贸易成本，其生产的电梯产品以及核心零部件通过瑞士迅达集团销往世界各地。

（二）对中国企业的影响

中国—瑞士海关 AEO 互认是中国海关实施 AEO 制度以来签署的首个政府间 AEO 互认协定，自 2017 年 9 月 1 日中国—瑞士海关 AEO 互认实施后，中瑞双方海关同时给予两国 AEO 企业五项便利措施，包括减少货物查验、评估为安全贸易伙伴、优先处置保证快速通关、指定海关联络员、贸易中断恢复时优先通关等。此外，根据中瑞自贸协定，中国生产型的高级认证企业（AEO）还自动获得"经核准出口商"资格，在向瑞士出口货物时还可享受"原产地自主声明"优惠措施。中国和瑞士 AEO 企业出口到对方国家的货物，在办理海关业务时，将可直接享受到对方海关提供的便利措施，平均查验比例和通关时间下降 30%～50%，可有效降低企业港口、保险、物流等贸易成本。据中国海关统计，AEO 企业较非 AEO 企业通关平均查验率降低约 70%，通关速度提高 50% 以上，有效降低了企业港口、保险、物流等贸易成本。

第二节　卫生与植物卫生规则解读

中瑞两国为便利货物贸易和市场的准入，促进世界贸易组织《卫生和植物卫生措施协定》（SPS 协定）的实施，便利双方间的信息交流和技术合作，增进对彼此间监管体系的了解，加强双方合作，在第七章"卫生与植物卫生措施"确立了中瑞卫生与植物卫生措施领域的合作框架。

一、规则解读

（一）范围

中瑞自贸协定的 SPS 适用于所有可能直接或间接地影响中瑞双边贸易的SPS，同时世界贸易组织 SPS 协定附件 A 中的定义也适用于本章。

（二）协调和合作

1. 协调

如果国际食品法典委员会（CAC）、世界动物卫生组织（OIE）和在《国际植物保护公约》（IPPC）框架内运作的相关国际和区域组织确定的国际标准、指南和建议已经存在或即将拟就，中瑞两国应将其作为制定 SPS 的基础。

2. 适应地区条件

政策实施要具体情况具体分析，两国约定出现影响病虫害非疫区或低度流行区的卫生或植物卫生情况的事件时，将考虑相关国际标准、指南和建议，在风险评估的基础上尽最大努力恢复原有状态。

3. 检查和认证体系

加强在检查和认证体系评估领域的合作。进口方应考虑 CAC 的"食品进口和出口检查及认证体系"标准和原则。评估工具一般为对出口方的官方检查和认证体系的整体或部分审核，包括对主管机构基于适当法律实施和采取行动能力的审核。这些审核可包括按照一定比例对出口方企业进行实地检查。开展实地检查必须具有充分理由。评估报告应清楚制定和记录缔约双方达成一致的整改措施、时限和后续核查程序。

4. 技术合作

中瑞两国约定加强 SPS 领域的技术合作，以增进对彼此体系的了解，加强能力建设，促进农产品和食品的双边贸易，改进各自卫生与植物卫生体系。

（三）卫生和植物卫生措施分委员会

两国同意设立卫生和植物卫生措施分委员会（SPS 分委会），SPS 分委会的职能包括：协调技术合作和磋商，积极考虑任何一方的具体提议；适时提议签署附带协定；在相关国际组织会议召开前就任何议题交流意见等，SPS 分委会可设立临时工作组完成专项任务。

SPS 分委会包括双方主管机构的具有待讨论领域专业知识的代表，可视情况邀请来自企业、商业协会或其他相关组织的代表参加部分 SPS 分委会的会议。

（四）技术磋商

如一方认为另一方已经采取的措施可能对贸易造成或已经造成不必要的障碍，经其书面请求，由分委员会组织进行技术磋商。此类技术磋商应在书面请求提出后60天内进行，如事情紧急，则应在20天内进行，旨在寻求双方共同接受的解决办法。

（五）联络点

两国约定交换负责处理与本章相关事务的联络点的名称和地址，以便利沟通和信息交换，联络点负责组织每年一次的 SPS 分委会会议。

总体来看，虽然瑞士不是欧盟成员国，但是瑞士与欧盟基本执行相同的技术标准，而且，瑞士还拥有全球最为先进的技术标准认证机构，行业类认证机构总部往往坐落于瑞士，使得瑞士 SPS 更为严格，更具有信号意义。

二、卫生与植物卫生措施通报（SPS 通报）情况

根据世界贸易组织有关协议规定，各成员国在制定或修订现行技术法规、强制性标准、合格评定程序及措施时，如缺乏国际标准或与有关国际标准不一致，并且可能对其他成员的贸易有明显影响时，必须在法规批准60天前向世界贸易组织秘书处通报，给予其他成员国一定的评议时间并尽可能考虑它们的合理意见。TBT/SPS 紧急措施通报工作可在法规生效的同时进行，不留征求意见期，但必须在通报中说明采取紧急措施的正当理由。这种通报咨询制度除沟通信息外，还有更进一步的意义，即技术协调。通报是为了技术信息的沟通，咨询是为了技术要求的协调。

SPS 通报主要采取的是由通报成员针对通报的问题、覆盖的产品、可能受影响的地区或国家对负责机构提出目标与理由进行通报。中国通报的主要对象为国家健康卫生委员会和国家市场监督管理总局（国家标准化管理委员会）。通报理由分为食品安全、动物健康、植物保护、保护国家免受有害生物的其他危害、保护人类免受动 / 植物有害生物的危害；瑞士的主要通报对象

为联邦食品安全及兽医局和联邦农业局（FOAG）。通报理由分为食品安全、动物保护、植物保护、保护国家免受有害生物的其他危害、保护人类免受动/植物等有害生物的其他危害。

（一）通报数量

2019—2021年，中瑞向世界贸易组织递交SPS通报的数量如表6-1所示，2016—2021年，中瑞向世界贸易组织递交SPS通报的数量如图6-1所示。

表6-1　2019—2021年中国和瑞士向世界贸易组织递交SPS通报的数量

单位：件

国家/地区	年份	常规通报	补遗和勘误	修订	总计
瑞士	2019	8	1	0	9
	2020	2	4	0	6
	2021	3	0	0	3
中国	2019	33	0	0	33
	2020	45	6	0	51
	2021	49	6	0	55

数据来源：根据中国WTO/TBT-SPS通报咨询网整理。

图6-1　2016—2021年中国和瑞士向世界贸易组织递交SPS通报的数量

（二）通报目标和理由

2016年至2021年瑞士向世界贸易组织递交的SPS通报中，以食品安全为由的通报数量最多，为9件。其次是动物保护和保护人类免受动/植物等有害生物的其他危害，均为2件，植物保护1件。中国以食品安全为由的通报数量最多，为184件。其次是动物保护和保护人类免受动植物等有害生物的其他危害，为15件和3件，植物保护为4件等（见表6-2）。

表6-2　中国和瑞士向世界贸易组织递交SPS通报目标和理由

单位：件

国家/地区	食品安全	动物保护	保护人类免受动/植物等有害生物的其他危害	植物保护	保护国家免受有害生物的其他危害
瑞士	9	2	2	1	0
中国	184	15	3	4	3

数据来源：根据中国WTO/TBT-SPS通报咨询网整理。

（三）通报热点

第一类是食品安全方面，涉及与食品相关的技术法规、国家标准、禁令以及法规修改的SPS通报数最多；第二类是有关家禽类的饲料添加剂、进口的兽医条件、兽医卫生的管理规定；第三类是种植或繁殖植物疾病、进口农业器械的规定；第四类是关于进口生物检疫方面的认证要求。前三类集中在中国，第四类中国和瑞士都有。

2020年中国对外进行SPS通报数为51件，相比2019年的33件，增加了54.55%。其中，涉及食品安全的SPS通报数为49件，主要针对食品添加剂，如丁香酚、越橘红、磷脂、碳酸锰等。另外，部分涉及食品安全的SPS通报与食品微生物最大含量的国家标准有关，如霉菌素、农药等。涉及植物保护和保护国家免受有害生物的其他危害的通报数为1件，是关于增补中国检疫性有害生物名录（草案）的通知，将番茄褐色皱纹果病毒、玉米矮花叶病毒、马铃薯斑纹片病毒、乳状耳形螺以及玫瑰蜗牛五种有害生物列入名录。涉及保护人类免受动/植物等有害生物的其他危害的通报数也有1件，覆盖原木及锯材，但不包括木质包装材料、木制品和竹制品。可以看出，中国对食品安全的重视程度远超过其他领域，尤其对食品添加剂、微生物含量等颁布了详细的管理办法，以提高中国进口食品的标准。

2020年瑞士对外进行SPS通报数为6件，相对于2019年的1件，增加了5件。其中，涉及食品安全的SPS通报数为4件，主要规定了活性物质最低纯度和最大杂质含量。因冠状病毒传染病，某些食品成分及包装材料可能供应不足，为给食品生产商更大灵活性，保证食品供应，延长食品标签规定，为期6个月。涉及保护国家免受有害生物的其他危害的通报数为2件，覆盖植物、植物产品及所有藏匿或传播特别危害有害生物的物质，包括土壤及种植介质和生长基质。可以看出，瑞士进行SPS通报的总体基数较小，食品安全领域占大部分，主要是对活性物质和转基因生物含量进行控制。

三、实务应用案例解析

（一）案例概况

20世纪90年代，中国出口食品企业多次因药物残留不达标而被禁止出口。1996年，欧盟以中国出口的禽肉中含有农药、兽药残留和动物疫病等为由对中国关闭5年；2002年1月，欧盟又以中国出口的小龙虾制品中药物残留超标为由全面禁止中国动物源性食品；随后瑞士暂停进口中国产禽肉等动物源性产品，严重影响了中国动物源性食品出口。后经当时的中国国家质检总局会同其他部门积极交涉，瑞士联邦兽医局于4月部分解除对中国产禽肉及其制品的进口禁令，3个月后全面恢复进口中国产禽肉及其制品。

2021年4月，欧盟RASFF通报中国产品13起（不含香港、澳门、台湾），占总通报量的4.3%，其中食品8起，包括冷冻箭鱼、芝麻籽、鲜梨、有机螺旋藻粉、冷冻海藻沙拉等，通报原因主要是农药残留、霉菌毒素、环境污染物、过敏原等；食品接触产品5起，包括密胺盘子、三聚氰胺竹纤维面包箱、电热壶、炊具等，通报原因主要是迁移、组分、重金属。

（二）对企业的影响

SPS措施主要是对食品、农产品、动植物中的添加剂、药残、污染物、毒素或致病细菌等，进行进出口检验检疫的技术措施和标准，国外SPS措施主要针对中国农产品中的蔬菜、茶叶、水海产品和出口食品。近年来，尽管中国出口食品、农产品国外通报不合格率保持在6‰以下，但是，中国依然是世界贸易组织成员国中SPS通报对象较多的国家之一，尤其是美国、日本、欧盟等市场拥有更高的SPS标准，给中国农产品出口带来较大压力。

瑞士虽未加入欧盟，但欧盟一直是瑞士最重要的对外经济和贸易对象，自2009年正式取消相互间的海关安全检查，2016年以来瑞士与欧盟"框架协议"一直在谈判中，瑞士也是中国通向更大欧洲市场的"转接口"与试验田，欧盟SPS相关措施对中瑞企业发展经贸合作关系具有一定的参考意义。

四、企业如何应对SPS措施

（一）积极参与相关培训，主动了解SPS措施

中国企业需要主动了解SPS措施的详细内容，应积极参与政府组织的有关SPS措施的培训，关注并随时掌握SPS动态，积极申请国际产品标准方面的认证，避免产品的出口受SPS措施的阻碍，提升和树立中国企业在国外的良好形象。针对中国农产品质量不高的问题，企业应重视农产品的生产过程，学习和引进国外先进技术，建立企业内部的产品质量安全体系。

（二）重视提升对标高标准、接轨高标准的能力

从历史来看，瑞士对中国动物源性产品的政策存在一定反复。为此，中国企业和行业组织除了主动寻求主管部门帮助，还要重视提升对标高标准、接轨高标准的能力。近年来，国内企业在解决农业化学投入品这个"症结"问题上不断探索，山东等农产品出口大省率先实施了出口食品农产品质量安全示范区的建设。但是，中国现行的农业标准对GMP标准（药品生产质量管理规范）、ISO 22000标准、HACCP体系（危害分析与关键控制点）、IFS标准

（国际食品标准）等国际标准的采用率依然不高，加工食品标准采用国际食品法典委员会（CAC）标准的比例、采用国际标准化组织（ISO）食品技术委员会标准的比例均比欧盟低。此外，西方国家不断抬高农产品标准，尤其是最大兽药残留物允许含量和最大杀虫剂残留物允许含量，如欧盟要求茶、咖啡、香草、可可、角豆、香料等的恶霸灵含量不得超过0.02%；根和块茎类蔬菜、球茎类蔬菜、甘蓝类蔬菜等的恶霸灵含量不得超过0.01%，乙基多杀菌素不得超过0.05%等，这些技术标准要求对大多数发展中国家来说均形成较大检测压力，也成为中国农产品、食品出口产业升级改进的重要导向。

（三）鼓励构建行业组织，设立SPS进出口风险机制

世界贸易组织的SPS协定明确规定动植物检疫必须要基于风险分析，因此各相关行业组织应积极设立SPS进出口风险机制。借鉴国内外出口农产品企业冲破SPS贸易壁垒的经验教训，时刻关注瑞士的技术法规、政策标准和内容研究等，及时向出口企业发布预警信息，减少贸易摩擦及纠纷。另外，欧洲国家是中国农产品出口仅次于亚洲的地区，在中瑞自贸协定生效之日起便对962项产品立即实施零关税，这是瑞方首次在自贸协定中较大幅度开放其农产品市场，所以中国农产品出口企业应对出口规模较大的农产品建立数据库，时刻监测农产品价格的变动，对于出口数量急剧变动的国家应及时分析原因，向企业发出预警信息。

（四）积极寻求相关部门的帮助

对于中国企业来说，当出口的产品面临进口国家歧视性的贸易壁垒和以卫生与植物卫生为由的贸易限制时，应积极寻求中国WTO/TBT-SPS国家通报咨询中心、瑞士海关或者评议基地的援助，积极参与海关部门组织的通报评议，提出要求国外推迟、更改，甚至取消实施相关措施的意见和建议，最大限度消除此类TBT带来的损失。对于国内相关产业部门来说，应积极成立争端解决小组，发挥好中瑞两国合作机制的作用，积极向相关联络点提出磋商建议，利用世界贸易组织每年召开SPS委员会例会的时机，提出其他世界

贸易组织成员拟实施或已实施的，不符合 TBT、SPS 协定原则、对贸易造成不必要障碍的措施和做法，提出"特别贸易关注"，敦促其他成员对相关措施进行澄清、修改、废止、推迟实施等。

（中国 WTO/TBT-SPS 国家通报咨询中心网址：http://www.tbt-sps.gov.cn/page/cwtoz/Indexquery.action ）

第三节　技术性贸易壁垒规则解读

中瑞自贸协定第六章技术性贸易壁垒包括11个条款和1个关于纺织品标签的附件，旨在践行世界贸易组织《技术性贸易壁垒协定》（TBT 协定），便利双边货物贸易和双方市场准入，尽可能减少双边贸易不必要的成本，加强双方在技术法规、标准与合格评定程序领域的合作。

一、规则解读

（一）范围和定义

除了中瑞自贸协定第七章所定义的卫生与植物卫生措施以及政府机构为其生产或消费要求所制定的采购要求，技术性贸易壁垒规则适用于中瑞双方所有的标准、技术法规和合格评定程序。

（二）遵循国际标准

中瑞双方确认由国际标准化组织（ISO）、国际电工委员会（IEC）、国际电信联盟（ITU）、国际食品法典委员会（CAC）颁布的标准，被视为 TBT 协定第2.4条所称"相关国际标准"。

（三）加强技术合作

中瑞两国约定加强以下技术合作的领域：国际标准化机构和世界贸易组织 TBT 委员会的活动；双方主管机构之间的交流，关于技术法规、标准、合格评定程序和良好法规规范的信息交换；增强国际标准作为技术法规和合格评定程序基础的作用；促进以国际标准化组织和国际电工委员会相关标准和指南为基础对合格评定机构的认可及其合格评定结果的互认；鼓励承认多边协定或多边安排；中瑞双方商定的其他领域。

（四）边境措施

中瑞双方约定，任何一方因发现未满足技术法规或合格评定程序而在入境口岸扣留来自另一方的货物，其主管机构应向进口商或其代表迅速通报扣留原因。

（五）技术性贸易壁垒分委员会

在联合委员会下建立技术性贸易壁垒分委员会（TBT 分委会），TBT 分委会的职能是协调技术合作活动，推动技术磋商，对中瑞双方的具体提议给予积极考虑，建立主管机构间的对话，适时提议签署附带协定并协调实施，适时在相关国际组织会议召开前就任何议题进行磋商，TBT 分委会应由中瑞双方共同主持，并每年召开一次会议，TBT 分委会可设立临时工作组完成专项任务，TBT 分委会应当包括双方主管机构的具有待讨论领域专业知识的代表，可视情况邀请业界、商业协会或其他相关组织的代表参加部分 TBT 分委会的会议。

（六）技术磋商

如一方认为另一方已经采取的措施可能对贸易造成或已经造成不必要的障碍，经其书面请求，由 TBT 分委会组织进行技术磋商。此类磋商应在书面请求提出后60天内进行，此类磋商可视具体情况按中瑞双方商定的任何方式进行。

（七）附件和附带协议

中瑞双方就纺织品标签达成一致并纳入本协定附件5，其中规定，如有一方对纺织品和服装有永久的强制性标签要求，则应遵守以下规定：

1. 信息要求仅限于号型、纤维成分和使用说明；

2. 相关 ISO 标准应适用于纺织品使用标签说明；

3. 一方应以英文通知对方除以上条款外的其他要求，且应详细解释这些要求在完成 TBT 协定第 2.2 条的合理目标时不会对贸易造成不必要的限制。

同时，双方可在今后继续达成此类附带协定。

（八）审议条款

中瑞双方应在此后应要求对 TBT 规则进行联合审议。在审议中，如双方与某个第三方都就标准、技术法规和合格评定程序缔结了合作安排，双方应考虑就给予第三方的优惠待遇进入谈判程序。

（九）联络点的设立

中瑞双方应交换负责处理与本章相关事务的联络点的名称和地址，以便进行沟通和信息交换。另外，TBT 规则附件 5 纺织品标签规定，如一方对纺织品和服装有永久的强制性标签要求，则应确保该要求仅限于号型、纤维成分和使用说明；相关 ISO 标准应适用于纺织品使用标签说明；一方应以英文通知对方除上述外的其他要求，并详细解释这些要求不会对贸易造成不必要的限制。

二、TBT 通报情况

（一）通报数量

2016—2021 年，中国和瑞士分别向世界贸易组织进行了 493 件和 63 件 TBT 通报，详情见图 6-2。

图6-2　2016—2021年中国和瑞士向世界贸易组织递交 TBT 通报的数量

（二）通报产品分类

图6-3显示了中国在2020年的通报产品分类及比重。其中，医药卫生技术遭到的 TBT 通报最多，共有32件，占总 TBT 通报的25.81%。其次是环保、保健与安全，有20件，占总 TBT 通报的16.13%。化工技术、能源和热传导工程分别有10件和8件，分别占总 TBT 通报的8.06% 和6.45%。其余行业的通报数较少。

图6-4显示了瑞士在2020年的通报产品分类及比重。其中，电信、音频和视频技术遭到的 TBT 通报最多，共有4件，占总 TBT 通报的28.57%。其次是化工技术，有3件，占总 TBT 通报的21.43%。农业和食品技术分别有2件，分别占总 TBT 通报的14.29%。其余行业，如医药卫生技术，环保、保健和安全，电子学的通报数均为1件，分别占总 TBT 通报的7.14%。

对通报产品分类进行分析，有助于我们了解在哪些领域会面临哪些技术性贸易壁垒，对存在的问题就跨越壁垒的对策进行研究。在中国2020年通报产品分类中，医药卫生产品技术上遭到的 TBT 通报最多，占据1/4，主要是发达国家对中国药品进入对方市场在药品注册、认证管理、卫生管理、污染控制、专利和知识产权，以及药品包装、标签和商标上设置了种种技术壁垒，说明中国医药企业总体的技术水平与发达国家相比还有很大差距，长期以仿制为主导模式，缺乏专利意识，中药中的农残含量和重金属含量问题严重。

瑞士对外 TBT 通报主要集中在 3 大类产品：（1）电信设备；（2）医疗设备；（3）医药。以上 3 类产品出口企业应及时关注瑞方对外 TBT 通报。2016—2020 年瑞士对外 TBT 通报涉及产品见表 6-3。

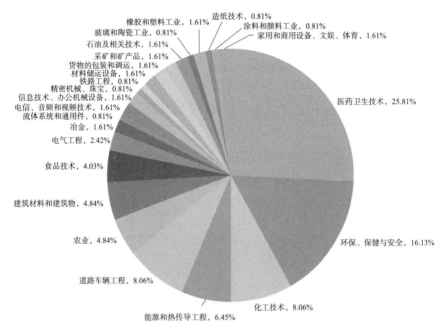

图6-3　2020年中国 TBT 通报涉及的产品分类及比重

数据来源：根据中国 WTO/TBT-SPS 通报咨询网整理。

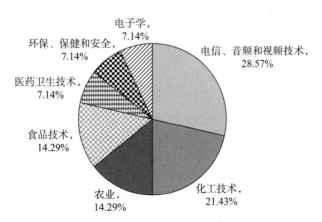

图6-4　2020年瑞士 TBT 通报涉及的产品分类及比重

数据来源：根据中国 WTO/TBT-SPS 通报咨询网整理。

表6-3 2016—2020年瑞士对外 TBT 通报涉及产品

年份	涉及产品
2016	保护公众健康与环境
2017	1. 动物产品 2. 大规模生产装置、车辆和设备 3. 电信设备 4. 燃气器具 5. 载人索道装置 6. 医药产品 7. 非人类基因技术 8. 烟草制品和电子烟
2018	1. 药品和医疗设备 2. 电信设备 3. 医药产品
2019	1. 电信设备 2. 未包装与预包装产品 3. 医疗器械 4. 系列产品装置、车辆和电器
2020	1. 生物杀虫剂 2. 电信设备 3. 有机农业和有机产品 4. 药品 5. 医疗设备 6. 个人防护产品 7. 生物杀灭产品 8. 非人类基因技术 9. 内燃机废气

（三）通报依据的条款

通过分析 WTO/TBT 通报文本，可以发现，中国主要依据 TBT 协定中的第2.9.2条、第2.10.1条、第5.6.2条和第5.7.1条对技术法规、标准和合格评定程序进行通报，具体如下。

1. 第2.9.2条：关于中央政府机构拟议的技术法规的通报要求。

2. 第2.10.1条：关于中央政府机构针对紧急情况通过的技术法规的通报要求。

3. 第5.6.2条：关于中央政府机构拟议的合格评定程序的通报要求。

4. 第5.7.1条：关于中央政府机构对紧急情况下通过的合格评定程序的通报要求。

图6-5为2020年中国依据的各项条款进行的TBT通报数量。就常规通报而言，涉及第2.9.2条技术法规通报数为109件，涉及第2.10.1条紧急情况下的技术法规通报数为零件，与第5.6.2条合格评定程序有关的TBT通报数为17件，涉及第5.7.1条紧急情况下的合格评定程序有零件。

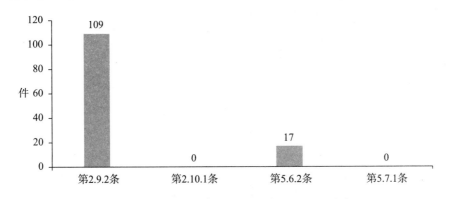

图6-5　2020年中国TBT通报依据的条款分类统计

资料来源：根据中国WTO/TBT-SPS通报咨询网整理。

（四）通报的目标和理由

图6-6显示了2020年中国TBT通报的目标和理由数量。就常规通报而言，保护人类健康和安全仍然是实施技术性贸易壁垒的首要目标，TBT通报数量共有101件。涉及质量要求、与国际标准协调均为59件，防止欺诈、保护消费者利益25件，保护环境19件，这几项是TBT通报的主要目标和理由。其余涉及消费者信息、标签以及节约成本、提高生产力等目标的TBT通报数较少。

图6-7为2020年瑞士TBT通报的目标和理由数量。就常规通报而言，保护人类健康和安全仍然是实施技术性贸易壁垒的主要目标，TBT通报数量共有6件。其次，涉及协调、为符合欧洲最新的频率管理要求和减少贸易壁垒并促进贸易的TBT数量分别为3件、3件和2件，这几项是TBT通报的主要目标和理由。其余涉及保护环境、防止欺诈行为和消费者保护等目标的TBT通报数较少。这也符合技术性贸易壁垒在国际贸易中常见的主要目标，这就

要求我们企业尽快建立和完善技术标准和法规体系，积极采用国际标准，健全认证制度，将环保纳入对外贸易发展战略。

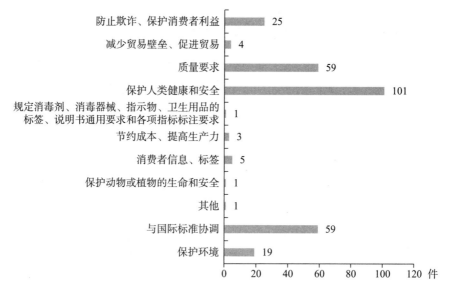

图6-6　2020年中国 TBT 通报的目标和理由数量

资料来源：根据中国 WTO/TBT-SPS 通报咨询网整理。

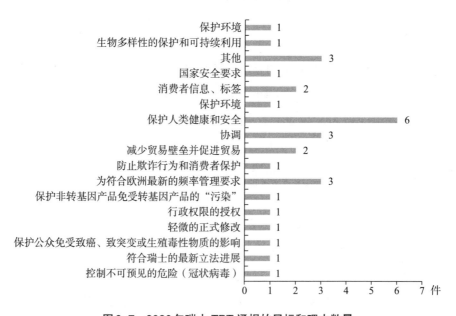

图6-7　2020年瑞士 TBT 通报的目标和理由数量

资料来源：根据中国 WTO/TBT-SPS 通报咨询网整理。

三、对企业的启示

在技术性贸易壁垒中，标准认证分为体系认证和产品认证两类，其中体系认证主要有 ISO 9000、ISO 14000、QC0 80000、ISO/TS 16949、OHSAS 18000、SA 8000 等，产品认证主要有全球 CB 认证、韩国 KC 标志、日本 PSE 认证、欧盟 CE 指令、FCC 许可证、UL 认证标志等。在中国出口企业遭遇的技术性贸易壁垒中，欧盟位居前列，欧盟凭借发达的技术优势不断抬升贸易技术标准。虽然瑞士没有加入欧盟，但已经先后与欧盟签署了关于消除技术性贸易壁垒等双边协议，因此，与瑞士企业的合作，可以减缓中国企业进入欧洲市场的压力。同时，瑞士还是全球检测龙头企业和国际认证机构聚集之地，全球实力最强、业务规模最大的国际检测巨头 SGS，ISO 国际组织秘书处、TESTEX 瑞士纺织鉴定、国际种子检验协会等均在瑞士。此类机构往往掌握规则标准的解释权，强化与此类机构的交流合作，有助于中国参与构建具有全球话语权的产品质量标准认证，有助于中国构建自己的贸易规则话语权体系。

第四节　知识产权保护规则解读

瑞士以《著作法》《专利法》《商标法》为基础，建立了完备的涉外知识产权法律体系，并承认涉外知识产权纠纷的可仲裁性。中国在一些初级产品上具有比较优势，瑞士在高新技术产业具有比较优势，这种差异性以及自贸协定知识产权保护条款的深度加强，加速了中瑞双边贸易往来，使中国从瑞士进口的知识密集型产品数量稳步增加。

在世界知识产权组织发布的《2020年全球创新指数（GII）》中，瑞士位列第一，中国位列第十四。同时，该报告指出中国在专利、商标、实用新型、工业设计等指标上排名较高，是总体排名前30中的唯一中等收入经济体。瑞士在很多领域内的创新能力居于世界前列，而中国是瑞士除欧盟国家外利用自贸协定进出口货值最高的贸易伙伴国家。由此可见，中瑞自贸协定知识产权保护章节对于两国经贸合作的重要性。

一、规则解读

世界贸易组织的总部设在瑞士，且瑞士自世界贸易组织创建时便是其正式成员。瑞士作为高度外向型的发达经济体，知识产权保护法律比较完善，且是《商标国际注册马德里协定》缔约国之一。瑞士联邦知识产权局（IPI）建立了知识产权数据库（Swissreg），免费提供数据库中的商标、专利、外观设计等信息。世界贸易组织知识产权规则主要体现在《与贸易有关的知识产权协定》（以下简称 TRIPS）中，中瑞自贸协定中关于知识产权保护的条款部分以 TRIPS 协议为根据，在保护范围上大致相同。

中瑞自贸协定中设置知识产权保护专章，第十一章"知识产权"包括五节，共 22 项条款。具体如下：

1. 总则

（1）定义。在本协定中，"知识产权"特别包括版权及邻接权、商品和服务的商标、地理标志[①]、工业品外观设计、专利、植物新品种、集成电路布图设计（拓扑图）以及未披露信息。[②]

（2）知识产权保护。在遵循本章及缔约双方均已加入的国际协定条款的情况下，缔约双方应授予确保充分、有效、透明和非歧视性的知识产权保护，并采取措施落实这些权利，防止权利遭到侵犯、假冒和盗版。

（3）国际公约。缔约双方重申均遵守已作为缔约国加入的已有国际协定中有关知识产权的承诺。除了重申双方已加入的国家公约，第 11.3 条国际公约还提出"每一缔约方应尽所有合理努力批准或加入《视听表演北京条约》"。《视听表演北京条约》于 2012 年 6 月 26 日在北京签署，2020 年 4 月 28 日起正式生效。中国和瑞士加入的知识产权国际公约可见表 6-4。

---

① 在此澄清，瑞士的原产地名称可被当作地理标志在中国进行保护。
② 对于瑞士来说，货源标志也是知识产权定义的一部分。

表6-4 中国和瑞士加入的知识产权国际公约

分类	条约名称	签署及修订时间
综合	与贸易有关的知识产权协定（简称"TRIPS协定"）	1994年4月15日签署，2017年1月23日修正
	《保护工业产权巴黎公约》（简称《巴黎公约》）	1883年3月20日签署，经1967年《斯德哥尔摩法案》修订
	成立知识产权组织公约	1967年7月14日签订，1979年修正
专利	《专利合作条约》	1970年6月19日签署，2001年《华盛顿法案》修订
	《国际承认用于专利程序的微生物保存布达佩斯条约》	1977年4月28日签署
	《保护植物新品种国际公约》（简称"1978年UPOV公约"）	1978年签署
商标	《关于供商标注册用的商品和服务国际分类的尼斯协定》	1957年6月15日签署，1979年《日内瓦法案》对其修订
	《商标国际注册马德里协定》	1989年6月27日签署
	《建立商标图形要素国际分类的维也纳协定》	1973年6月12日签订
著作权	《保护文学和艺术作品伯尔尼公约》	1886年9月9日签署，1971年《巴黎法案》对其进行修订
	《世界知识产权组织（简称"WIPO"）表演与唱片条约》	1996年12月20日签署
	《WIPO版权条约》	1996年12月20日签署
	《保护录音制品制作者防止未经许可复制其录音制品公约》	1971年10月29日签署
	《视听表演北京条约》	2012年6月26日签署，2020年4月28日起正式生效

资料来源：根据中瑞自贸协定第十一章知识产权保护章节整理。

（4）知识产权与健康。缔约双方认同《TRIPS与公共健康多哈宣言》中确立的原则，重申《TRIPS与公共健康多哈宣言》第6段的决议以及落实《修改TRIPS协定议定书》作出国际努力的承诺。

（5）告知及信息交流。根据双边知识产权对话以及年度中瑞知识产权工作组会议确立的框架，每一缔约方应在另一缔约方提出请求时，除已有合作方式外，交流相应管理部门与知识产权政策有关的信息，将本国知识产权制度中的变化、发展及实施情况告知另一缔约方，交流有关知识产权保护章节中提到的各个公约的信息，或是有关知识产权协调、管理及落实，有关国际组织活动以及缔约双方在知识产权相关事务上与第三方国家关系的未来国际公约的信息，考量私营利益相关者关注的知识产权问题。

中国企业应及时关注相关活动、会议信息，掌握中瑞知识产权发展动向，及时反馈本企业面临的知识产权问题。

2. 关于知识产权的效力、范围和使用标准

中瑞自贸协定规定知识产权的效力、范围和适用标准，包括版权和相关权利、商标、专利、遗传资源和传统知识、植物新品种保护、工业品外观设计以及地理标志。

3. 版权和相关权利

在不违背双方均已签署的国际协议的义务的情况下，每一缔约方应根据各国法律法规向作品、表演、录音录像以及广播节目的相应作者、表演者、录音录像制作者、广播机构、计算机程序提供并确保充分和有效的保护。同时，授予表演者的保护期、录像制品制作者的保护期，广播机构的保护期。

4. 商标

双方应给予产品和服务的商标所有者充分和有效的保护。

（1）规定商标注册的条件。任何能将一个企业的商品或服务同其他企业的商品或服务区别开来的符号或符号组合均可构成商标。作为注册的一个条件，双方可要求符号是从视觉上能够辨认的。

（2）双方应重申《WIPO关于驰名商标保护规定的联合建议》以及《WIPO关于在因特网上保护商标权以及各种标志的其他工业产权的规定的联合建议》所包含的原则的重要性。

（3）双方应授予注册商标的所有权人专有权，以及对驰名商标的保护。

中瑞自贸协定中商标注册条件之一为符号从视觉上能够辨认，并且规定了商标所有权人的专有权和对驰名商标的保护。

5. 专利

双方应在其国家法律中至少确保：如果发明是新颖的、有创造性并且可以进行产业应用，缔约国应给予包括生物技术和草药在内的所有技术领域的

充分发明和有效的专利保护。此外，该条款规定了双方根据 TRIPS 协定相关条款排除可专利性的情况。

6. 遗传资源和传统知识

（1）双方承认并重申《生物多样性公约》、TRIPS 协定中确立的原则。就遗传资源和传统知识而言，鼓励为促进 TRIPS 协定和《生物多样性公约》之间互相支持的关系作出努力。

（2）根据每一方的国际权利与义务以及国内法律，双方可采取或者维持促进生物多样性保存，以及公平地分享遗传资源和传统知识的使用所带来的利益的措施。

（3）当发明直接以发明人或者专利申请人获取的遗传资源或者传统知识为基础时，双方可要求专利申请人根据国内法律、法规指明上述遗传资源的来源，如国内法律有所规定，专利申请人还应指明上述传统知识的来源。

（4）如果在授予专利后发现申请没有披露来源或蓄意提交了虚假信息或违反了其他相关法律法规，缔约双方可规定适当的法律后果。

7. 植物新品种保护

（1）缔约双方应给予植物新品种育种者充分和有效的保护，不得低于1978年《国际植物新品种保护公约》规定的保护水平。

（2）规定获得育种者授权的行为、授权设置条件与限制及例外情况。

（3）双方约定，向日葵、莴苣、西蓝花、天竺葵、矮牵牛花、菠菜等 6 个属／种将在2016年前优先完成研究，随后将其列入受保护品种列表。适用于上述两个条款。

在本协定生效后每两年，缔约双方将讨论纳入其他属／种问题并相应修改／扩充附件9"受保护的属／种列表"。

因此，涉及该领域的中国企业应定期关注此类信息，了解更全面的保护制度。查阅受保护的植物属／种列表，可登录中国农业农村部或国家林业和草原局网站。

中国农业农村部：www.moa.gov.cn。

国家林业和草原局：www.forestry.gov.cn。

瑞士保护 UPOV 1991 所列所有植物属 / 种，可参见 UPOV 的 Genie 数据库 http://www.upov.int/genie/en/.

8. 未披露信息

（1）双方应依据 TRIPS 协定第 39 条保护未披露信息。

（2）申请人为获得药品和农用化学品上市审批向主管部门提交的未披露试验数据或其他数据，自批准该上市许可之日起至少 6 年内，双方应禁止其他申请人在药品（包括化学实体和生物制品）和农业化学品上市许可申请中依赖或参考上述未披露试验数据或其他数据。该保护期长于 TRIPS 协定。

（3）为了避免对涉及脊椎动物的农业化学品进行不必要的重复试验，只要给予第一申请者充分补偿，可以允许他人依赖或参考这些数据。本条款对药品数据的保护，可以阻止仿制药品的出现，激励新型药品、化学品的研制。

9. 工业品外观设计

双方应确保其国家法律通过规定保护期给予工业品外观设计充分和有效的保护。如果工业品外观设计被认定为实用艺术作品并符合各自国内法中版权保护所需的一般条件，则双方应为工业品外观设计提供版权保护。保护期限自作品创作起应不少于 25 年。工业品外观设计具有美学和工业的双重属性，是产品整体必不可少的一部分，也会产生一定的效益，企业应重新认识工业品外观设计产权，加强重视，防止错误理解。

10. 地理标志

双方应确保其国内法给予地理标志充分和有效的保护。

在不妨碍 TRIPS 协定相关条款的情况下，双方应采取一切必要措施，在符合本协定的情况下，确保对用于指示原产自缔约双方领土的商品的地理标志给予相互保护。双方应赋予利益相关方法律手段以防止这些地理标志用于并非原产自上述地理标志所指明地域的相同或类似商品。在不妨碍 TRIPS 协定相应条款（第 22 条、第 23 条）的情况下对双方的地理标志给予互相保护。

地理标志可以明确该商品的特定质量、声誉或其他特性本质，因此，地理标志可以为相关企业创造更高的经济价值，在国际市场中形成竞争优势。从 2020 年签订的《中欧地理标志协定》也可以看出地理标志对于缔约方的重要性。中国企业应积极利用地理标志，让地理标志提高企业收益，进而带动产业发展。

11. 知识产权的取得与存续

知识产权的取得与存续。双方的知识产权取得形式为权利被授予或注册，应确保授权或注册程序与 TRIPS 协定，特别是第62条保持一致。

12. 知识产权执法

中瑞自贸协定重视对于知识产权保护的执法，其总则要求至少应与 TRIPS 协定的执法条款处于同一水平，分别从中止放行，检查权，责任声明、保证或等价担保，执法行动——民事救济，临时措施和禁令，执法措施——刑事救济共6方面作出了相应的规定。两者的规定大多一致，但也有进步之处。

13. 中止放行

（1）双方应当采取程序，使有正当理由怀疑进口或出口货物可能发生侵犯专利权、工业品外观设计、商标权或版权情况的权利人，能够根据国内法律法规，以书面形式向主管的行政或司法当局提出由海关当局中止放行该货物进入自由流通的申请。

（2）当主管部门有正当理由怀疑某些货物的进口或出口将侵犯专利权、工业品外观设计、商标权或版权时，双方应当允许其根据国内法律和法规主动采取行动并中止放行货物。

（3）双方应当确保其行政或司法主管部门在权利人的请求下，根据第一或第二款决定已被中止放行的产品将被扣押，直到侵权纠纷得到最终裁定。

（4）如果主管部门已经作出涉嫌货物侵犯知识产权的裁定，各方应当提供程序以便权利人能够尝试追回并补偿与其行使权利相关的可能已经产生的成本和开支，以及本规定中提供的补救措施。

如上述第二款为强制义务，而 TRIPS 协定中并未设置强制义务，故可视为 TRIPS-PLUS 条款，这也是对相关企业合法权利的保障。

14. 检查权

主管部门应当给予中止货物的申请人以及其他与该中止相关的人员机会，检查已被中止放行或已被扣留的货物。当检查货物时，主管部门可以取样，并根据相关方的现行规则在权利人的要求下，将其移交或送交给权利人供其分析以及为后续程序提供便利。如果情况允许，完成技术分析后，并且在适用的情况下，在货物被放行或解除扣押之前，样本必须归还。对样品的任何分析应当在权利人全权负责下进行。

15. 责任声明，保证或等价担保

主管部门应当有权要求申请人声明在有关情况下对所涉人员承担责任，或在合理情况下提供足以保护被告和主管部门或防止滥用的保证金或同等的担保。此类保证金或同等的担保不应无理阻止对这些程序的援用。

16. 执法行动——民事救济

在民事司法程序中，双方司法机关应考虑实际损害，建立一种公平的授权费用制度，让侵权人向权利人支付赔偿。此外，司法主管部门可对侵犯知识产权的货物采取适当措施（包括从商业渠道最终移除或彻底销毁）。该条款对侵权企业有一定的震慑作用。

17. 临时措施和禁令

（1）双方应当保证其司法机关有权采取及时有效的临时措施，有权责令一方当事人停止侵权，防止涉及知识产权侵权的进口商品在结关后立即进入其管辖范围内的商业渠道，同时应保存被指控侵权的相关证据。

（2）在适当情况下，司法机关有权视情况不听取当事人陈述而采取临时措施。该条款可以大大减少给权利人造成的损害，避免侵权人销毁证据。同时还规定司法机关应当迅速行动不得无故拖延。临时措施对司法机关提出的要求为企业知识产权增加了一重保障。

18. 执法措施——刑事救济

双方应当规定适用于具有商业规模的蓄意假冒商标或盗版案件的刑事程序和处罚。该条款将具有商业规模的侵害知识产权行为上升到刑事程序层面，再次体现侵权行为的严重性。

19. 产地标记和国名

该条款为中瑞自贸协定的独有条款，双方应当保证在其国内法中对于所有商品和服务的产地标记、国名和国旗给予充分和有效的保护手段，防止并非来源于此标记所标示的地方的商品或服务使用此类标志。这种保护还适用于与缔约双方国徽、国旗和其他与国家徽记相混淆的标识。

二、实务应用案例解析

瑞士在高新技术领域的优势以及中国在该产业的积极推动、大力支持，使得两国企业在高新技术产业领域的合作必然离不开自贸协定中知识产权条款的支撑。因此，学习了解自贸协定相关条款对企业来说尤为重要。

知识产权贸易壁垒是制约中国企业产品出口的一大障碍，严重侵害高新技术企业的战略发展格局，甚至对企业的经济安全构成威胁。中国对知识密集型产品有巨大的进口需求，该类产品更易受到知识产权保护的影响。因此，中国企业必须提高知识产权保护意识，避免侵权行为的发生，积极应对知识产权壁垒，利用知识产权保护企业利益。

加强知识产权保护不仅可以有效缓解对外贸易摩擦，而且对于促进企业创新活动具有重要现实意义。通过知识技术的吸收积累以及企业的自主创新，有效的知识产权保护规则，促进企业在知识密集型产品上攻坚克难，打造自主品牌，获得更多出口机会。

在知识产权保护方面瑞士和中国具有共同利益。应加强中瑞两国在创新领域的合作，帮助瑞士企业对中国市场进行探索。中瑞双方通过高级别的知识产权问题对话，共同保护知识产权。

案例：雀巢公司诉中国公司侵害商标权案

瑞士联邦的雀巢公司非常重视对于知识产权的保护，多次向中国侵权相关公司及个人提起诉讼。

2013年，原告雀巢公司诉被告吴彩霞、吴板河侵害商标权。雀巢公司诉称，原告依法拥有"太太乐""totole"及其"图形"注册商标，是上述注册商标专用权人，上述注册商标至今有效，其注册商标专用权应受中国法律保护。此外，太太乐鸡精产品是"太太乐"品牌的主打产品。"太太乐"品牌已在消费者心目中树立了"高品质、好滋味"的形象，成为消费者心目中的中国调味品第一品牌。被告吴彩霞、吴板河却在广州市的档铺及仓库大量储存、销售假冒原告的太太乐鸡精产品。最终,法院裁定,被告吴彩霞犯销售假冒注册商标的商品罪,判处有期徒刑两年,并处罚金6万元;被告吴板河犯销售假冒注册商标的商品罪,判处有期徒刑1年,并处罚金两万元。

2015年,原告雀巢公司诉被告杭州胜东贸易有限公司、被告杭州佳融和食品有限公司侵害商标权。两被告自2013年开始生产、销售带有"MAGGI""MIGGA"及其他与原告注册商标相同或近似商标的调味品。对此,被告杭州胜东贸易有限公司和杭州佳融和食品有限公司辩称:原告主张其生产销售侵权产品的证据不足,其未生产涉嫌侵权产品,并且杭州胜东贸易有限公司提交了近两年的出口证据,证明其未销售涉嫌侵权产品。最终,法院裁定被告杭州胜东贸易有限公司和被告杭州佳融和食品有限公司立即停止生产、销售侵犯原告雀巢公司注册商标专用权的商品并且赔偿原告雀巢公司经济损失30万元。

上述案例中的侵权行为均为中瑞自贸协定生效之前发生的,涉及侵害商标权、发明专利等,且中国企业胜诉率较低。假设这些案例发生在中瑞自贸协定签署之后,那么案例中侵权一方是否会提高相应的意识,减少侵权行为呢?

案例:海鸥公司袖扣案

2011年,第39届巴塞尔国际钟表珠宝展上,一家瑞士参展企业,以外观形状与自家产品"相似"为由,投诉中国天津海鸥手表集团公司(以下简称海鸥公司)的一款陀飞轮不锈钢袖扣展品属"侵权"行为,要求海鸥公司立刻将有关产品撤下展台并接受处罚。海鸥公司向巴塞尔国际钟表珠宝展知识产权委员会提出反诉。经知识产权委员会调查取证,最终宣布海鸥公司胜诉。

在该案例中,海鸥公司为中国企业遇到相关情况的处理策略提供了很好的示范,积极向举办方知识产权委员会等相关机构提出反诉,配合调查取证,维护自身权益。在瑞士,由瑞士联邦知识产权局(IPI)负责审查、授予和管理瑞士的专利、商标、外观设计等,同时IGE网站具备专利检索、提交申请、审查、授权等内容。瑞士注册知识产权数据库、欧洲专利局数据库等均可检索相关知识产权信息。中国企业应借助已有渠道，查阅相关信息，维护企业知识产权。

案例：梅耶博格公司诉无锡上机公司、扬州伟业公司侵害发明专利权

2018年，原告梅耶博格（瑞士）公司诉被告无锡上机数控股份有限公司（简称"上机公司"）、扬州伟业创新科技有限公司（简称"伟业公司"）侵害发明专利权。梅耶博格公司是一家全球领先的技术公司，其在中国拥有一项名为"线材管理系统"的发明专利。2016年，原告发现被告上机公司制造的型号为WSK027BL型数控金刚线切片机产品在市场上销售。该款产品涉嫌侵权，随后原告进行了侵权调查取证，发现被告上机公司在其官网上刊载了被控侵权产品的宣传资料，对涉案被控侵权产品作宣传和介绍。被告上机公司还于2017年在第11届国际太阳能产业及光伏工程展览会上，对被控侵权产品进行宣传介绍，并向参展者发放了该产品的宣传册。被告上机公司辩称：被控侵权产品未侵犯原告的专利权，被控侵权产品的一些技术特征与涉案专利存在根本性的差异，并且原告诉请的损失也没有证据加以证明。被告伟业公司辩称：伟业公司使用的被控侵权产品是通过合法渠道采购的，不可能知道被控侵权产品是否侵权。最终，法院裁定：被告没有侵害原告的专利权，驳回梅耶博格公司的诉讼请求。

该案例是一项设计侵害发明专利的知识产权纠纷。中瑞自贸协定中关于发明专利的保护维持了与TRIPS协定中对发明专利的保护，即如果一专利的客体是产品，那么第三方未经所有权人同意不能制造、使用、标价出售、销售或为这些目的而进口该产品。在此案例中，梅耶博格公司认为无锡上机公司、扬州伟业公司侵害其发明专利权。然而，被控侵权产品的一些技术特征与涉案专利存在根本性的差异。从这个案例中可以看出，中国企业关于发明专利等知识产权的认知越来越深入，并且自贸协定与TRIPS协定也给了双方企业规范性的指导，进一步保障了合约双方企业的合法权益。

第五节 经济技术合作规则解读

中国和瑞士两国经济技术合作有着悠久的历史，目前有1000多家瑞士企业在中国投资，投资项目超过2000个，主要为医药化工、机电、奢侈品、视频、金融、物流等领域。中国对瑞士的投资主要为医药化工、机械设备制造、服装、大宗贸易、酒店等领域，双方有着广阔的合作市场，对于提高中国相关产业的技术水平，推动产业升级有着重要意义。第十三章"经济技术合作"有8个条款，包括适用范围和目标、方法和手段、合作领域、政府采购、劳工和就业合作、资源和资金安排、工作方案、实施和监督等。

一、规则解读

（一）范围和目标

中瑞两国按照各自国家战略和政策目标，并考虑到双方社会和经济发展不同水平，加强经济技术合作。促进本协定的执行，以期增进双方的福祉；通过促进中瑞双方间的贸易和投资，加强竞争力和创新能力，来创造和增加可持续发展的贸易和投资机会，以便促进可持续的经济增长和发展。

（二）方法和手段

中瑞两国约定以确认和采用有效的方法、手段为目的进行合作，并在可行的情况下，与双方间现有的其他形式的双边合作进行协同。重点使用交换信息和专门知识，能力建设和培训，联合确定、开发和实施合作项目，技术和管理合作等工具来实现合作。在启动和实施项目和活动时，可邀请国内和国际专家、机构和组织参加。

（三）合作领域

中瑞两国的合作涵盖可能使双方因贸易和投资增长而获益的任何领域，包括但不限于可持续发展、产业合作、卫生领域合作、服务业领域合作、农业合作、质量监督、检验检疫合作，以及知识产权创新、保护、执法、管理和使用。签署《中华人民共和国和瑞士联邦经济技术合作工作方案》作为中瑞自贸协定的补充。

表6-5　可持续发展、卫生领域、服务业、农业等合作

合作领域	合作重点
可持续发展	信息和经验交流、能力建设、研讨会和讲习班以及关注此领域的国际动态方面
产业合作	在中瑞贸易联合委员会框架下设立一个钟表领域合作工作组，促进与钟表有关的双边贸易和相关服务，加强中国钟表协会和瑞士钟表工业联合会之间的合作
卫生领域合作	鼓励双方大学和研究机构在卫生尤其是中医领域的合作和联合研究
服务业领域合作	深化主管部门间的合作，以探讨电影合拍促进机制的可能性，加强在旅游领域的合作
农业合作	促进在农业领域的经验交流和能力建设，特别是在生态无害和可持续农业生产方面，加强在农产品和食品质量控制领域的合作
质量监督、检验检疫合作	促进有关药品管理的双边合作与交流，包括药品、生物制品以及中医药，促进有关食品安全的双边合作与交流，促进在良好实验室规范、良好生产规范、风险评估和包括化学品的工业产品安全管理等方面的合作和交流
知识产权合作	深化在知识产权创新、保护、执法、管理和使用领域的双边合作，包括但不限于与著作权有关的问题以及相关权利、商标、地理标志、工业设计、专利、植物新品种、集成电路布图设计以及未公开的信息

资料来源：根据中瑞自贸协定文本整理。

（四）政府采购

中瑞两国互相认可政府采购法律、法规和协定理解的重要性，并照此进行相应合作、协商和信息交流。提出在中国完成加入世界贸易组织政府采购协定（GPA）谈判后，尽快开始政府采购谈判。

（五）劳工和就业合作

中瑞两国将根据《中华人民共和国人力资源和社会保障部与瑞士联邦经济事务部劳动和就业领域合作谅解备忘录》《中华人民共和国人力资源和社会保障部与瑞士联邦经济事务、教育和研究部劳动和就业领域合作协议》加强在劳动和就业领域的合作。

二、中国与瑞士的经济技术合作状况

（一）服务领域合作

瑞士旅游业是其重要的经济产业之一，中国是瑞士第四大游客来源国。两国不仅互为旅游目的地，并且就促进旅游开展了一系列活动。

2019年4月25日，百度宣布与瑞士驻华大使馆正式签署联合意向书。签约仪式上，首个国家小程序"瑞士"在百度App正式上线，小程序不仅提供了权威的瑞士国家相关信息及旅游景点介绍，还提供了签证等出境相关信息，未来该智能小程序还将陆续上线更多功能和服务。此外，双方还将在百度百科、百度数说等平台展开合作。

为了契合2022年北京冬奥会，满足更多中国游客的冰雪体验，华程国旅集团瞄准了瑞士旅游，深挖瑞士冰雪王国的优势与特点，研发出瑞士一地深度、德瑞、法瑞等特色产品。

中瑞两国在电影合拍促进机制上做了一些探索，如电影《我不是药神》中昂贵的进口抗癌药"格列宁"即为瑞士诺华公司研制的，很好地将医疗产业与文化产业进行了深度融合。

（二）卫生领域内合作

中国贵州以其自然资源优势与瑞士优质医疗产业进行合作。贵州古村落比较多，处处粉墙黛瓦，历史底蕴深厚，像江口云舍村、下纳灰村、加车村、郎德上寨、占里侗寨等，既有天然的风光，又极有韵味。瑞士是世界上人均寿命较长的国家之一，这不仅与瑞士人良好的生活与运动习惯有关，还得益于其自身较强的研发创新能力、独特的医养结合、防治结合、精准检测、精准干预的健康养生体系。瑞士是医疗系统较先进、抗衰老领域较好的国家之一，其在生物医药领域的投入达到欧洲的40%，以遗传学为基础的精密医疗和生命科技位居全球第一，在新药研发和健康科技创新领域位居世界领先地位，包括诺华、罗氏等世界500强医药企业总部均位于瑞士，其一直在进行重大疾病方面的创新研究。贵州依托贵安新区中瑞产业园、贵阳综保区"中瑞自由贸易协定"示范区等开放平台，重视与瑞士的经贸合作，布局信息技术、精密仪器、医疗检测、大生物制药等产业。近两年，瑞士瞄准中国健康医疗领域，并在瑞士贵州产业示范园注册了第一家全资的瑞士抗衰老健康养生中心，为中国养老产业提供解决方案。

（三）产业合作

瑞士是钟表制造业的强国，拥有百达翡丽、宝玑、江诗丹顿等众多享誉世界的钟表品牌，每年生产的手表95%以上出口世界各地，是最有名的钟表输出大国。中国一直是瑞士钟表重要的出口国，尤其是2020年新冠肺炎疫情席卷全球，瑞士钟表出口额暴跌80%，但对中国的出口额仅下跌16%，占到了总出口额的1/3。近几年中国钟表行业发展迅速，据艾媒咨询数据显示，2021年市场规模为2298.3亿元，预测2023年将达2815亿元，已跻身世界钟表生产和消费大国的行列，也是重要的钟表零部件生产基地，尤其是以深圳为主的粤港澳大湾区，已成为全球主要的手表生产和配套基地。中国虽然是钟表大国，但还不是钟表强国，在微精技术设备、技术、人才等方面与瑞士还有很大差距。中瑞钟表产品和技术互补性高于竞争性，加强钟表产业合作能够优势互补，既有利于瑞士拓展消费市场，也有利于中国钟表产业带优化产业布局，增强创新能力，形成具有国际竞争力的高端化、集群化、创新型的现代产业体系。

（四）知识产权领域合作

2019年10月，中瑞经贸联委会钟表合作工作组召开了第五次会议，双方就上一次会议后续跟进事项和新增议题进行了讨论，具体包括"与中国电商平台深化合作，加强知识产权保护""协助并支持中方人员开展鉴定及侦查侵权手表的相关课程""推动中国国家钟表检测中心与瑞士钟表协会在手表鉴定技术领域的合作交流"等，并为下一阶段的工作提供了方向。

（五）中小企业合作

瑞士国内企业近99%为中小企业，其外贸业务量占全国总外贸业务量的2/3以上，优势产业为化工、机械制造和医疗仪器等，不少企业为行业隐形冠军，而吸引中小企业，中国众多二三线城市在人力与生产运营成本上具有比较优势，可以根据城市产业定位来吸引瑞士中小企业落户。2018年9月4日，中国瑞士中小企业交流中心在青岛国际经济合作区正式揭牌启用，这是瑞士在中国设立的第五个企业合作交流机构，为利用青岛的区位优势开拓市场，搭建双方经贸信息服务平台。另外可以加强中国制造发展规划同瑞士"工业4.0"对接，促进两国中小企业加强信息交流与项目对接，助力产业升级。

第六节　环境与贸易规则解读

中瑞自贸协定是中国首次专门设立环境与贸易章节的自贸协定，第十二章"环境问题"包括背景和目标、多边环境协定和环境原则、促进有利于环境的货物和服务传播、国际论坛合作、双边合作、资源和资金安排等8个条款。

一、规则解读

（一）背景和目标

中瑞双方在协议中回顾了1972年斯德哥尔摩《人类环境宣言》、1992年《里约环境与发展宣言》、1992年环境与发展《21世纪议程》、2002年约翰内斯堡可持续发展实施计划和2012年"里约+20峰会"成果文件"我们希望的未来"，承诺通过促进实现可持续发展目标，并确保将这一目标纳入和反映在缔约双方的双边经济关系中的方式，来促进经济发展。

（二）多边环境协定和环境原则

中瑞双方承诺在其法律和实践中有效实施缔约双方均为成员的多边环境

协定，以及本协定第12.1条中提到的国际文件中体现的环境原则和义务，努力通过各种手段进一步提高环保水平。两国认识到通过降低或减少国内环境法律、法规、政策和实践中的保护水平来鼓励贸易和投资是不恰当的。同意环保标准不得用于贸易保护主义之目的。

（三）促进有利于环境的货物和服务传播

中瑞两国努力推动和促进有利于环境的货物、服务和技术的投资和传播，加强在此领域的合作，鼓励企业就有利于环境的货物、服务和技术开展合作。

（四）国际论坛合作

双方将在两国参与的有关双边、区域和多边论坛上，努力加强在共同关心的环境问题上的合作。

（五）双边合作

根据国家的环境政策目标和各自均为成员的多边环境协定中的义务，以双方之间现有的环境协定和安排为基础，考虑在拥有共同利益的领域开展进一步合作，提升环境保护水平。并重点关注信息和专业知识交流、能力建设和培训、研讨会和讲习班、实习和奖学金以及关注国际上此方面动态等。

（六）资源和资金安排

根据两国协商一致和具体项目商定的条款，并考虑到双方不同的社会和经济发展水平，实施环境合作所必需的资源应由缔约双方的主管机构和组织以及私营部门提供，以支持发展中国家在可持续发展方面的努力。

（七）联络点

为促进环境与贸易规则的实施及相关沟通事宜，中瑞两国商定指定以下联络点：中国为中华人民共和国商务部（MOFCOM），瑞士为联邦经济总局（SECO）。任何一方可通过联络点，就环境与贸易规则内发生的任何问题，提请在联合委员会框架内进行协商。双方将尽一切努力达成双方都满意的解决方案。

中瑞自贸协定的第十五章争端解决不适用于环境与贸易规则。如果一方认为另一方行为不符合环境与贸易规则有关条款的规定，其仅可诉诸在联合委员会下举行的双边协商和对话。

二、中国和瑞士在环境与贸易领域的合作

瑞士生态环境质量居世界前列，系统完善的环境法律法规发挥了重要作用。早在1876年，瑞士就颁布了第一部森林保护法律《森林检查团法》（1991年修订为《联邦森林法》），1877年颁布了《水利工程检查团法》（1991年修订为《水利工程法》），1983年颁布《联邦环境保护法》。1997年宪法修改中专门设立了"环境保护和领土政治"章节。

瑞士不仅具有全面严格的生态环境立法，环保技术也相对发达。中瑞自贸协定实施后，双方在环境保护方面开启了合作之路。中瑞"水"的合作成为其中的典范。

2013年由生态文明贵阳国际论坛发起"中瑞对话"，致力于加强瑞士同贵州在生态文明建设方面的交流合作。由于瑞士在这一领域的领先角色以及同贵州省的广泛合作，瑞士连续成为生态文明国际论坛的主要参与国之一，"中瑞对话"更是被贵州省委、省政府列入生态文明贵阳国际论坛第一号分论坛。2016年论坛期间，贵州水利投资集团与瑞士水务股份有限公司合作的水处理项目达成合作协议。贵州是以高原山地为主的省份，保护好贵州的河流湖泊水质，是其生态议题中的一项重要内容。瑞士与贵州在水治理与开发领域的合作，不仅为贵州提供了新的经验，也给贵州水资源的利用带来了更多的效益。

2021年2月4日，四川省内江市经济合作局与瑞士水务股份有限公司在线上完成了合作签约仪式，形成中欧企业在水资源方面的又一深入合作。

瑞士水务股份有限公司是瑞士最大的水环境工程技术咨询公司，有86年运营历史，目前已在全球20多个国家实施1万多个项目。四川省内江市有

2000多年建城史，沱江及其支流是内江市最为重要的水资源，100多条河流和364座水库对保障居民供水和生活质量起着至关重要的作用。内江无论是水质还是空气质量都位居全国市一级的前列，尤其是其独特的地理位置，成为瑞士最大水环境工程技术咨询公司布局中国西南、分享中国机遇的一个重要选择，双方围绕做好"水文章"，在流域综合治理、流域生态环境监测网络建设、城镇供排水和污水处理、水库水质治理、人才培养等方面开展合作，实现更高层次的发展。

第七章

《中国—瑞士自由贸易协定》的
贸易救济措施与争端解决机制

中瑞自贸协定中的贸易救济包括一般贸易救济、双边保障措施等，是中瑞两国允许和有效规范的保护双方国内产业的一种制度安排。争端解决机制为中瑞两国提供了统一的、双方一致认可的贸易标准解释和应用，是为解决两国贸易摩擦或投资争端而设立的一整套解决方案，可以有效地促进自贸协定规则的遵守，维护中瑞两国贸易自由化的发展。

通过对本章的阅读，企业可以了解和掌握以下内容：

1. 中瑞两国的反倾销和反补贴制度；

2. 中瑞两国如何界定损害；

3. 中瑞两国的反倾销和反补贴措施；

4. 中国企业如何应对反倾销和反补贴措施；

5. 中瑞两国的保障措施制度；

6. 中瑞争端解决机制的一般性安排；

7. 中瑞其他特定事项的争端解决机制。

第一节　贸易救济措施

贸易救济措施是世界贸易组织允许其成员方为保护国内产业采取的进口限制措施，主要是指在进口产品因倾销、补贴或过快增长而给进口国同类产业带来某种程度的损害或损害威胁时，进口国可以采取的反倾销措施、反补贴措施和保障措施。

根据中国商务部贸易救济信息网的统计，中瑞两国从未对彼此实施过贸易救济措施。事实上，瑞士在1995年至2020年共遭遇贸易救济措施55起，其中反倾销调查9起，保障措施46起，但瑞士从未对任何国家实施过贸易救济措施。因此未来中国出口企业遭遇瑞士贸易救济措施的可能性极小，但相关企业也应当对贸易救济措施有一定的了解，并掌握应对方法，做到未雨绸缪。

中瑞自贸协定第五章贸易救济包括一般贸易救济和双边保障措施两节，共9个条款。

一、主要规则

（一）反倾销措施和反补贴措施

1. 反倾销措施

倾销是指一国（地区）的生产商或出口商以低于正常价值的价格将其商品销售到另一国（地区）市场的行为。按照《1994年关税与贸易总协定》第六条，"一产品以低于它的正常价值挤入进口国的贸易内，系指从一国向另一国出口的产品的价格：（甲）低于相同产品在出口国用于国内消费时在正常情况下的可比价格，或（乙）如果没有这种国内价格，低于：（1）相同产品在正常贸易情况下向第三国出口的最高可比价格；或（2）产品在原产国的生产成本加合理的推销费用和利润"。

反倾销是指对外国商品在本国市场上倾销造成的损害所采取的救济措施。按照世界贸易组织《反倾销协定》，成员方采取反倾销措施需具备以下3个条件：

（1）确定某一进口产品存在倾销，即一国（地区）产品以低于其正常价值的价格进入另一国（地区）市场；

（2）由此对该进口国（地区）内已建立的相关产业造成实质损害或者产生实质损害的威胁，或者对国内正在建立的相关产业造成实质阻碍；

（3）倾销与损害之间存在因果关系。反倾销措施以征收反倾销税、价格承诺等形式执行。

2. 反补贴措施

补贴是指出口国（地区）政府或者其任何公共机构提供的并为接受者带来利益的财政资助以及任何形式的收入或者价格支持。根据世界贸易组织《补贴与反补贴协定》，补贴分为3类：禁止性补贴、可诉性补贴和不可诉补贴，其中关于不可诉补贴的规定已到期失效。

禁止性补贴分为出口补贴（目的在于鼓励出口）和进口替代补贴（目的在于使用本国产品）。比较常见的禁止性补贴包括出口直补、出口优惠信贷、购买国产零部件的退税、出口名牌扶持措施等。

可诉性补贴通常为国内支持补贴，不与出口直接挂钩，构成要件分别为：（1）政府或公共机构的财政资助；（2）授予了利益；（3）具有专向性，即针对特定企业、产业或地区的补贴。比较常见的可诉性补贴包括针对特定地区、行业和企业的优惠贷款、税收优惠、技改贴息、低价出让土地使用权、开发区的一系列优惠措施等。对于禁止性补贴和对其他世界贸易成员造成损害或不利影响的可诉性补贴，有关世界贸易成员可以采取反补贴措施，或者将其诉诸世界贸易组织争端解决机制。

不可诉补贴通常为研发活动支持、落后地区援助和环保补贴等。

反补贴是指进口国（地区）主管机构依法对接受补贴的进口产品进行调查，并通过征收反补贴税或价格承诺等方式，抵消由禁止性补贴和部分可诉性补贴造成不利影响的一种贸易救济措施。

3. 中瑞自贸协定关于反倾销与反补贴的规定

中瑞自贸协定在第五章第一节中对双方的反倾销和反补贴税进行了规定。该节重申中瑞两国将继续保留其在世界贸易组织协定项下有关反倾销和反补贴的权利和义务。该节还规定，在考虑发起反补贴调查的缔约一方发起调查前，除应尽快书面通知另一方外，还应允许通过磋商找到双方共同接受的解决方法。

（二）保障措施

保障措施是指世界贸易组织成员方在进口产品数量激增并对其国内相关产业造成严重损害或严重损害威胁时，采取的进口限制措施。按照世界贸易组织《保障措施协定》规定，成员方实施保障措施必须满足3个条件：

第一，某项产品的进口激增；

第二，进口激增是由于不可预见的情况和成员方履行世界贸易组织义务的结果；

第三，进口激增对国内生产同类产品或直接竞争产品的产业，造成了严重损害或严重损害威胁。

中国出口企业可能遭遇来自瑞士的保障措施主要分为全球保障措施和双边保障措施，两者在适用范围、实施手段等方面存在差异，下文将对两者分别进行介绍。

1. 全球保障措施及中瑞自贸协定的规定

全球保障措施是指某一产品进口数量大为增加，以致对本国领土内的相同产品或与它直接竞争产品的国内生产者造成严重损害或产生严重的威胁时，依据《1994年关税与贸易总协定》进口国可以采取进口限制措施，包括全部或部分地暂停、撤销、修改或减让其所承诺的协定义务。全球保障措施可以采取提高关税、数量限制和关税配额等形式，通常而言，应当无歧视地适用于所有出口国家和地区。世界贸易组织《保障措施协定》规定了保障措施的启动条件、调查方法、实施程序、措施种类和时限，要求保障措施实施方对受影响的其他世界贸易组织成员履行通知、磋商的义务，赋予其他世界贸易组织成员补偿和中止减让的权利，并对相关争端的处理作出规定。

中瑞自贸协定中没有对全球保障措施进行说明，但特别规定了任一缔约方不能对同一产品同时实施全球保障措施和双边保障措施。

2. 双边保障措施及中瑞自贸协定的规定

双边保障措施是区域贸易协定特有的制度，指区域贸易协定的一缔约方仅对原产于其他缔约方的产品采取的保障措施。即"双边保障措施只能在来自另一缔约方的货物独立构成对生产同类或者直接竞争产品的国内产业造成严重损害或者严重损害威胁的重要原因时，才能针对另一缔约方实施"。

中瑞自贸协定建立了双边保障措施。该措施规定，在按照自贸协定内容降低或消除关税的过程中，若某一受益于自贸协定关税优惠的原产产品进口到缔约一方领土内的数量绝对增加，或相较于国内生产数量相对增加，且对生产同类产品或直接竞争产品的国内产业造成严重损害或严重损害威胁时，进口方可在过渡期内采取双边保障措施。

双边保障措施仅限于在过渡期内实施。过渡期是指自中瑞自贸协定生效之日起5年。但对于减税期间超过5年的产品，过渡期则会延长至该产品实现零关税之日并再加3年。例如，A产品在中瑞自贸协定生效后第10年关税降为零，则该产品的过渡期为协定生效后的13年内。在过渡期内，双边保障措施原则上应限定为2年，但最多可以延长至3年。对于同一种产品最多实施两次双边保障措施，且这两次保障措施的时间间隔至少为2年。此外，在迟延会造成难以弥补的损害的紧急情况下，一方可以根据存在明确证据表明进口增加已经造成严重损害或严重损害威胁的初步裁定采取临时保障措施，临时保障措施的期限不得超过200天。

双边保障措施只会以关税措施的形式出现。如果瑞士对中国实施双边保障措施，中国企业面临的关税税率将会是按照双方自由贸易协定削减关税过程中的某一水平，或者回到削减过程开始前的税率水平，即最坏情况是无法享受自贸协定带来的税收减让；但不会像在反倾销和反补贴中那样面临高额的惩罚性关税，亦不会受到世界贸易组织全球保障措施下还可能存在的配额或数量限制的影响。

实施双边保障措施应先进行磋商。一缔约方在决定实施或延长双边保障措施前，应向另一缔约方提供事先磋商的机会，就有关信息交换意见并达成补偿协议。

实施双边保障措施的缔约方需向另一缔约方提供补偿。中瑞自贸协定规定，实施保障措施的缔约方向另一方提供双方均同意的，与预计增加关税负担实质相等的减让作为贸易自由化补偿。该补偿并非一定由受到保障措施影响的企业享有。

3. 双边保障措施与全球保障措施的差异

第一，双边保障措施是在中瑞自贸协定中进行规定，而全球保障措施的依据是世界贸易组织的《保障措施协议》。

第二，双边保障措施仅在中瑞自贸协定缔约方之间适用，而全球保障协定则针对的是所有的世界贸易组织成员。而且中瑞自贸协定规定同一产品不能同时适用双边保障措施和全球保障措施，即"一事不二罚"。

第三，双边保障措施只在中瑞自贸协定的过渡期内适用，而过渡期满后只能采用全球保障措施，全球保障措施不存在过渡期。

第四，双边保障措施只会使相关进口产品的关税税率暂停减让或回到减让前的水平，而全球保障措施还包括数量限制等额外措施。

二、中国企业如何申请贸易救济措施——以反倾销为例

1. 反倾销调查申请向谁提出？

商务部贸易救济调查局具体负责反倾销调查申请的受理和立案工作。[①]

2. 企业提起反倾销调查申请需要满足哪些法定条件？

（1）具备申请人资格，即代表国内产业；

（2）书面提交申请；

（3）提供有关倾销、损害及其因果关系等证据材料。

---

① 企业可登录 http://trb.mofcom.gov.cn/ 网站，了解和查询反倾销申请涉及的法律法规及相关程序，也可直接向贸易救济调查局咨询有关问题。

3. 商务部贸易救济调查局如何审查反倾销调查申请?

通常采用问卷或实地核查等方式对申请书及证据资料进行审查,审查的内容包括申请书中所含的全部内容。

三、中国企业的应对策略

在国外对华贸易救济调查案件中涉案的企业应积极应诉,作为应诉主体,参加应诉的企业应享有自己的权利并承担相应的义务。企业在应诉方式上有自由选择的权利,以适应市场机制的发展和政企分开的要求。另外,企业享有知情权、获得指导和帮助权、要求政府进行交涉的权利;与此同时,也要承担一定的义务,即应诉企业不得从事任何可能影响其他应诉企业合法权益或可能影响行业整体应诉工作的活动,以维护企业应诉的整体利益。

1. 提高企业对应诉国外贸易救济调查重要性的认识

目前,部分涉案企业对国外贸易救济调查案件的重要性认识不足,对反倾销、反补贴等案件的特点缺乏了解,因而造成主观上的一些失误;对于国外的贸易救济调查反应迟钝,缺乏必要的思想准备和心理承受能力,一旦被诉,或惊慌失措,或无动于衷,无法及时收集、提供有力的抗辩资料。

当今各国贸易救济措施越来越普遍,甚至南美、亚洲、非洲的发展中国家也已经开始积极尝试使用反倾销等手段作为其贸易保护的武器。对中国而言,国外对我国贸易救济案件不断增加,涉及金额不断扩大,被征收反倾销、反补贴税的产品面临退出市场的危险,有些商品出口额大幅度下降,有的甚至完全失去出口市场。可见,应诉不单纯是为了某企业挽回经济损失,更应被视为清除贸易障碍的第一步。因此,中国企业及时采取有效措施应付国外的贸易救济调查,积极应诉,已成为当务之急。而预防投诉、积极应诉、争取胜诉,应该作为企业日常经营管理活动的重要工作内容。尤其对于出口量大的企业来说,可以力争将应对国外贸易救济调查作为专项工作落实到企业的日常生产和经营管理中去。

2.建立应对国外贸易救济调查的预警机制

除了国外贸易救济调查开始后的应对，建立应对国外贸易救济调查的预警机制也是十分必要的。预警机制不仅包括对本国相关产业市场状况的监测，还包括对进口国相关产业市场状况的监测。通过对重点行业、重点产品、重点国家（地区）市场状况变化的监测、整理和分析，建立预警模型，可以增强国内企业快速反应的能力，实现贸易救济调查应对工作的前置化，大大节约企业收集资料和填答问卷的时间。同时，还可以密切跟踪进口国贸易救济调查动向，及早通过产业界之间的沟通交流，避免和防止国外对我国产品提起贸易救济调查。

3.积极应诉，充分准备，讲究策略方法

（1）企业要积极应诉，积极争取市场经济地位。

（2）成立贸易救济调查应诉工作班子。

（3）和有关商协会保持良好的联系，必要时求助政府主管部门。

（4）聘请具有专业经验的律师。

（5）注意各项应诉时限。

（6）充分准备实地复核。

（7）选取重点问题进行有力抗辩。

（8）善于借助国外利害关系方的力量。

4.善于运用调查国复审程序和司法程序

调查国对涉案出口产品采取贸易救济措施后，涉案企业还可以根据调查机构所在国的相关法律法规，通过期中复审（或称年度复审、行政复审或再调查等）、日落复审、新出口商复审等程序，争取取消反倾销、反补贴措施或者降低税率，从而获得较好的市场环境。此外，世界贸易组织要求调查国对行政机构的贸易救济提供司法审查，发达国家均有较为完善的贸易救济司法审查机制，我国企业在美、欧均有在司法审查阶段胜诉的先例。如果企业发现调查机构的裁决存在法律上或程序上的错误，或有不公正的做法，则可在当地提起行政复议和/或司法诉讼，请求改变或撤销原裁决或决定。

5. 加强企业内部管理

企业在生产环节应严格按照市场经济的规则运作。企业在生产中应当向注重质量、注重效益的质量扩张型转变，不断增强竞争力。特别需要指出的是，当前情况下，广大中小企业应当更加注重建立一套完善的、规范的财务会计制度，加强财务管理，完善和规范会计资料，这将有助于争取更有利的计算结果，并在调查中保持主动，尽可能避免因混乱的企业财会制度而导致不利的结果。

同时，企业在出口环节要积极实施市场多元化和以质取胜的经营策略，避免出口中内部竞争、低价竞销、低开出口发票等现象。在出口市场的选择上，应避免市场过于集中，在巩固现有市场的同时，实施出口市场多元化，积极、果断地选择合适的合作伙伴，联合国内乃至国际大公司，走国际化合作与竞争道路。在产品营销策略上，注重增加产品品种，提高技术含量和产品质量，改善售后服务以提高产品的附加值。

四、与贸易救济相关的法规及管理机构

贸易救济的法律体系包括国际法和国内法两部分。国际法主要是指世界贸易组织规则中与反倾销、补贴和反补贴以及保障措施相关的各项协定内容，国内法则是各国制定的与贸易救济有关的各项法律法规。双边自由贸易协定通常会制定贸易救济条款。

目前，与贸易救济相关的主要国际协定包括世界贸易组织《关于实施1994年关税与贸易总协定第六条的协定》（即《反倾销协定》）、《补贴与反补贴措施协定》、《保障措施协定》以及《关税与贸易总协定》第19条等。而世界贸易组织争端解决机构是解决与贸易救济有关的国际贸易争端的主要机构。

中国国内贸易救济主要法律法规包括《中华人民共和国对外贸易法》《中华人民共和国反倾销条例》《中华人民共和国反补贴条例》《中华人民共和国保障措施条例》以及《中华人民共和国货物进出口管理条例》。中国国内的主要管理机构为中国商务部贸易救济调查局（http://trb.mofcom.gov.cn）。

瑞士对外贸易采取全方位开放的自由贸易政策，反对贸易保护主义。因

此，瑞士没有与贸易救济相关的法律法规和主管机构。

企业可通过上述管理机构网站查询与贸易救济有关的法律法规。企业也可通过中国贸易救济信息网（http://cacs.mofcom.gov.cn/）查询贸易救济案件信息。

第二节　争端解决机制

贸易与投资争端从其主体上可以划分为国家间的争端、国家与非国家行为主体（个人、团体、法人等）之间的争端以及非国家行为主体之间的争端。中瑞自贸协定第十五章主要涉及国家间的争端解决，其主要内容将在本节进行介绍。

一、中瑞自贸协定争端解决机制的一般性安排

（一）争端解决机制的适用范围和场所选择

中瑞自贸协定第十五章将进行争端解决的对象确定为缔约双方，即中瑞两国政府。虽然企业在遭遇贸易或投资争端时无法直接诉诸争端解决机制，但仍应充分了解相关程序和规则。当企业遭遇不公正待遇时，可以积极搜集相关材料，准确地向政府主管部门反映情况，协助中国政府运用争端解决机制维护自身合法权益。

另外，中瑞自贸协定还规定在第十章竞争、第十二章环境问题、第十三章经济技术合作项下出现的争端不适用第十五章中建立的争端解决机制。其中，第十二章环境问题中规定"如果缔约一方认为另一缔约方行为不符合本章有关条款的规定，其仅可诉诸在联合委员会下举行的双边协商和对话"。而第十三章经济技术合作中规定，若缔约双方对该章和该章下"工作方案"的任意条款解释和实施存有分歧或争议，则应通过缔约双方在自贸协定联合委员会上协商解决。

当一缔约方在遭遇贸易争端时，可以选择使用世界贸易组织框架下的解决程序，也可以选择本协定下的解决程序，但二者只能选其一。如缔约一方根据世界贸易组织《关于争端解决规则与程序的谅解》第6条提出设立专家组的请求，则视为启动了《世界贸易组织协定》项下的争端解决程序；如缔约一方根据本协定提出仲裁请求，则视为启动了本协定项下的争端解决程序，就不能选择世界贸易组织协定中的争端解决方式。

（二）争端解决的程序：先磋商后仲裁

中瑞自贸协定旨在建立一个持久的，具有活力的双边贸易体系。争端解决机制的目的是协调贸易的有效进行，因此和平友好的磋商是其争端解决机制的首推方式。协定中将磋商设定为争端解决的必经程序，在一定程度上有助于争端各方的和解，尽可能缓和争端各方的关系，将分歧消除在申请仲裁庭裁决之前。

任一争端方还可以随时请求进行斡旋、调解和调停。此程序可随时开始和结束。在争端由仲裁庭审理时，斡旋、调解和调停也可同时继续进行。斡旋、调解和调停可以在一定程度上看作磋商与仲裁庭两种方式的补充，能够在一定程度上促使双方通过快速的方式、在合理的期限内进行调解达到解决争端的目的。

仲裁庭仲裁是解决争端双方最终纠纷的程序，中瑞自贸协定中对程序有详细规定。

依据中瑞自贸协定文本，当缔约双方产生争端时，应按以下程序解决（见图7-1）。

磋商	• 在磋商请求作出后，被请求方应当在收到请求后的10日内作出答复 • 磋商应当在收到磋商请求后30日内（有关紧急事项15日内）开始 • 为通过有效磋商达成双方均满意的解决方案，缔约双方应该： 　–提供足够信息，以便利在磋商过程中找到解决方案； 　–对于磋商过程中交换的任何保密信息或专有信息，每一缔约方应当按照提供该信息的缔约方同样的方式予以对待 • 磋商应保密，并不得损害任一缔约方在任何进一步诉讼中的权利
斡旋、调解和调停	• 斡旋、调解和调停是缔约双方自愿采取的程序。此程序可随时开始和终止。如缔约双方同意，斡旋、调解和调停程序可以在仲裁庭程序进行的同时继续进行 • 涉及斡旋、调解和调停的程序应当保密，且不得损害任一缔约方在其他任何诉讼中的权利
仲裁	• 设立仲裁庭的前提为：磋商未能在收到磋商请求后60日内（涉及紧急事项30日内）解决问题 • 仲裁庭成立后的相关程序及时间节点： 　–提交初步报告：正常情况应在指定最后一名仲裁庭成员90日内（紧急事项情况下60日内），例外情况下除非缔约双方另有规定，延迟不超过30日； 　–缔约方反馈：各缔约方可在初步报告提交14日内，向仲裁庭就此报告提交书面评论； 　–提交最终报告：提交初步报告后的30日内（紧急事项情况下20日内） • 缔约双方可以一致同意仲裁庭在任何时间中止其工作，该中止期限自协商一致起不超过12个月。如果仲裁庭的工作已中止12个月以上，则设立仲裁庭的授权即告终止 • 缔约双方可以一致同意终止仲裁程序 • 起诉方可在最终报告发布前的任何时间撤诉，其后仍可就同一问题再次起诉，但该权利不得滥用
执行	• 被诉方应当迅速遵守最终报告的裁决 • 如果立即遵守不可行，应在合理期限内消除。合理期限应由缔约双方共同商定，双方在仲裁庭报告散发后45日内无法就合理期限达成一致，则可申请由仲裁庭确定 • 被诉方应当迅速或在合理期限内通知起诉方其所采取的执行仲裁庭报告的任何措施 • 当双方就执行仲裁庭建议所采取的措施的存在或与本协定一致性存在分歧时，此项争端应当提交相同仲裁庭进行裁决 • 仲裁庭应在该事项提交后60日内向缔约双方提交报告，该期限可延迟，但一般不得超过15日
	• 如果仲裁庭裁定被诉方未能在确定的合理期限内使其已被裁定为与本协定不一致的措施遵守仲裁庭的裁决，或者如果被诉方通知起诉方其将不执行裁决，则应起诉方请求，被诉方应当与起诉方进行磋商，以就相互接受的补偿方案达成协议 • 在考虑中止何种减让或义务时，起诉方应当首先寻求中止仲裁庭已认定与本协定不一致的措施所影响的相同部门中的减让和义务。如果起诉方认为在相同部门中中止减让和义务不可行或无效，则起诉方可在其他部门中止减让和义务 • 起诉方应当在宣布中止减让或义务的通知中表明其拟中止的减让或义务、此类中止的依据以及中止何时将会开始 • 补偿和中止利益应当是临时性措施，如果被诉方认为自己消除了仲裁庭所裁定的不符性，则其应当书面通知起诉方，说明不符性如何已被消除

图7-1　中瑞自贸协定争端解决程序

资料来源：整理自中瑞自贸协定争端解决章节。

（三）仲裁庭的组成

仲裁庭应当包括三名成员，在仲裁庭设立后15日内缔约双方各自指定一名仲裁庭成员，在仲裁庭设立后30日内缔约双方共同指定第三名仲裁庭成员并由其担任仲裁庭主席。如果在仲裁庭设立后30日内缔约双方无法就前述主席人选达成一致，世界贸易组织总干事在应争端一方请求后于30日内指定主席人选。如果世界贸易组织总干事为任一缔约方国民或无法履行职责时，则该职责应请求非任一缔约国国民的世界贸易组织副总干事履行。如果世界贸易组织副总干事仍无法履行此项职责，则该职责应由符合规定的国际法院院长或副院长履行。

所有仲裁组专家应当具有法律、国际贸易或解决国际贸易协定项下的争端的专业知识或经验；依据客观性、可靠性及良好判断能力进行严格挑选；独立于任一缔约方，并且不隶属于或听命于任一缔约方；且遵守世界贸易组织相关规则的行为守则。其中，仲裁庭主席不应为任一缔约方的国民，其经常居住地也不应在任一缔约方境内，不应受雇于任一缔约方，也不应曾以任何身份处理过争端事项。

二、国际仲裁介绍

在复杂的跨境业务中，各类纠纷屡见不鲜，通过国际仲裁程序解决跨国纠纷的案例日益增长。实践证明，仲裁作为一种最后手段在跨国贸易中很受欢迎，因为它作为一种具有约束力的争端解决手段具有相对灵活性，并且在世界上大多数国家的法院中对这些案件的裁决给予了法律承认。"没有任何其他争议解决程序能够提供接近这一水平的覆盖范围或可移植性的结果。因此，国际仲裁条款赋予了跨境合同'牙齿'，这是其他条款无法做到的。"

具体操作中，重大商务合同多规定仲裁条款，选择世界银行国际投资争端解决中心、国际商会、伦敦国际仲裁院、新加坡国际仲裁中心、中国国际经济贸易仲裁委员会等（见附录）作为仲裁机构。

附录：国际仲裁机构简介

（一）国际投资争端解决中心

国际投资争端解决中心（ICSID）仲裁规则是依据《解决国家与他国国民间投资争端公约》（以下简称"ICSID 公约"）设立的 ICSID 所制定的争端解决规则之一。

ICSID 公约于1965年3月18日在华盛顿由国际复兴开发银行（以下简称"世行"）主持制定，1966年10月14日生效。其主要内容有：（1）建立 ICSID 作为调解和仲裁的常设机构。ICSID 的行政理事会由缔约国各派出代表一人组成，具有决定 ICSID 主要问题的权利。世行行长为行政理事会的当然主席，秘书长为世行的法定代表和主要官员。案件依争端双方当事人间的书面协议受理。（2）当事人要求调解的，应向秘书长提出书面申请。经同意登记后由双方当事人从调解员小组中或从调解员小组外任命独任调解人，或由非偶数调解员组成调解委员会，对争端进行调解。（3）当事人要求仲裁的，亦应向秘书长提出书面申请，经同意登记后由双方当事人从仲裁员小组中或从仲裁员小组外任命独任仲裁员一名，或由非偶数仲裁员组成仲裁庭进行仲裁。生效后的裁决对双方皆有约束力，并应在各缔约国领土上得到承认和执行。截至2003年11月3日，154个国家已经签署了 ICSID 公约，成为成员国。中国于1992年7月1日加入该公约。

根据公约规定，ICSID 为成员国以及其他成员国的国民间发生的投资争端提供调解和仲裁服务。ICSID 的规定由行政理事会依公约通过的条例和规则予以补充。此外，ICSID 还制定了补充方式规则。ICSID 条例和规则包括：ICSID 管理和财务条例（中心依据公约管理调解和仲裁程序的各项细节）；ICSID 启动规则（规定了依据公约启动调解和仲裁程序的程序）；ICSID 仲裁规则；ICSID 调解规则。而依据补充方式规则，ICSID 秘书处有权管理国家与外国国民间不属于 ICSID 公约范围内的某些程序，包括事实认定程序以及争议的国家当事人或者外国国民的东道主国家非 ICSID 成员国时解决投资争端的调解和仲裁程序。

ICSID 条例和规则于1967年由 ICSID 行政理事会首次通过，并于1984年由行政理事会通过决定进行修订。该次修订主要是简化了一些规定，并且作了一些更新。补充方式规则于1978年开始试行。2002年9月29日，中心管理理事会在其第36次年会上通过了 ICSID 条例和规则以及补充方式规则的修订本。2002年修订澄清和更新了 ICSID 条例和规则以及补充方式规则，并使其他一些规定更为灵活。新修订的规定取消了 ICSID 条例和规则同补充方式规则之间的不必要的差异，简化了 ICSID 秘书处的工作。ICSID 条例和规则以及补充方式规则修订本于2003年1月1日起生效。最近，ICSID 秘书处就 ICSID 仲裁法律框架可能的改进公布了讨论稿，提出了对仲裁规则的修改、提高透明度、仲裁员披露等方面的意见。

国际投资争端解决中心网址：https://icsid.worldbank.org/.

（二）国际商会

国际商会（International Chamber of Commerce，以下简称 ICC）成立于1919年，总部设在巴黎，是世界上重要的民间国际经济组织。制定规则、调节纠纷、代言工商是国际商会三大主要业务。长期以来，国际商会组织各国商界领袖就影响国际经贸秩序的贸易投资问题进行讨论，并确定商界立场，以此影响其他国际组织和各国政府及立法机构。ICC 涉及的专业技术和行业议题十分广泛，包括金融服务、信息技术、电信、市场营销、企业责任、环境、运输、竞争法和知识产权等领域。

ICC 通过其下设的12个专业委员会和2000多名专家制定了大量民间国际经贸规则，如跟单信用证统一惯例、见索即付保函统一规则、国际贸易术语等。ICC 制定的商业规则已经成为国际贸易顺利开展的重要制度保障，虽然这些规则属于自愿性质，但是由于 ICC 在世界经贸领域主导话语权，各国企业的具体经贸行为长期以来无不遵循 ICC 制定的规则。

ICC 还通过其特设机构——世界商会联合会，制定相应规则推动国际贸易便利化。世界商会联合会拥有12000家商会会员，其主要服务产品包括ATA 单证册、原产地证书等。这些服务有助于促进产业专门化、工业现代化和经济全球化，加快国际间的信息和技术交流。

为高效快速解决商业纠纷，ICC 设立了 ICC 仲裁院，帮助企业利用国际贸易仲裁解决商业纠纷，有效防范国际贸易中的风险。ICC 仲裁院为世界最具影响力的仲裁机构，其优势在于可为企业在任何地方开展仲裁。

ICC 倡导自由贸易原则，并为此开展大量代言工商工作。ICC 自 1946 年起即享有与联合国及其机构进行高层磋商的地位，是联合国一级咨询机构。ICC 与其他许多重要的国际组织，如世界贸易组织、里约 +20 会议、八国集团、二十国集团、世界经济合作及发展组织、欧盟委员会等保持着长期密切的合作关系，通过发起世界贸易议程项目和向二十国集团提出政策咨询建议等，对这些机构和组织制定的有关经济政策提出重要的意见和建议。

国际商会网址：https://iccwbo.org/.

（三）伦敦国际仲裁院

伦敦国际仲裁院（LCIA）是世界领先的解决商业纠纷的国际机构之一，也是世界上最古老的仲裁机构。LCIA 不仅具有悠久的历史、较高的仲裁质量和良好的国际声誉，而且在机构设置、适用法律、仲裁规则、国际合作等方面也颇有特色。

早在 1883 年 4 月 5 日，伦敦市共同市场法院就成立了一个委员会，筹划设立仲裁庭，专门处理跨国商事争议。1884 年，该委员会提交了设立仲裁庭并由伦敦商会与伦敦市合作管理的计划，但直到《仲裁法》（1889 年）颁布后的 1891 年 4 月，该计划才最终获得通过，新的法庭被命名为"伦敦金融城仲裁庭"。1892 年 11 月 23 日，伦敦仲裁会正式成立，1903 年 4 月 2 日该法庭更名为伦敦仲裁院，由伦敦市及伦敦商会各派 12 名代表组成联合委员会管理。

1975 年，伦敦仲裁院与皇家仲裁员协会合并，由伦敦市、伦敦商会和皇家仲裁员协会三家共同组成新的联合管理委员会，成员从原来的 24 名减为 18 名，3 个组织各派 6 人。1981 年，改名为伦敦国际仲裁院。1986 年，LCIA 成为非营利性质的有限责任公司，独立于 3 个创始机构之外。

LCIA 的运行结构包括公司、仲裁院、秘书处 3 个层次。仲裁院的日常工作由皇家仲裁员协会负责，协会会长兼任仲裁院主席并作为委员会和仲裁院之间的联系纽带。仲裁院由来自全球的35位委员组成，其中具有英国国籍的不得超过6位。这35位委员皆为资深的仲裁律师、仲裁员和学者。仲裁院定期举行全体会议，是解释和运用LCIA规则的最终权力机构。

根据LCIA规则，通常情况下，仲裁院大部分职能由主席、副主席或仲裁院的一个三人或五人小组行使，主要职能包括指定仲裁员、就当事人对仲裁员的异议、仲裁费用、对仲裁规则的解释作出裁定。秘书处设在伦敦的国际争议解决中心，由书记官、副书记官和若干名工作人员组成。秘书处人员在加入LCIA之前，通常都是从事仲裁和诉讼的执业律师。秘书处的主要职能是对仲裁案件进行日常管理、接收当事人提交的文件、负责当事人与仲裁庭之间的联络工作、对外宣传等。

此外，LCIA还提供有效、灵活的仲裁、调解和其他ADR程序。为适应争议解决的最新发展和法律的变革，LCIA对其规则作过多次修订，最新版的调解及仲裁规则分别于2012年7月1日和2014年10月1日生效。

伦敦国际仲裁院网址：https://www.lcia.org/.

（四）新加坡国际仲裁中心

新加坡国际仲裁中心（SIAC）于1990年3月经新加坡政府经济委员会提议成立，1991年7月正式运营，该中心是依据新加坡公司法设立的担保公司，是一家全球仲裁机构，致力于为来自世界各地的当事方提供具有成本竞争力和有效的争议解决服务，近年来，SIAC致力于提升其国际声誉，如今已成为主要的亚洲国际仲裁机构。SIAC以解决建筑工程、航运、银行和保险等方面的争议见长，并致力于培养熟悉国际仲裁法律和实践的仲裁员和专家。

SIAC超过80%的案件是国际仲裁，案件当事人来自超过58个司法地区，其作为《纽约公约》的缔约方，裁决已在中国大陆及香港、印度、印度尼西亚、约旦、泰国、越南、澳大利亚、英国及美国等地获得执行。其仲裁规则最大限度地以《联合国国际贸易法委员会仲裁规则》为基础，当事人有很大自治权。

《新加坡国际仲裁中心仲裁规则》的仲裁程序具有快捷、经济以及灵活等特点。其规则提供最先进的程序框架,有效、专业和可执行地解决涉及不同法律制度和文化的国际争端。《新加坡国际仲裁中心仲裁规则》是以《联合国国际贸易法委员会仲裁规则》为蓝本制定的,最新版仲裁规则于2016年8月1日起正式施行。此次颁布的新规则是自 SIAC 成立以来的第六次修订。它适应社会经济的发展和变化,符合追求快速、经济、高效解决纠纷的目标,也进一步加强了 SIAC 的国际化色彩。新规则不仅对原有的部分条文进行了调整和修订,还增加了"多份合同仲裁""追加当事人""合并仲裁""加速紧急仲裁程序"和"扩大快速程序"等全新条款。

2019年5月24日,SIAC 与上海国际仲裁中心在首届新加坡——上海综合合作理事会会议上签署了谅解备忘录,以加强与中国仲裁的合作关系。双方将共同努力,组织国际仲裁会议、研讨会以及培训计划,推动国际仲裁的发展,满足企业的需求。

新加坡国际仲裁中心网址:https://www.siac.org.sg/.

(五)中国国际经济贸易仲裁委员会

中国国际经济贸易仲裁委员会(CIETAC,简称"贸仲委")是世界上主要的常设商事仲裁机构之一,于1956年4月由中国贸促会组织设立,当时名称为对外贸易仲裁委员会。改革开放后,为了适应国际经济贸易关系不断发展的需要,于1980年改名为对外经济贸易仲裁委员会,1988年改名为中国国际经济贸易仲裁委员会。2000年,中国国际经济贸易仲裁委员会同时启用中国国际商会仲裁院的名称。贸仲委以仲裁的方式,独立、公正地解决国际国内的经济贸易争议及国际投资争端。

贸仲委设在北京,并在深圳、上海、天津、重庆、杭州、武汉、福州、西安、南京、成都、济南、海口分别设有华南分会、上海分会、天津国际经济金融仲裁中心(天津分会)、西南分会、浙江分会、湖北分会、福建分会、丝绸之路仲裁中心、江苏仲裁中心、四川分会、山东分会和海南仲裁中心。贸仲委在香港特别行政区设立香港仲裁中心,在加拿大温哥华设立北美仲裁中心,在奥地利维也纳设立欧洲仲裁中心。

贸仲委及其分会 / 仲裁中心是一个统一的仲裁委员会，适用相同的《仲裁规则》和《仲裁员名册》。贸仲委《章程》规定，分会 / 仲裁中心是贸仲委的派出机构，根据贸仲委的授权接受并管理仲裁案件。

贸仲委组织包括主任、秘书局、仲裁院、专门委员会四层机构。

名誉主任、主任、顾问和委员，设名誉主任一人、顾问若干人。

贸仲委由主任一人、副主任若干人和委员若干人组成。主任履行贸仲委《仲裁规则》赋予的职责，副主任受主任的委托可以履行主任的职责。

秘书局，主要负责贸仲委行政管理事务，并负责贸仲委应参与、组织及协调的公共法律服务事务。

仲裁院，在授权的副主任和仲裁院院长的领导下履行《仲裁规则》规定的管理案件的职能。分会 / 仲裁中心设仲裁院，在分会 / 仲裁中心仲裁院院长的领导下履行《仲裁规则》规定由仲裁委员会仲裁院履行的职责。

专门委员会，下设四个专门委员会。

专家咨询委员会：负责仲裁程序和实体上的重大疑难问题的研究和提供咨询意见，对《仲裁规则》的修改提供意见，并负责仲裁员的培训和经验交流。

案例编辑委员会：负责已审理终结的案件的案例编辑和贸仲委的年刊编辑工作。

仲裁员资格审查考核委员会：按照《仲裁法》和贸仲委《仲裁规则》的规定，对仲裁员的资格和表现进行审查和考核，对仲裁员的续聘和解聘提出建议。

发展委员会：负责就仲裁事业发展等问题进行研究，提出意见和建议。

自1956年成立以来，贸仲委共受理了近3万件国内外仲裁案件。近年来，贸仲委平均每年的受案数量已超过2000件，位居世界知名仲裁机构前列。受案范围宽，程序国际化；独立公正；仲裁程序快捷高效；仲裁费用相对低廉；仲裁与调解相结合。

贸仲委域名争议解决中心于2005年启用"网上争议解决中心"名称。贸仲委于2009年发布了《网上仲裁规则》（2014年修订），为当事人提供快捷高效的网上仲裁服务。

2012年、2017年，贸仲委被指定为《海峡两岸投资保护和促进协议》，内地与香港、澳门《〈关于建立更紧密经贸关系的安排〉投资协议》项下的投资争端解决机构之一，负责以调解方式解决台港澳投资者与内地的投资争端。

中国国际经济贸易仲裁委员会网址：http://www.cietac.org/.

结　语

中瑞自贸协定是中国与欧洲大陆和世界经济20强国家签署的首个自贸协定，是全方位、高水平和互惠互利的协定，包括货物贸易、服务贸易、投资、原产地规则、海关程序及贸易便利化、卫生与植物卫生措施、技术性贸易壁垒、知识产权、经济技术合作、环境保护、贸易救济、争端解决等内容，覆盖范围广、开放水平高、优惠政策多，是中瑞两国深厚友谊的见证。该协定致力于开拓两国合作共赢的新空间，为两国企业提供多元且持续的成长机会。然而协定内容复杂，风格严肃，技术性强，阅读难度较高，对读者的专业知识提出了较高要求。本商务应用指南的撰写，作为协定文本的有益补充，帮助各方更加充分地理解及利用该协定。

货物贸易

• 在总体原则上，中瑞双方承诺遵守世界贸易组织规则，相互给予国民待遇，原则上不采取非关税措施并按照承诺安排逐步取消关税，确保非关税措施的透明度。

• 瑞士已于2014年7月1日将原产自中国占全部税目99.7%的产品的进口关税削减至零，完成了协定下的关税减让义务。这对中国出口企业而言是利好消息。目前，中国企业向瑞士出口绝大部分种类的产品时，在取得规定的优惠原产地证明文件后，即可以零关税进入瑞士市场。

• 中国的关税减让安排尚未全部结束，各类产品的具体关税情况有较大差异，部分类别产品已实现零关税进口，其余类别产品将在未来几年内按照承诺要求完成关税减让。中国进口企业应及时关注不同产品关税调整情况，从中寻找商机，敦促瑞士出口方及时开具优惠原产地证明，降低成本。中国进口竞争企业也应根据国内市场需求及关税变化等信息科学制定策略，应对挑战。

原产地规则及程序

• 原产地被称为货物的"经济国籍"，尤其在自贸协定货物贸易自由化的实施过程中，发挥着至关重要的作用。本指南就中瑞自贸协定第三章原产地规则进行深度解读。

• 中瑞自贸协定项下货物原产地规则主要由原产地标准和补充规则组成。其中，原产地标准明确了原产货物的涵盖范围，列明了货物适用原产资格的具体条件；补充规则对微小含量，微小加工和或处理，累积，标准单元，附件、备件及工具，中性成分，可互换材料，属地原则，直接运输要求等作出了规定。

• 针对中瑞自贸协定原产地证书申领实务进行操作指导，并围绕中瑞自贸协定原产地规则衍生出的应用策略辅导广大企业，特别是中小企业更好地理解和应用中瑞自贸协定核心规则和优惠政策。

服务贸易

• 中瑞自贸协定几乎涵盖了服务贸易的所有核心条款。最惠国待遇条款、市场准入条款、国民待遇条款、国内法规条款的规定充分保障了中瑞之间服务贸易的公平性。而且条款的程序性规则比较完善、协议执行力较高，充分降低了中瑞之间进行服务贸易的不确定性，降低了贸易成本。但是协定也设立了严格的服务贸易监督机制，因此双方需要严格按照规定办事，否则违规成本较大。

• 与入世承诺相比，中国对瑞士的服务开放部门增多，开放范围进一步扩大。虽然中国对市场准入的限制程度高于国民待遇的限制程度，但在进入当地市场后，大多数服务部门的边境后准入门槛相对较低。中国还在服务贸易具体承诺减让表中对4种自然人类型作出了开放承诺。

• 与入世承诺相比，瑞士对中国的服务开放部门也有所增加，开放程度进一步提高，给中国服务企业提供了充分的市场空间。从瑞方的承诺开放结构来看，瑞方的商业服务、通信服务、分销服务、文体和娱乐服务4个部门开放度较高，建筑服务、教育服务、环境保护服务、金融服务、旅游服务、运输服务6个部门开放度较低。中方企业应充分参照中瑞双方的服务贸易结构和承诺开放结构，找准开放方向，精准突破，开辟更大市场，获取更多贸易利得。

投资

• 中瑞两国间的投资规则由两部分构成，一是中瑞于1986年签署、2009年修订并于2010年生效的《中华人民共和国政府和瑞士联邦政府关于相互促进和保护投资协定》；二是中瑞自贸协定中的投资章节，包括投资促进和审议条款。中瑞两国认可的投资规则，增强了投资环境的可预测性、安全性和稳定性，提高了市场准入的确定性。

• 中瑞投资协定从1986年的初定版到2010年生效的修订版，体现了中国从早期的"以投资保护"为主向"投资自由化"的转变。中瑞投资协定包括投资促进、投资保护、外汇转移、征收及补偿以及更优惠条款等，为促进中瑞两国企业双向投资确立了基本制度框架。

其他领域

• 中瑞自贸协定中关于其他领域规则所涵盖的合作领域非常广泛。协定就海关手续和贸易便利化、卫生与植物卫生措施、技术性贸易壁垒、知识产权保护、经济技术合作、环境与贸易等领域的双边合作均作出了详细约定。第六章从上述6个方面对协定进行了详细解读，并选取典型案例进行分析，以帮助企业充分利用协定中的优惠条件并从中受益。

• 海关手续和贸易便利化方面，协定涵盖范围和目标、贸易便利化、通关便利化等内容，尤其是AEO制度，为相关企业进出口带来了有利影响。

• 卫生措施与贸易壁垒方面，协定对于信息交流的透明度作出了明确规定，并推动两国技术合作，增进对双方法规体系的了解，这有助于提高双方企业进入对方市场的便利性。卫生与植物卫生分委员会、技术性贸易措施分委员会以及磋商机制的建立，有利于帮助企业及时解决双边检验检疫中可能存在的问题。

• 协定中关于知识产权保护的条款部分以世界贸易组织《与贸易有关的知识产权协定》为根据，在保护范围上大致相同。

• 经济技术合作方面，协定包含8个条款，包括适用范围和目标、方法和手段、合作领域、政府采购、劳工和就业合作、资源和资金安排、工作方案、实施和监督等。

• 中瑞自贸协定是中国首次专门设立环境与贸易章节的自贸协定，对背景和目标、多边环境协定和环境原则、促进有利于环境的货物和服务传播、国际论坛合作、双边合作、资源和资金安排等8个方面作出了规定。

贸易救济与争端解决

• 中瑞自贸协定的贸易救济条款全面涵盖了反倾销、反补贴、全球保障措施与双边保障措施等内容。双方基本保持了在世界贸易组织相关协定中的约定义务。

• 中瑞自贸协定的争端解决条款规定了如何解决因解释协定和适用协定而引发的争端，包括争端解决机制的适用范围、启动条件、仲裁程序和注意事项等。

总之，瑞士是开放度极高的发达国家，与中国产业和贸易结构形成互补。中瑞两国在货物贸易、服务贸易及投资等领域的经济联系不断深化，中国已经发展成为瑞士重要的贸易和投资伙伴。中瑞自贸协定是一项高水平和全面综合的自由贸易协定，该协定的签署具有重要的战略意义，对双边经贸关系具有深刻长远的影响。同时，该协定的实施也为中国企业创造了更加可观的市场机会。因此，中国企业应高度重视该协定相关政策措施的落实与实施情况，通过对协定内容的深入学习，把握机遇，发掘市场潜力，在更加广阔的国际市场实现开拓创新。

参考文献及资料来源

[1] 中国—瑞士自由贸易协定 [EB/OL]. http://fta.mofcom.gov.cn/ruishi/ruishi_special.shtml.

[2] OECD 数据库，https://stats.oecd.org/.

[3] 联合国商品贸易数据库，UNComtrade，https://comtrade.un.org/.

[4] 瑞士联邦经济部瑞士国家经济事务局，https://www.seco.admin.ch/seco/en/home/Aussenwirtschaftspolitik_Wirtschaftliche_Zusammenarbeit/Wirtschaftsbeziehungen/Freihandelsabkommen/partner_fha.html.

[5] 瑞士联邦统计局，https://www.bfs.admin.ch/bfs/de/home/statistiken.html.

[6] 中国同瑞士的关系 [EB/OL]. https://www.fmprc.gov.cn/web/gjhdq_676201/gj_676203/oz_678770/1206_679618/sbgx_679622/.

[7] 专访瑞士驻华大使罗志谊：战胜疫情需共同努力 [EB/OL]. http://big5.china.com.cn/gate/big5/news.china.com.cn/txt/2020-04/17/content_75942627.htm.

[8] 瑞中商会，https://www.swisscham.org.

[9] Tentative first steps:an assessment of the uruguay round agreement on services [EB/OL]. http://documents.worldbank.org/curated/en/160421468739499350/PDF/multi-page.pdf.

[10] 贾怀勤 . 服务贸易四种提供方式与服务贸易统计二元构架的协调方案——《国际服务贸易统计手册》"简化方法"评述 [J]. 统计研究，2003（3）：9-13.

[11] 刘文，杨馥萍 . 国际贸易协定中劳工标准的演进历程及中国对策研究 [J]. 山东社会科学，2017（7）：116-122.

[12] 吴景春 . 中瑞经贸合作：意愿强烈前景广阔 [N]. 国际商报，2020-09-14.

[13] 郁李 . 雀巢：看好中国健康食品市场前景 [J]. 农经，2020（12）：88-91.

[14] 瑞士贸易与投资促进署网站，www.s-ge.com/zh.

[15] FESCO 获评"我喜爱的中国品牌" [N]. 首都建设报，2019-05-22.

[16] 瑞士 TORNOS 集团在西安新工厂举行了开业庆典 [EB/OL]. https://www.

sohu.com/a/426519782_652839.

[17] TORNOS 官网，https://www.tornos.com/cn/content/tornos-%E4% B8%8A%E6% B5%B7.

[18] 曹培. 浅析企业并购的影响与启示——基于中石化并购 Addax 公司的案例研究 [J]. 商，2016（3）：91.

[19] 晶科能源企业官网，https://www.jinkosolar.com/site/newsdetail/594.

[20] 罗氏制药官网，https://www.roche.com.cn/zh_CN/about-roche/roche-china.htmlyin'ling.

[21] 美股之家网站，https://www.mg21.com/ahexy.html.

[22] 尘埃落定！雀巢正式出售银鹭，接盘者为创始人 [EB/OL]. https://www.thepaper.cn/newsDetail_forward_10149329.

[23] 雀巢官网，https://www.nestle.com.cn/.

[24] 瑞银官网，https://www.ubs.com/global/sc/our-firm/what-we-do/ubs-in-china.html.

[25] 雀巢在津增资7.3亿元 稳住外资发展基本盘 [EB/OL]. http://tjtv.enorth.com.cn/system/2020/05/21/050107465.shtml.

[26] 外企德科官网，http://www.fescoadecco.com/index.php/about/honor.html.

[27] 中石化72.4亿美元收购 Addax [EB/OL]. http://money.163.com/special/00253FN2/sinopec-addax.html.

[28] 解码瑞银：财富管理巨头的秘密 [EB/OL]. https://finance.sina.com.cn/money/fund/jjcl/2020-01-19/doc-iihnzahk5019043.shtml.

[29] 中国国务院国有资产监督管理委员会网站，http://www.sasac.gov.cn/n2588025/n2588124/c3851523/content.html.

[30] 雀巢健康科学集团 CEO：看好中国特医食品市场 让营养成为医疗的一部分 [EB/OL]. http://www.ce.cn/cysc/sp/info/201712/01/t20171201_27066241.shtml.

[31] 中国国际贸易促进委员会. 企业对外投资国别（地区）营商环境指南（瑞士2020）[R/OL]. https://baijiahao.baidu.com/s?id=1697981672930520166&wfr=spider&for=pc.

[32] FESCO：科技赋能从"心"出发引领人力资本新时代 [EB/OL]. http://www.

zqcn.com.cn/qiye/xinxijishu/202002/14/c518369.html.

[33] 中国海淀集团收购瑞士奢侈表品牌昆仑表 [EB/OL]. http://ch.mofcom.gov.cn/article/jmxw/201305/20130500108839.shtml.

[34] 对外投资合作国别（地区）指南（瑞士 2020）[EB/OL]. http://fec.mofcom.gov.cn/article/gbdqzn/index.shtml.

[35] 中华人民共和国政府和瑞士联邦政府关于相互促进和保护投资协定 [EB/OL]. http://tfs.mofcom.gov.cn/aarticle/h/au/200212/20021200058405.html.

[36] 上海罗氏制药有限公司：打通产业链，促进 DTP 专业特药药房服务体系建立 [EB/OL]. http://csr.mofcom.gov.cn/article/bp/cp/201810/20181002796429.shtml.

[37] 李妍. 自由贸易协定中知识产权保护对中国进口贸易的影响 [D]. 南京：南京大学，2018.

[38] 王衡，肖震宇. 比较视域下的中美欧自贸协定知识产权规则——兼论"一带一路"背景下中国规则的发展 [J]. 法学，2019（2）：107-128.

[39] 中国出口食品农产品累计创汇 1260 亿美元 [EB/OL]. http://www.cqn.com.cn/zgzlb/content/2017-12/07/content_5180231.htm.

[40] 中国农产品遭遇 SPS 措施的现状及对策研究 [EB/OL]. https://www.fx361.com/page/2017/0729/2128636.shtml.

[41] 中国 WTO/TBT-SPS 国家通报咨询中心，http://www.tbt-sps.gov.cn/page/cwtoz/Indexquery.action.

[42] 瑞士纺织品服装市场及我国对瑞出口利弊浅析 [EB/OL]. https://www.tnc.com.cn/info/c-012001-d-52320.html.

[43] 重庆与瑞士钟表产业合作发展初见成效 [EB/OL]. http://www.clii.com.cn/zhhylm/zhhylmHangYeJuJiao/201408/t20140825_3857732.html.

[44] 内江市经济合作局与瑞士水务股份有限公司举行线上签约仪式 [EB/OL]. http://sc.cri.cn/n/20210205/488daaa6-aba5-643e-d958-1caabfeb2ab9.html.

[45] 中国瑞士进一步提高贸易便利化水平 [N/OL]. 新华社，2017-01-28. https://china.huanqiu.com/article/9CaKrnK06Cu.

[46] 中瑞海关 AEO 互认下月实施 [EB/OL]. http://wb.qdqss.cn/html/qdwb/2017 0815/qdwb265030.html.

[47] 中瑞海关 AEO 互认下月实施 [N/OL]. 郑州日报, 2017-08-18. https://www.163. com/news/article/CS38Q47H00018AOP.html.

[48] 中国新闻网:《中国瑞士中小企业交流中心落户山东青岛》, 2018年9月4日, https://baijiahao.baidu.com/s?id=1610672782961445797&wfr=spider&for=pc.

[49] 瑞士钟表业发展趋势 [EB/OL]. (2019-07-17). http://ch.mofcom.gov.cn/article/ztdy/201907/2019 0702882528.shtml.

[50] 2021年4月欧盟 RASFF 通报中国产品情况分析 [EB/OL]. http://www.tbtsps. gov.cn/page/cwto/listNewsContent.action?id= 9393&DIC_AREA=&ICSCODE= &DIC_INDUSTRY=41.

[51] 中国同瑞士的关系 [EB/OL]. https://www.fmprc.gov.cn/web/gjhdq_676 201/gj_676203/oz_678770/1206_679618/sbgx_679622/.

后 记

　　自由贸易协定商务应用指南丛书终于付梓出版，与广大读者见面了。作为多年自由贸易协定谈判的参与者、见证者，我感到无比欣喜。这套丛书共计16册，涵盖了从《中国—东盟自由贸易协定》到《区域全面经济伙伴关系协定》我国迄今签署并生效的所有自由贸易协定，是对中国自由贸易协定最全面最翔实的解读，希望能够成为广大企业和从业人员利用自由贸易协定规则、开展国际贸易和跨境投资活动的最直接、最有效的工具书。

　　当今世界，自由贸易协定作为世界贸易组织规则的有益补充，正在发挥着越来越重要的作用。据世贸组织统计，截至2021年10月，世界各国已经生效并正在实施的自由贸易协定达到353个，而且数量呈加速增长态势，仅2021年上半年就有17个自由贸易协定被通报到世贸组织。目前，每一个世贸组织成员均参与了至少一个自由贸易协定。就货物贸易而言，自由贸易协定覆盖了世界近50%的贸易额，有20%的全球贸易发生在基于优惠关税税率的自贸伙伴之间。自贸协定成员间的服务贸易和相互投资也呈现上升态势。同时，现代的自由贸易协定已经超越传统的世贸组织规则范围，纳入了投资、竞争、电子商务、政府采购、环境、劳动力、中小企业等新条款，涉及内容从"边境上"向"边境后"拓展，成为国际经贸新规的探路者和先行军，对国际经贸规则重构具有重要的示范和导向意义。

　　积极商签自由贸易协定、建立自由贸易区是我国的一项重要战略。截至目前，我国已同26个国家和地区签署了19个自由贸易协定，涵盖了我国35%的货物贸易、1/3的服务贸易和80%的相互投资。充分利用自由贸易协定的优惠政策，可以极大改善我国企业的市场准入条件，降低经营成本，增强我国产品、服务和投资的国际竞争力。与此同时，自由贸易协定所包含的规则制度也逐渐成为我国企业开展国际化经营必须掌握和遵循的营商准则。据我国海关统计，2020年，我国享受优惠关税进口的货值达到10340.7亿元，税款减免832.6亿元，企业从中得到了实实在在的利益。我国"十四五"规划提出，加快推进规则、规制、管理、标准等制度型开放，构建与国际通行规则相衔接的制度体系和监管模式，自由贸易协定就是一个不容忽视的重要参照系。

由于每一份自由贸易协定都是一份法律文件，为了保证协定法律上的严谨性和规范化，自由贸易协定的文字往往比较晦涩难懂，甚至有些佶屈聱牙，广大企业和从业人员阅读理解起来并非易事。为了解决这一问题，中国贸促会组织各方专家力量，历时近一年时间，编写了这套丛书，从商务应用的角度对我国目前签署并且生效的全部自由贸易协定进行解读，目的就是便于相关企业和人员学习掌握，真正把这些自由贸易协定转化为企业开展进口与出口、吸引外资与对外投资的"通行证"和"优惠券"。

本套丛书有以下突出特点：

一是全面性。目前对我国自由贸易协定的解读文本不少，但总体上还是比较零散的，尚没有形成一个完整的体系。本套丛书按照协定签署的时间顺序，从2002年11月我国达成的第一个自由贸易协定《中国—东盟自由贸易协定》写起，到2022年1月生效的《区域全面经济伙伴关系协定》收笔，依时排列，共计16册，囊括了我国正在实施的每一个自由贸易协定，时间跨度近20年，既做到了"一区一册"，又实现了系统集成，使得读者一套丛书在手，便可尽览我国所有自由贸易协定。

二是系统性。本套丛书对每一个自由贸易协定的解读都独立成册，但在编写过程中也充分考虑到整套丛书内容和体例的协调统一。每册指南都包含了协定签署的时代背景、货物贸易、原产地规则、卫生与植物卫生措施、技术贸易壁垒、贸易救济、海关合作与贸易便利化、服务贸易、投资、电子商务、知识产权、争端解决等内容，章节顺序也尽可能保持一致，以便于读者系统把握每个自由贸易协定的核心要义和横向比较各个自由贸易协定的规则异同。

三是专业性。本套丛书的编写者都是多年从事国际贸易投资研究的专家学者，在写作过程中又广泛听取了商务部、海关总署等有关政府部门直接参与协定谈判人员的意见和建议。文稿内容涵盖了我国自由贸易协定的全部主要章节要素，既有对经贸术语的释义，也有对案文条款的解读，结构完备，体系严密，内容全面，分析严谨、逻辑性强，对每一项规则的解释说明都力求准确到位，具有较高的专业水准，是当前关于自由贸易协定较具权威性的参考文献之一。

四是实用性。本套丛书面向的读者对象主要是广大企业和从业人员，因此，实用性始终是编写者追求的重要目标。丛书聚焦自由贸易协定的两大核心主题，即市场准入安排和规则制度设置，着重对自由贸易协定所包含的货物贸易、服务贸易、投资领域的市场准入机会按产品、分行业进行详细分析；同时，又对竞争政策、知识产权保护、贸易救济措施、争端解决机制等规则应用展开具体解读，并在每一章节辅以案例予以生动说明。通过阅读本套丛书，读者不仅可以充分掌握各类市场准入机遇，更好开拓国际市场，而且能够有效利用协定规则，维护自身的合法权益。

五是通俗性。作为对自由贸易协定这类法律文件的解读，本套丛书在保证各个协定法律原意的基础上，力求通俗易懂，尽量使用非专业人士容易理解的文字解释协定的条款内容；同时，为应对协定可能引发的各类问题，如贸易救济、争端解决等，制定了清晰明白、可以直接参用的路线图，从而使阅读本套丛书的每一家企业、每一位从业人员都能够读得懂、用得上。

本套丛书的中国—韩国篇、亚太贸易协定篇、中国—格鲁吉亚篇、中国—瑞士篇、中国—巴基斯坦篇、内地与港澳篇和海峡两岸篇由山东大学组织编写，刘文教授担任负责人；中国—新加坡篇、中国—智利篇、中国—秘鲁篇和中国—哥斯达黎加篇由中国人民大学和对外贸易经济大学组织编写，王亚星教授、卢福永副教授担任负责人；中国—新西兰篇、中国—冰岛篇和中国—澳大利亚篇由南开大学组织编写，于晓燕副教授担任负责人；中国—东盟篇和《区域全面经济伙伴关系协定》篇由南京大学组织编写，韩剑教授担任负责人。此外，丛书每篇中的原产地规则解读及应用章由中国贸促会商事认证中心组织编写，闫芸主任担任负责人。对于他们的专业精神和辛勤付出，在此表示衷心感谢！本套丛书在编写过程中也得到了商务部、海关总署等有关领导和同志的悉心指导和斧正，在此一并致谢！

本套丛书涉及的协定内容广博，条文复杂，受主观和客观条件的制约，解读未必完全精准,疏漏错误在所难免,诚恳希望广大读者朋友批评指正。

中国贸促会将以本套丛书的出版发行为契机,认真落实党中央关于实施自由贸易区提升战略的决策部署,立足新发展阶段,贯彻新发展理念,围绕构建新发展格局要求,与时俱进,履职尽责,密切跟踪我国商签自由贸易协定的新进展,继续做好未来新签自由贸易协定商务应用指南的编写工作;同时,进一步加强宣传推广,让我国在自由贸易领域的最新开放成果,更快更好地惠及我国企业和人民,为服务我国建设社会主义现代化国家的宏伟目标作出积极贡献。

中国国际贸易促进委员会副会长

张少刚

2022年10月8日